BYRON KATIE

Ich liebe, was ist

arkana

Byron Katie

mit Stephen Mitchell

ICH LIEBE, WAS IST

Freiheit finden in einer Welt des Leidens

Mit einer Neuübertragung des Diamant-Sutra
von Stephen Mitchell

Aus dem Englischen
von Sandra Blersch

arkana

Die amerikanische Originalausgabe erschien 2017 unter dem Titel
»A MIND AT HOME WITH ITSELF« bei HarperOne,
einem Imprint von HarperCollins Publishers, LLC.

Dieses Buch ist auch als E-Book erhältlich.

MIX
Papier aus verantwor-
tungsvollen Quellen
FSC
www.fsc.org   FSC® C014496

Verlagsgruppe Random House FSC® N001967

2. Auflage
Deutsche Erstausgabe
© 2017 Arkana, München
in der Verlagsgruppe Random House GmbH,
Neumarkter Straße 28, 81673 München
© der Originalausgabe Byron Kathleen Mitchell und Stephen Mitchell
Lektorat: Anne Nordmann
Umschlaggestaltung: ki 36 Editorial Design, München
Umschlagmotiv: © Brie Childers
Satz und Layout: Buch-Werkstatt GmbH, Bad Aibling
Druck und Bindung: GGP Media GmbH, Pößneck
Printed in Germany
ISBN 978-3-442-34226-6

www.arkana-verlag.de

Für dich

Inhalt

Vorwort

Ich liebe, was ist handelt von Großzügigkeit. Wie können wir nicht nur gelegentlich, sondern jeden Tag, bis ans Ende unseres Lebens, großzügig sein? Das ist ein scheinbar unerreichbares Ideal – was aber, wenn es doch möglich ist? Was, wenn Großzügigkeit genauso selbstverständlich werden kann wie das Atmen? Das Buch zeigt, wie es geht. Aufgeschlossenheit und der Wille, alle aufkommenden belastenden Gedanken zu untersuchen, ist alles, was dafür notwendig ist. Wenn wir verstehen, wer wir hinter unserer verwirrten Denkweise wirklich sind, entdecken wir in uns eine ungezwungene und anhaltende Großzügigkeit. Sie ist unser Geburtsrecht.

Byron Katie Mitchell (jeder nennt sie Katie) spricht aus ihrer innersten Erkenntnis heraus. Ihre Methode der Selbstuntersuchung, die sie »The Work« nennt, ist eine Art erweiterte Achtsamkeit. Wenn wir The Work machen, bleiben wir nicht nur unseren Stress, Wut, Trauer und Frustration auslösenden Gedanken gegenüber wachsam, wir hinterfragen sie auch, und dadurch verlieren diese Gedanken ihre Macht über uns.

»Bedeutende spirituelle Texte«, sagt Katie, »beschreiben das *Was* – also was es bedeutet, frei zu sein. The Work ist das *Wie.* The Work führt dir vor, wie du jeden Gedanken, der dir diese Freiheit vorenthält, identifizieren und untersuchen kannst. The Work ermöglicht dir den direkten Zugang zum erwachten Geist.« Mit dem Buch *Ich liebe, was ist* wirst du die Welt mit den Augen eines in der Realität erwachten Menschen sehen, den leuchtenden Moment erkennen und eine Gnade erleben, in der es keine Trennung gibt und das Herz vor Liebe überfließt.

Für Leser, die noch nie etwas von Byron Katie gehört haben, hier einige Hintergrundinformationen: Mitten in einem gewöhnlichen amerikanischen Leben – zwei Ehen, drei Kinder, eine erfolgreiche Karriere – geriet Katie in eine zehn Jahre dauernde Abwärtsspirale voller Depressionen, Platzangst, Selbsthass und suizidaler Verzweiflung. Sie trank im Übermaß, und ihr Ehemann brachte ihr Tonnen von Eis und Kodein-Tabletten, die sie wie Süßigkeiten verspeiste, bis sie schließlich mehr als 90 kg wog. Sie schlief mit einem .357-Magnum-Revolver unterm Bett. Jeden Tag betete sie darum, am nächsten Morgen nicht wieder aufzuwachen, und nur wegen ihrer Kinder nahm sie sich nicht das Leben. Während der letzten beiden Jahre dieses Martyriums konnte sie das Haus kaum noch verlassen und blieb tagelang in ihrem Schlafzimmer, ohne sich auch nur zu duschen oder die Zähne zu putzen. (»Wozu soll das gut sein?«, dachte sie. »Es bringt sowieso alles nichts.«) Schließlich, im Februar 1986, begab sie sich im Alter von 43 Jahren in ein Rehabilitationszentrum für Frauen mit Essstörungen – die einzige Einrichtung, deren Kosten ihre Versicherung zu übernehmen bereit war. Die anderen Bewohnerinnen hatten solche Angst vor ihr, dass sie ein Zimmer unterm Dach zugewiesen bekam und die Treppe nachts mit einer Falle versehen wurde. Man befürchtete, sie würde nach unten kommen und den anderen etwas Fürchterliches antun.

Nach etwa einer Woche im Rehabilitationszentrum machte Katie eines Morgens eine lebensverändernde Erfahrung. Während sie auf dem Fußboden lag (sie meinte, es nicht wert zu sein, in einem Bett zu schlafen), krabbelte ihr eine Kakerlake über den Knöchel und den Fuß entlang. Sie öffnete die Augen, und plötzlich waren ihre Depressionen und Ängste sowie all ihre quälenden Gedanken verschwunden. »Während ich am

Boden lag«, so Katie, »wurde mir klar, dass es – als ich schlief, also noch vor der Kakerlake auf dem Fuß sowie vor jeglichen Gedanken und vor jeglicher Welt – nichts gab, nichts gibt. Das war der Geburtsmoment der vier Fragen von The Work.« Ein Gefühl der Freude überkam sie. Die Freude hielt an – stunden-, tage-, monate- und schließlich jahrelang. Als sie nach Hause zurückkehrte, erkannten ihre Kinder, die in beständiger Angst vor ihren Ausbrüchen gelebt hatten, sie kaum wieder. Ihre Augen hatten sich verändert. »Das Blau war so klar, so schön geworden«, sagt ihre Tochter Roxann. »Wenn man hineinsah, konnte man erkennen, dass sie unschuldig wie ein Baby war. Sie war von morgens bis abends glücklich, und das jeden Tag. Dabei schien die Liebe im Übermaß aus ihr herauszufließen.« Meistens schwieg sie und saß stundenlang am Fenster oder draußen in der Wüste. Ihr jüngerer Sohn Ross sagt: »Vor der Veränderung war ich nicht in der Lage, ihr in die Augen zu schauen. Danach konnte ich nicht damit aufhören.«

Es dauerte Jahre, bis Katie über ihren Zustand sprechen konnte. Ihr Bewusstsein stand mit nichts Äußerlichem in Zusammenhang; sie hatte nie spirituelle Bücher gelesen oder von irgendwelchen spirituellen Gepflogenheiten gehört. Sie ließ sich einzig von ihren eigenen Erlebnissen leiten, und alles, was sie brauchte, war die in ihr lebendige Untersuchung der Gedanken.

Katies Wiedergeburt war von radikalerer Art als das von William James in *Die Vielfalt religiöser Erfahrung* dokumentierte Wandlungserlebnis. So radikal, dass sie tatsächlich alles über das Menschsein wiedererlernen (aus ihrer Sicht eher »lernen«) musste: im Raum-Zeit-Gefüge zu funktionieren, die Realität in Substantive und Verben runterzubrechen, um mit Menschen kommunizieren zu können, sowie vorzugeben, Vergangenheit und Zukunft seien real. Die Wirkung war insofern genau das Gegenteil von einer üblichen Bekehrungserfahrung, als dass Katie keinen religiösen Glauben annahm. Ihre Klarheit ließ keinen einzigen Glauben mehr zu und brannte sämtliche religiöse Vorstellungen gemeinsam mit allen anderen Gedanken nieder. Nach ihrem Erwachen spürte Katie – *war* sie – weiterhin die kontinuierliche Gegenwart der Liebe in Form derer sie erwacht war. »Ich hatte das Gefühl, allein das Aussprechen meiner Freude würde das Dach des Rehabilitationszentrums – des ganzen Planeten – zum Zerbersten bringen. Dieses Gefühl habe ich noch immer«, sagt sie.

Im Laufe dieses ersten Jahres kamen ihr inmitten der riesigen Freude immer wieder Glaubenssätze und Konzepte in den Sinn, derer sie sich mithilfe der Untersuchung annahm. Oft ging sie allein in die wenige Blocks hinter ihrem Haus im kalifornischen Barstow gelegene Wüste hinaus und hinterfragte all diese Gedanken.

Jede mir in den Sinn kommende Überzeugung – wobei »Meine Mutter liebt mich nicht« die schwerwiegendste war – explodierte mit der Wucht einer Atombombe in meinem Körper, und ich spürte ein Beben, Kontraktionen und die anscheinende Vernichtung des Friedens. Manchmal flossen bei dieser Überzeugung auch die Tränen und mein Körper versteifte sich. Für einen Außenstehenden hat das womöglich so ausgesehen, als wäre ich vom Scheitel bis zur Sohle verärgert oder traurig. Doch in Wirklichkeit fühlte ich weiterhin dieselbe Klarheit, den Frieden und die Freude wie damals auf dem Boden des Rehabilitationszentrums, als ich ohne »Ich« und ohne Welt erwachte. Die Überzeugung wurde schwächer und löste sich im Licht der Wahrheit dann ganz auf. Das Beben des Körpers rührte von einer Anhaftung an die Überzeugung her, was sich in Form eines unangenehmen Gefühls bemerkbar machte. Dieses Unbehagen machte mir unwillkürlich klar, dass der Glaubenssatz nicht wahr war. Nichts war wahr. Das klare Bewusstsein dessen ging mit einem wunderbaren Humor, mit einer herrlichen, glückseligen Freude und Begeisterung einher.

Katie setzte die Untersuchung ungefähr ein Jahr lang fort, bis alle Überzeugungen und Konzepte niedergebrannt waren. Sie prüfte die Methode im Laboratorium ihrer eigenen Erfahrung. Dabei legte sie einen enorm hohen Maßstab an die Plausibilität des Ganzen. Sie hinterfragte rigoros jeden Gedanken und jedes mentale Ereignis, das sie aus der Balance zu reißen drohte, und alles, was eine ihren Frieden und ihre Freude schmälernde Reaktion auslöste, und zwar so lange, bis sie dem Gedanken mit Verständnis begegnen konnte und er so seine Macht verlor. »Ich will nur das, was ist«, sagt Katie. »Alle auftretenden Vorstellungen als Freund zu betrachten, erwies sich als meine Freiheit. The Work beginnt und endet genau da: in mir. The Work zeigt, dass du alles ganz genauso lieben kannst, wie es ist. Sie zeigt dir auch exakt wie.« Am Ende dieser Vorgänge, im zweiten Jahr ihres Erwachens, war nur noch Klarheit übrig.

Bald nachdem Katie aus dem Rehabilitationszentrum nach Hause zurückgekehrt war, verbreitete sich die Nachricht über eine »Erleuchtete«, und manche Leute fühlten sich von ihr und ihrer Freiheit magnetisch angezogen. Als immer mehr Menschen sie aufsuchten, gelangte Katie zu der Überzeugung, dass diese Leute, wenn überhaupt, nicht ihre persönliche Anwesenheit brauchten, sondern eine Methode, mit der sie eigenständig zu dem gelangen konnten, was sie selbst erkannt hatte. The Work ist die Verkörperung der in ihr erwachten wortlosen Untersuchung. Sie hatte sie gelebt und geprüft, nun formulierte sie sie sozusagen in Zeitlupenform, damit andere sie anwenden konnten. In den letzten gut dreißig Jahren hat The Work Millionen von Menschen auf der ganzen Welt geholfen, sich selbst von Stress, Frustration, Wut und Traurigkeit zu befreien.

Ich liebe, was ist wird strukturiert durch das Diamant-Sutra, einen der bedeutendsten spirituellen Texte der Welt. Das Sutra ist eine längere Meditation über Selbstlosigkeit. *Selbstlos* ist im gewöhnlichen Sprachgebrauch ein Synonym für *großzügig* und bedeutet »eher zum Wohle einer anderen Person, als zum Wohle seiner selbst zu handeln«. Seine wörtliche Bedeutung lautet jedoch »ohne das Selbst«, was sowohl »kein Selbst haben« als auch »Erkennen, dass es so etwas wie ein Selbst nicht gibt« heißt. Da der Versuch, sein Selbst loszuwerden, genauso unmöglich erscheint wie der Versuch, vor seinem Schatten davonzulaufen, könnte man meinen, die zweite Bedeutung sei nur ein spirituelles Denkmodell. Mit etwas Übung in der Überprüfung oder in der Meditation wird jedoch sichtbar, dass in Wirklichkeit das »Selbst« und nicht »kein Selbst haben« das Denkmodell ist. Allen Bemühungen zum Trotz ist es unmöglich, in der Realität etwas auszumachen, das diesem Nomen gleichkommt. Für den klaren Verstand gibt es dem Sutra zufolge kein Selbst und keinen anderen, und sobald du diese Wahrheit verstanden hast, weicht die Selbstsucht grundlegend. Je mehr dein Selbstgefühl im Angesicht dieses Bewusstseins verschwindet, umso großzügiger wirst du. Dies stellt die wesentliche Wahrheit dar, die uns das Sutra in all ihren Varianten bewusst machen möchte.

14

Eine meiner Aufgaben als Mitautor dieses Buches bestand darin, ein Gleichgewicht zu finden zwischen dem, was für Katie gilt, und dem, was für ein großes Publikum verständlich ist. Diese Aufgabe musste scheitern, obwohl ihr das Konzept des »Scheiterns« fremd ist. »Das Diamant-Sutra«, schrieb sie mir per E-Mail, während sie einen Meter von meinem Sessel entfernt auf der Couch saß, »schreit nach einem Bewusstsein jenseits dessen, was artikuliert werden kann. Das Sutra versteht es durch das Verneinen von allem, was gesagt werden kann, die Wahrheit auf einfachste Weise zu demonstrieren. Ich mache meine schriftlichen oder mündlichen Kommentare, und du formst und bereinigst sie, damit sie sich so nah wie möglich an meine leibhaftigen Erfahrungen annähern. Trotzdem sind diese Worte Lügen. Du hast einen harten Job, mein Liebster. Ich bin der Floh, den du versuchst zu hüten.«

Ich habe den Job des Flohhüters genossen. Dort, wo es so aussieht, als nähmen Katies Worte sich selbst ernst, bin ich gescheitert. Erfolgreich war ich dort, wo die Worte klingen wie Katie selbst: klar, liebevoll, witzig, großzügig, modern und auf hilfreiche Art alarmierend.

Ich habe einige Geschichten von Katie in dieses Buch aufgenommen, die aus dem ersten Jahr nach ihrem Erwachen in der Realität stammen. Dies hat den Nachteil, dass sie auf »die Frau« – wie Katie es nennt – hinweisen, also auf die Person Byron Katie. Sie selbst tut das nicht häufig, weil sie es nicht für nötig hält. Ich musste diese Geschichten mithilfe meiner aufrichtigen Faszination aus ihr herauskitzeln. Sie hier aufzunehmen, hat nämlich den Vorteil, dass die Wahrheiten des Diamant-Sutra damit lebendiger und persönlicher werden. Die Geschichten mögen für manche Leser verwirrend, ja sogar beängstigend sein. Sie mögen den Eindruck erwecken, dass Katies Erlebnis eine Art Nervenzusammenbruch war und daher abzulehnen wäre. Aber so wild manche auch klingen, sie handeln im Wesentlichen von einer Frau, die durch einen ekstatischen Versuch-und Irrtum-Prozess eine tiefe, ausgeglichene geistige Gesundheit erlangt hat.

Bisher gibt es nur sehr wenige Texte, die aus der innersten Erfahrung tiefer Selbsterkenntnis heraus geschrieben wurden. Von den alten Meistern sind uns nur Skizzen und pointierte Aussagen überliefert: »Als er die Pfirsichblüten sah«, heißt es in alten Schilderungen, oder: »Als die Tür auf sein Bein krachte und es brach«; »wachte er plötzlich auf.« Über den Zusammenbruch und die Veränderung der Welt des erstaunten Suchers wird nichts gesagt. Auch über die Nachwirkungen dieser Erfahrungen gibt es kaum etwas. Zudem ist ein Erwachen ohne Vorbereitung sehr selten. Es gibt meines Wissens nur ein Beispiel aus dem zwanzigsten Jahrhundert, das in der Tiefe mit Katies Erlebnis zu vergleichen ist: das des indischen Weisen Ramana Maharshi. Ramana beschrieb die Nachwirkungen seines Erwachens ziemlich detailliert, aber da er so etwas wie ein Mönch war und in einer Kultur lebte, in der solche Art von Erlebnissen anerkannt und verehrt wurden, verlief seine Integration ohne Probleme. Einige Menschen brachten ihm Nahrung und Kleidung, und ansonsten ließen sie ihn im Zustand des *Samadhi* (tiefe Konzentration) allein. Er blieb auf seinem Berg. Er musste nicht in eine Familie zurück, Auto fahren oder in einem Supermarkt einkaufen gehen. (»Das musste ich auch nicht«, sagt Katie).

Das üblichere Erwachen, das durch eine intensive Meditationspraxis ausgelöst wird, verläuft um einiges schlagartiger, nämlich in Form eines Geistesblitzes, der einem großen Mut verleiht und das Leben in gewissem Maße bereinigt.

Wenn sich diese transformierende Einsicht setzt, fühlt man sich im Anschluss daran heftig gebeutelt. »Es ist nicht so, dass ich nicht voller Freude wäre«, ließ der künftige Zen-Meister Tung-shan seinem Lehrer gegenüber nach der Öffnung seines inneren Auges verlauten. »Es ist eher so, als ob ich nach der Perle im Scheißhaufen gegriffen hätte.« Möglicherweise folgen danach noch weitere Einsichten, mehr Klarheit und noch mehr durch karmische Rückstände ausgelöste Plackerei. Diese Erlebnisse sind außergewöhnlich, und jede Einsicht stellt eine wertvolle Perle dar, für die man gerne seinen gesamten Besitz hergeben würde. Sie sind allerdings nicht sehr ungewöhnlich. Was passiert aber bei einem absoluten Durchbruch? Durch Katies Geschichten erfahren wir mehr.

Die Entzauberung des Begriffes *Erleuchtung* ist einer der Vorteile von Katies Kommentaren. Warum heißt es im Diamant-Sutra, es gäbe so etwas wie Erleuchtung nicht? Warum sagte Zen-Meister Huang-po: »Erleuchtung ist die Erkenntnis, dass es keine Erleuchtung gibt?« Katies klare Worte machen es deutlich. Sie sagt:

»Erleuchtung ist ganz einfach eine unbeschwertere Art, die Welt zu erleben. Wenn du beispielsweise glaubst, die Welt sei unfreundlich, und du durch die Untersuchung entdeckst, dass sie in Wirklichkeit freundlich ist, wirst du selbst freundlicher, freier, weniger depressiv und weniger ängstlich. Ich benutze das Wort *Erleuchtung* nicht, um damit irgendeinen erhabenen Bewusstseinszustand zu bezeichnen, sondern vielmehr um damit die sehr machbare, bodenständige Erfahrung des Verstehens stressiger Gedanken zu beschreiben. Früher glaubte ich zum Beispiel den Gedanken ›Meine Mutter liebt mich nicht‹. Nachdem ich ihn überprüft hatte, erkannte ich, dass er nicht wahr war. Ich schaute mir die Folgen an, die aus dem Glauben daran resultierten (wie dieser Glaube sich auf meine Gefühle und Handlungen auswirkte), und erkannte, wer ich ohne ihn wäre. Ich kehrte ihn in die entsprechenden Gegensätze um und fand lebhafte Beispiele dafür, wie die Umkehrungen wahr sein konnten. Ich war in Bezug auf diesen Gedanken erleuchtet, und er bekümmerte mich nie wieder. Es ist sehr wichtig, das zu verstehen. Die Menschen meinen, Erleuchtung sei eine Art mystisches, transzendentales Erlebnis, aber das ist nicht so. Sie liegt dir so nahe wie dein quälendster Gedanke. Wenn du einen Gedanken glaubst, der nicht der Realität entspricht, bist du verwirrt. Wenn du diesen Gedanken überprüfst und erkennst, dass er nicht wahr ist, bist du in Bezug auf ihn erleuchtet. Du bist von ihm befreit. In diesem Augenblick bist du frei wie Buddha. Dann folgt der nächste stressige Gedanke, den du entweder glauben oder hinterfragen kannst. Das ist für dich die nächste Gelegenheit zur Erleuchtung. So einfach ist das Leben.«

Katies Geschichten handeln von einer völlig unvorbereitet in der Realität erwachten Person. Sie hatte sich weder danach gesehnt, noch hat sie dafür geübt, ja, sie wusste noch nicht einmal, was das war. Sie und auch kein anderer aus ihrem Umfeld konnte einordnen, was da geschah. Sie wusste nur eines: Ihr Leben hatte sich komplett verändert. Eine paranoide Frau mit Platzangst und Selbstmordgedanken war plötzlich fröhlich und gelassen und verfügte über eine Methode, die sie in diesem Zustand verankerte und nicht in die Welt der Täuschung zurückkehren ließ. »Ich fand heraus, dass ich litt, wenn ich meine Gedanken glaubte«, sagt Katie, »und dass ich nicht litt, wenn ich sie nicht glaubte, und das trifft auf alle Menschen zu.

Freiheit ist so einfach. Ich fand heraus, dass das Leiden jedem freigestellt ist und entdeckte eine immerwährende Freude in mir, die nicht einen einzigen Moment mehr von mir wich. Diese Freude wohnt in jedem, immer.«

Sie hatte keine Erinnerung an ihr früheres Leben und begegnete der Geschichte ihrer Familie vollkommen angstfrei. Dann erschienen plötzlich ihr Ehemann und ihre Kinder wie aus dem Nichts im Rehabilitationszentrum. »Dieser große Fremde soll mein Ehemann sein? Ich habe diese drei jungen Menschen noch nie zuvor gesehen. Das sollen meine Kinder sein? Okay.« Sie fing wieder ganz von vorne an. Es gab weder einen Lehrer noch eine Tradition, die ihr bei der Erklärung der Geschehnisse helfen konnten. Sie musste alles selbst ergründen. Gesellschaftliche Normen waren ihr fremd. Sie überlegt deshalb auch nicht, ob die Leute sie für verrückt hielten, wenn sie einer unbekannten Person auf der Straße begegnete und sich ihr berauscht von Liebe näherte, und auch dann nicht, wenn sie ein fremdes Haus betrat, da sie wusste, dass alles ihr gehörte. Nach dieser ursprünglichen Erfahrung gab es keine Einschränkung mehr. Allerdings erfolgte ein Prozess der schrittweisen Anpassung. Sie lernte ihre Begeisterung zu regulieren, und auch wenn ihr klar war, dass Worte Lügen waren, lernte sie den Gebrauch von »ich« und »du«, »Tisch« und »Stuhl«.

Diese Geschichten führen uns auch vor, wie radikal die Einsichten des Diamant-Sutra sind. Wenn der Autor des Sutra sagt, es gäbe kein Selbst und keinen anderen, redet er keinen Unfug. Und er meint auch nicht einfach, alles sei miteinander verbunden. Er meint wortwörtlich, so etwas wie das Selbst gäbe es nicht – das »Selbst« ist nichts weiter als ein mentales Konstrukt, so wie die augenscheinliche Realität aller Dinge um uns herum (und eigentlich auch in uns). Die Geschichten von Katie zeigen, wie es aussehen und sich anfühlen kann, wenn man diese Wahrheit im tiefsten Kern seines Seins entdeckt. So wild wie die Bewusstseinsform äußerlich betrachtet auch scheinen mag, innen drin bewegt sie sich in vollkommener Harmonie – wie wenn ein Boot freudig den Fluss hinuntertreibt – kein Träumer, nur der Traum (und nicht mal der).

Über die Untersuchung

Wenn Katie in den folgenden Kapiteln das Wort *Untersuchung* verwendet, meint sie konkret The Work. The Work besteht aus vier Fragen und aus den – wie sie es nennt – Umkehrungen, mit denen man das Gegenteil dessen erfahren kann, was man glaubt. Die Fragen lauten:

Ist das wahr?
Kannst du absolut sicher sein, dass das wahr ist?
Wie reagierst du, was passiert, wenn du diesen Gedanken glaubst?
Wer wärst du ohne den Gedanken?

Diese Fragen erscheinen zunächst recht theoretisch. Die einzige Möglichkeit richtig zu verstehen, was sie bewirken, besteht darin, sie selbst anzuwenden. Man kann aber auch schon dadurch, dass man anderen dabei zuschaut, wie sie die Fragen anwenden, einen ersten Eindruck von ihrer Kraft bekommen. Auf Katies Website, thework.com/de, gibt es viele Videos von ihr, in denen sie The Work mit Menschen macht. Wenn die Fragen ehrlich beantwortet werden, werden sie lebendig.

Sie spiegeln Wahrheiten in uns wider, die wir von außen nicht sehen können. (Im Anhang befindet sich eine Anleitung, wie man The Work macht. Weitere Erläuterungen finden sich auf Katies Website sowie in ihrem Buch *Lieben was ist*.)

The Work wird mitunter als Selbsthilfe bezeichnet, doch sie ist weitaus mehr: Selbsterkenntnis. Wenn wir einen stressigen Gedanken hinterfragen, erkennen wir, dass er unwahr ist. Wir sehen ihn uns nach dem Ursache-Wirkung-Prinzip an und finden dabei ernüchternd detailliert heraus, welchen Schmerz und welche Verwirrung der Glaube daran verursacht; dann schauen wir in den »leeren Spiegel«, also in die Welt jenseits unserer Geschichte über sie, und wir sehen, wie unser Leben ohne den Gedanken wäre; schließlich erleben wir des Gegenteil dessen, was wir so fest geglaubt hatten, und finden konkrete Beispiele dafür, inwiefern das jeweilige Gegenteil wahr ist. Wenn ein Gedanke gründlich untersucht ist, hat er keine Macht mehr, uns leiden zu lassen, und schließlich verschwindet er völlig. »Ich lasse meine Gedanken nicht los«, sagt Katie. »Ich begegne ihnen mit Verständnis. Dann lassen *sie mich* los.«

Über das Diamant-Sutra

In Sanskrit lautet der Titel des Sutra *Vajracchedikā Prajñāpā ramitā Sūtra* was »Diamantspaltende Vollkommenheit der Weisheit« bedeutet (»diamantspaltend« deshalb, weil die Weisheit dieses Schriftstücks eine derart hochkomprimierte und diamantharte Form hat, dass Zweifel damit genauso abgeschnitten werden können, wie ein Diamant Glas durchtrennt). Gelehrte gehen davon aus, dass das Sutra ca. 350 n. Chr. verfasst wurde, obwohl es gemäß der üblichen Konvention der

Mahayana-Schriften die Form eines Dialogs mit dem historischen Buddha aufweist, der der Überlieferung nach von 563 bis 483 v. Chr. lebte. Nach seiner Übersetzung ins Chinesische 401 n. Chr. verbreitete es sich in Ostasien und wurde in vielen Schulen des Buddhismus, vor allem im Zen, beliebt. Es gibt eine chinesische, per Holztafeldruck hergestellte Ausgabe des Sutra aus dem Jahr 868. Sie befindet sich nun im British Museum und ist das älteste gedruckte Buch der Welt, 586 Jahre älter als die Gutenberg-Bibel.

Obwohl das Sutra aus Dialogen besteht, ist es kein literarischer Text, es weist beispielsweise nicht den Charme von Platos Dialogen auf. Das Sutra besteht aus gebetsmühlenartigen Dialogen. Wenn eine Aussage jedoch wichtig ist, ist sie auch eine Wiederholung wert. Der Autor hat nicht die Absicht, uns zu beeindrucken oder zu unterhalten, er versucht nicht, interessant oder clever zu sein. Er möchte, dass wir uns der Realität bewusst werden und für den Fall, dass wir etwas beim ersten Mal nicht verstanden haben, wiederholt er es auch ein zweites, ein drittes und ein viertes Mal.

Das Sutra war in Zen-Kreisen aufgrund einer Geschichte über Hui-neng, den sechsten Zen-Patriarchen, der als junger Mann ein ungebildeter Holzfäller war, besonders berühmt. Eines Tages, als er vor einem Laden stand, den er gerade mit einer Fuhre Feuerholz belieferte, hörte er einen Mönch das Sutra aufsagen. Bei den Worten »Entwickle einen Verstand, der nirgendwo verweilt«, öffnete sich ihm der Verstand. Nachdem er zum Zen-Meister geworden war, lobte er bzw. eine fiktive Version seiner selbst das Diamant-Sutra in den höchsten Tönen: »Buddha hat diese Rede speziell für sehr intelligente Schüler gehalten. Sie ermöglicht es dir, das Wesen des Verstandes zu erkennen. Wenn du erkennst, dass die Weisheit dem eigenen Verstand innewohnt, brauchst du nicht auf irgendwelche spirituellen Autoritäten zurückzugreifen, da du durch kontinuierliche Meditation deine eigene Weisheit nutzen kannst.« Der Text ist radikal und subversiv, er untergräbt seine eigenen Aussagen und lässt nicht zu, dass der Leser es sich mit einem spirituellen Konzept bequem macht, nicht einmal bei einer präzisierten Vorstellung wie dem »Nicht-Selbst«. Genau wie die Untersuchung der Work verweist auch er uns immer wieder auf den nirgendwo verweilenden Verstand.

Es gibt eine weitere berühmte Zen-Geschichte über das Diamant-Sutra:

Te-shan, ein großer Gelehrter des Diamant-Sutra, hörte von einer ehrfurchtslosen Glaubenslehre, genannt Zen, die »eine spezielle Überlieferung außerhalb der Sutren« lehrte. Voller Empörung ging er in Richtung Süden, um die Ketzerei zu vernichten. Als er bei der Straße nach Li-chou ankam, hielt er an, um sich bei einer alten Frau, die an einem Straßenstand Hirsebällchen feilbot, einen Imbiss zu kaufen. Die alte Frau sagte: »Euer Hochwürden, was sind das für Bücher in Eurem Karren?« Te-shan sagte: »Meine Notizen und Kommentare zum Diamant-Sutra.« Die alte Frau sagte: »Meinem Vernehmen nach besagt das Diamant-Sutra: ›Der vergangene Verstand ist unbegreiflich, der zukünftige Verstand ist unbegreiflich und der gegenwärtige Verstand ist unbegreiflich‹. Welcher Verstand möchte den Imbiss haben?« Te-shan war verblüfft und konnte nicht antworten. Nach einigen Augenblicken fragte er: »Gibt es einen Zen-Meister hier in der Nähe?« Die alte Frau erwiderte: »Meister Lung-t'an wohnt eine halbe Meile von hier entfernt.«

Te-shan ging zu Lung-t'ans Tempel und befragte ihn bis weit in die Nacht hinein. Als es langsam spät wurde, sagte Lung-t'an: »Du gehst jetzt am besten ins Bett.« Te-shan verbeugte sich vor dem Meister und öffnete den Vorhang, um zu gehen, aber es war stockdunkel. »Es ist dunkel draußen«, sagte er. Lung-t'an zündete eine Kerze an und reichte sie ihm. In dem Augenblick, als Te-shan sie gerade nehmen wollte, blies Lung-t'an sie aus. In diesem Moment erfuhr Te-shan ein plötzliches Erwachen.

Am nächsten Tag trug er seine Notizen und Kommentare zum Diamant-Sutra vor den Dhama-Tempel, hielt eine Fackel hoch und sagte: »Obwohl ihr mit den tiefgründigsten Lehren meisterhaft umgeht, ist es, als platziere man ein einzelnes Haar in der Weite des Weltalls. Obwohl ihr alle Wahrheiten der Welt gelernt habt, ist es, als ließe man einen Wassertropfen in eine tiefe Schlucht fallen.« Dann zündete er seine gesamten Schriften an, verbeugte sich vor Lung-t'an und ging.

In *Ich liebe, was ist* verkörpert Katie sowohl jene ältere Frau, welche diese fundamentale Frage stellt, als auch den Zen-Meister, der die Kerze ausbläst – die kleine Flamme, die versucht, die allgegenwärtige Dunkelheit zu erleuchten.

Wenn du meinst, du hättest durch dieses Buch einige Wahrheiten begriffen, wirst du später vielleicht voller Freuden feststellen, dass der Hauch ihrer Worte sie wie Kerzen einer Geburtstagstorte ausgelöscht hat. »Glaube nichts von dem, was ich sage«, sagt Katie oft. »Prüfe es selbst. Einzig die Wahrheit, die *du für dich* entdeckst, ist wichtig, nicht meine.«

Über diese Ausgabe des Diamant-Sutra

Ich lese kein Sanskrit, und die Version in diesem Buch ist keine Übersetzung, sondern eine interpretierende Adaption. Bei der Erstellung habe ich mich auf bereits vorhandene englische Übersetzungen gestützt, besonders auf die von Edward Conze, Thich Nhat Hanh, Bill Porter (Red Pine), A. F. Price und Mu Soeng.

Zahlreiche zeitgenössische Leser befanden das Diamant-Sutra als undurchdringlich. (Einer meiner aufrichtig suchenden Freunde hat es vier Mal in vier verschiedenen Übersetzungen zu lesen versucht. Er kam nie weiter als bis zum sechsten Kapitel.) Daher dachte ich, es könnte lohnenswert sein, den Dialog in einer einfachen, für den Laien verständlichen Sprache wiederzugeben, ihn von seinen esoterischen Fallstricken zu befreien und ihn so lebendig werden zu lassen, dass jeder von seiner tiefgründigen Weisheit profitieren könnte. Der ursprüngliche Text weist sogar noch mehr Wiederholungen auf. Die komplizierten Formulierungen habe ich vereinfacht. Wann immer möglich, habe ich die Betonung vom Metaphysischen auf das Hier und Jetzt verlagert. Meine Absicht war es vor allem, einen Text zu schaffen, der das klare Licht des Buddha-Verstandes ausstrahlt.

1 Der kosmische Witz

Mithin hörte ich: Buddha verweilte einst in einer Gemein-
schaft von zwölfhundertfünfzig Mönchen in Shravasti in
Anathapindikas Garten im Jeta-Hain. Früh am Morgen, zur
Essenszeit, zog er sein Gewand an, nahm seine Schüssel,
ging in der Stadt Shravasti von Haus zu Haus und bettelte
für sein Mahl. Nachdem er fertig war, kehrte er in den Garten zurück und aß. Dann legte er sein Gewand und seine
Schüssel beiseite, wusch seine Füße und setzte sich.

Ich komme aus einer kleinen Wüstenstadt in Südkalifornien,
in der die Leute meinen, Buddha sei der fröhliche, dicke Typ,
dessen Statue man in chinesischen Restaurants begegnet. Erst
als ich Stephen, meinen Ehemann, kennenlernte, erfuhr ich,
dass der dicke Typ Budai ist, der chinesische Gott des Glücks.
Buddha ist der Dünne, erklärte er mir, der mit dem heiteren
Lächeln auf dem Gesicht. Ich respektiere, was Stephen sagt,
aber für mich ist Buddha weiterhin auch der Typ mit dem
dicken Bauch. Er hat nämlich den Witz verstanden, und der
Witz ist: Alles ist ein Traum – das gesamte Leben, alles. Nichts
ist jemals, nichts kann je sein. Denn der Moment, in dem etwas
augenscheinlich ist, ist vorbei. Das ist wirklich höchst amü-
sant. Jeder, der den Witz versteht, hat das Recht zu lachen,
dieses wunderbare Ganzkörper-Lachen, bei dem der Bauch
wackelt.

Man kann es auch so sagen: Für mich bedeutet das Wort *Buddha* reine Großzügigkeit: feinsinnige, freudige Großzügigkeit
ohne links und rechts oder oben und unten oder möglich und

unmöglich – eine natürlich fließende Großzügigkeit nach dem Erwachen in der Realität. Großzügigkeit ist, was von dir übrig bleibt, nachdem dir klar geworden ist, dass es so etwas wie ein Selbst nicht gibt. Es gibt nichts zu wissen, und es gibt niemanden, der das weiß. Woher weiß ich das dann? Das ist lustig!

Das Diamant-Sutra beginnt mit dem einfachen Akt des Bettelns. Ich war sehr berührt, als ich hörte, dass Buddha um Essen gebettelt hat. Da er verstand, wie das Universum funktioniert, wusste er, es würde immer für ihn gesorgt sein. Er betrachtete sich selbst nicht als erhabenes, überirdisches Wesen oder gar als spirituellen Lehrer. Er weigerte sich, als jemand Besonderes behandelt zu werden, als jemand, dem man Nahrung bringt und der von seinen Studenten bedient wird. In seinen Augen war er ein einfacher Mönch und seine Aufgabe war, jeden Morgen hinauszugehen und um Essen zu betteln. Er brauchte auch nur eine Mahlzeit am Tag. Seine Weisheit führte ihn zu beliebigen Häusern, wobei er sich nicht fragte, ob die Familie ihm etwas zu essen geben würde oder nicht. Er hatte verstanden, dass das Universum immer freundlich war – er verstand es so gut, dass er wortlos jedem Hausbesitzer seine Schüssel hinhalten und ruhig auf ein Ja oder Nein warten konnte. Sagte der Hausbesitzer nein, empfing er das Nein mit Dankbarkeit, denn Buddha war klar, dass das Privileg, ihn mit Essen zu versorgen, einer anderen Person zustehen würde. Auf die Nahrung kam es nicht an. Er brauchte sie nicht. Er musste sich nicht am Leben erhalten. Er gab Menschen einfach eine Gelegenheit, großzügig zu sein.

Stephen erklärte mir weiterhin, das Wort *Mönch* bedeute »jemand, der allein ist«. Ich liebe das, da wir in Wirklichkeit alle allein *sind*. Jeder Einzelne ist immer der Einzige überhaupt. Es gibt keine anderen! *Mönch* ist meines Erachtens keine Beschreibung für jemanden, der in ein Kloster eingetreten ist, sondern die ehrliche Beschreibung eines jeden – von mir und auch von dir. Meinem Verständnis nach ist ein wahrer Mönch jemand, der begreift, dass es kein Selbst gibt, das es zu schützen oder zu verteidigen gilt, sondern jemand, der weiß, dass er kein bestimmtes Zuhause hat und er deswegen überall zu Hause ist.

Als ich 1986 in der Realität erwachte, erkannte ich, dass all mein Leiden daher rührte, dass ich mich dem widersetzte, was war. Ich war jahrelang stark depressiv gewesen und hatte der Welt die Schuld an all meinen Problemen gegeben. Nun erkannte ich, dass meine Depression nichts mit meiner Außenwelt zu tun hatte. Sie war in meinem *Glauben* über sie begründet. Mir wurde klar, dass ich litt, wenn ich meine Gedanken glaubte, und dass ich nicht litt, wenn ich sie nicht glaubte, und dass dies auf alle Menschen zutrifft. Freiheit ist so einfach.

Als ich an jenem Morgen die Augen öffnete, hatte ich auf einmal kein Zuhause mehr, keine Familie und kein Selbst. Nichts davon war mehr real. Obwohl ich Katies Gedächtnis besaß und mir zur Orientierung ihre Geschichte herannehmen konnte, wusste ich nichts. Die Leute erklärten mir: »Das ist ein Tisch«, »Das ist ein Baum«, »Das ist dein Ehemann«, »Das sind deine Kinder«, »Das ist dein Haus«, »Das ist mein Haus«. Weiterhin erklärten sie mir: »Nicht alle Häuser gehören dir« (was mir absurd vorkam). Am Anfang musste man Katies Namen, Adresse und Telefonnummer auf einen Zettel schreiben, damit ich ihn in ihrer (meiner) Tasche bei mir führen konnte. Ich hielt Ausschau nach Orientierungspunkten und behielt sie wie Brotkrumen im Sinn, damit ich meinen Weg zu dem zurückfand, was die Leute mein Haus nannten. Alles war so neu, dass es für mich selbst bei einer Entfernung von fünf Blocks in einer kleinen Stadt, in der ich aufgewachsen war, nicht einfach war, meinen Weg zurück zu finden. Aus diesem Grund begleiteten mich hin und wieder Paul, der Mann, der angeblich mein Ehemann war, oder eines meiner Kinder.

Ich war ständig in Ekstase. Es gab kein »Meins« oder »Deins«. Ich konnte mich an nichts binden, da ich für nichts einen Namen hatte. Oft, wenn ich mich verlaufen hatte, ging ich auf andere Menschen zu und fragte: »Weißt du, wo sie wohnt?« (In jenen frühen Tagen war es mir nicht möglich, das »Ich« auszusprechen. Es lag wohl außerhalb meiner Integrität und war eine Lüge, die ich nicht über die Lippen brachte.) Ausnahmslos jeder war freundlich. Menschen spüren Unschuld. Wenn ein Baby am Straßenrand ausgesetzt werden würde, würden die Leute es hochnehmen, sich um es kümmern und versuchen, sein Zuhause zu finden. Ich ging tatsächlich in jedes Haus und meinte, es sei meines. Ich öffnete die Tür, spazierte hinein und war jedes Mal schockiert, wenn keiner wusste, dass allen alles gehört. Die Menschen gingen jedoch sehr sanft mit mir um; sie lächelten und waren nicht verärgert. Manche lachten so, als hätte ich etwas Lustiges gesagt, und andere erklärten mir: »Nein, das ist *unser* Haus«, nahmen mich behutsam an der Hand und führten mich zur Tür.

Morgens stieg ich immer unmittelbar nach dem Aufwachen aus dem Bett, zog mich an und machte einen Spaziergang durch die Straßen. Ich fühlte mich stark zu Menschen hingezogen. Vor dem Hintergrund, dass »ich« kurz zuvor noch paranoid gewesen war, unter Platzangst gelitten und andere so sehr wie mich selbst gehasst hatte, war das sehr seltsam.

Manchmal ging ich auf Fremde zu, im Wissen, dass sie ich selbst waren – sozusagen noch mal ich –, umarmte sie oder nahm ihre Hand. Das fühlte sich für mich völlig natürlich an. Wenn ich in den Augen der Menschen Angst oder Unbehagen sah, entfernte ich mich. Wenn nicht, unterhielt ich mich mit ihnen. Die ersten Male erzählte ich ihnen, was ich sah: »Ich bin du, du bist ich, wir sind alle eins!« Es gibt nur einen! Aber schnell bemerkte ich eine Unstimmigkeit darin. Es kam mir vor, als ob ich den Leuten etwas aufdrängte. Die Worte fühlten sich nicht natürlich an und konnten kein Gehör finden. Manche Leute schienen zu mögen, was sie in mir sahen, lachten und waren zufrieden damit; sie schienen sich auch nicht großartig darum zu kümmern, dass meine Aussagen keinen Sinn ergaben. Andere Menschen sahen mich wiederum an, als wäre ich verrückt. Mir fiel auch auf, dass ich mich nicht wohlfühlte, wenn ich nicht die ganze Wahrheit sagte. Aus diesem Grund formte ich mit meinen Fingern eine Null und sagte: »Es gibt nichts! Es gibt nichts!«. Allerdings hatte ich bei diesen Worten dasselbe Gefühl, wie wenn ich den Menschen erzählte, es gebe nur eine(n). Also hörte ich auch damit auf.

Die Wahrheit ist, dass es nichts gibt. Selbst »Es gibt nichts« ist eine Geschichte über etwas. Die Realität ist noch davor. Ich bin auch davor [vor der Geschichte], vor dem Nichts. Es lässt sich nicht in Worte fassen, und sobald ich darüber spreche, bewege ich mich von der Wahrheit weg.

Rasch erkannte ich, dass das Verständnis, zu dem ich gekommen war, sich nicht aussprechen ließ, und doch war es gleichzeitig so einfach und offensichtlich für mich. Meine Worte klangen wie folgt: *Raum und Zeit existieren nicht wirklich. Wissen abzugeben, ist alles. Es gibt nur Liebe.* Doch diese Wahrheiten fanden kein Gehör.

Ich verbrachte Monate damit, in den Straßen von Barstow, wo ich lebte, spazieren zu gehen. Ich befand mich in ständiger Glückseligkeit und im Rausch einer derart hellen Begeisterung, dass ich mich wie eine wandelnde Glühlampe fühlte. Hin und wieder kam mir zu Ohren, dass mich die Leute »die Erleuchtete« nannten, und spürte, wie ich dadurch von anderen Menschen getrennt wurde. Irgendwann verlagerte sich diese Ausstrahlung – auch wenn sie (bis zum heutigen Tag) geblieben ist – nach innen und mein Aussehen wurde immer gewöhnlicher. Solange es noch ungewöhnlich und unausgeglichen gewesen war, war es für die Menschen von geringem Wert.

Stephen erzählt mir, dass Künstler sich Buddha oft mit einem Heiligenschein vorstellen. Allerdings entstammt das Licht, das aus Buddha und aus anderen, die ihm gleich sind, herausstahlt, aus einer inneren Glut. Eine solche Ausstrahlung entwickelt sich, wenn man sich absolut wohl in seiner Haut fühlt und man verstanden hat, dass die Welt aus dem Kopf heraus geboren wird. Buddha hat all die Gedanken durchschaut, die das Erleben der Dankbarkeit untergraben würden. Wenn er betteln geht, ist sein Empfinden des Empfangens von solch einer Tiefe, dass genau darin die Gabe liegt. Das ist Nahrung jenseits der Nahrung. Zurück im Jeta-Hain lässt er sich mit seinen Gaben nieder, isst sein Mahl, spült die Schüssel der unbegrenzten Möglichkeiten, wäscht seine Füße und setzt sich dann still hin, voller Bereitschaft, nicht wissend, ob er etwas sagen wird oder nicht, ob die Menschen ihm zuhören oder nicht, gelassen, dankbar, ohne irgendeinen Beweis einer Welt vor oder nach diesem Moment: als der Gespeiste, der Unterstützte, der Genährte sitzt er jenseits dessen, was durch Nahrung versorgt werden kann. Und so, still sitzend, kann der Verstand sich mittels dem augenscheinlich anderen hinterfragen und sich selbst ohne Vergangenheit und Zukunft, im namenlosen Selbst verweilend, mit Verständnis begegnen, in einem Selbst, das nicht existieren kann, im strahlendem Nicht-Selbst.

***

Du sagst, das Leben sei ein Traum. Was bringt dich dazu, zu anderen nett zu sein, wenn sie nur Figuren in deinem Traum sind?

Ich liebe alles, was ich denke. Daraus folgt, dass ich jeden liebe, den ich sehe. Das ist ganz natürlich. Ich liebe die Figuren meines Traums. Sie sind da als mein eigenes Selbst. Meine Aufgabe als Träumerin ist wahrzunehmen, was mich im Traum verletzt und was nicht, und Lieblosigkeit tut immer weh. Ich vernehme im Traum auch Buddhas Stimme, das Gegenmittel, den Segen, den Ausweg und das darin enthaltene unfehlbare Bewusstsein.

Du sagst, nach deinem Erwachen mussten die Leute dir erklären: »Das ist dein Ehemann«, »Das sind deine Kinder«, und du hättest keine Erinnerung mehr an sie gehabt. Kamen die Erinnerungen später zurück?

Ich stellte plötzlich fest, dass ich aus heiterem Himmel mit Paul verheiratet war. Die Frau, die ihn 1979 geheiratet hatte, war gestorben, und etwas anderes lebte hier drin. Ich erkannte ihn nicht und wusste buchstäblich nicht, wer er war. Die Damen im Rehabilitationszentrum brachten diesen großen Mann herein und erklärten mir: »Das ist dein Ehemann.« Er war mir vollkommen fremd. Ich schaute ihn an und sprach zu mir selbst: »Das auch noch, [lieber] Gott? Das ist mein Ehemann? O.k., alles klar.« Ich gab mich vollkommen dem hin, was war, und war damit verheiratet, *war* es. Man konnte sagen, dass das, was in Katies Körper an die Oberfläche getreten war, noch nie mit irgendjemandem verheiratet gewesen war. Und als man mir sagte, »meine« Kinder würden kommen, erwartete ich Babys. Ich bin nicht auf die Idee gekommen, dass meine Kinder Teenager beziehungsweise Anfang zwanzig sein könnten. Ich ging davon aus, man würde mir zwei- oder dreijährige Kleinkinder bringen. Als die Kinder kamen, schaute ich dann nur dabei zu, wie sich der Traum entfaltete. Sie kamen mir nicht anders als andere vor. Ich wusste keinen Grund, weshalb ich sie nicht als »meine« akzeptieren sollte und lebte einfach die Geschichte. Liebe gibt nach. Sie begegnet sich in sämtlichen Formen, bedingungslos.

Ich habe es immer den Menschen selbst überlassen, ihre Beziehung zu mir zu definieren, das heißt, wer sie glaubten zu sein und für wen sie mich hielten. Die Erinnerung an Paul und die Kinder kehrte nie zurück. Das war nicht notwendig. Sie lieferten mir ihre Geschichten, und ich sah vier verschiedene Frauen zusammengefasst in »mir«. Zu der Zeit gab es noch eine Art Echo, einen Schatten der Erinnerung, als sie begannen, mich zu definieren. Wenn ich sie überhaupt irgendwie erkannte, dann in Form einer Essenz, einer weit entfernten Hintergrundmusik. Sie füllten die Geschichte auf. Sie *liebten* ihre Geschichten über mich. Sie fragten: »Erinnerst du dich an die Zeit, als …? Weißt du noch, als wir … und du dieses sagtest und ich jenes tat?«, und so erfuhr ich eins nach dem anderen, obwohl es niemals wirklich geschehen war. Ich begann in ihren Geschichten zu leben, und das war für mich in Ordnung.

Etwa sieben Monate lange wurde ich von den Leuten definiert. Mir war völlig fremd, was von dem, was wir Katie nennen, übrig war, und trotzdem trug ich ihre Schatten und ihre Erinnerungen, zumindest manche davon. Es war, als ob ich ihren Fingerabdruck besaß und gleichzeitig wusste, dass er nicht zu mir gehörte. Es war alles ihre Geschichte. Ich war nur das Selbst, das sich selbst erkannte – oder genauer gesagt: das »Selbst«, das sein Nicht-Selbst erkannte.

Du sagtest, du hättest nach deinem Erlebnis kein Gespür mehr für »mein« und »dein« gehabt. Wie unterscheidet sich das von dem Weltverständnis eines Babys? Geht es beim Erwachsenwerden nicht auch darum, eigene Grenzen zu entwickeln und zwischen »mein« und »dein« zu unterscheiden«?

Ich wachte ohne das Gefühl einer mich herunterziehenden Identität in einem Bett auf, und das war in Ordnung, eben weil es so war. Neben mir lag augenscheinlich ein Mensch, und das war auch in Ordnung. Es stellte sich heraus, dass ich Beine hatte, die mich zur Tür hinaustrugen, und auch das war in Ordnung. Ich lernte die Gepflogenheiten dieser Zeit und dieses Ortes durch meine sechzehn Jahre alte Tochter Roxann kennen. Wenn ich einen roten und einen blaue Strupf anzog lachte Roxann mich aus, und wenn ich in meinem Pyjama aus dem Haus ging, lief sie mir hinterher und hielt mich zurück. *Aha, okay,* dachte ich dann, *kein Pyjama in der Öffentlichkeit. Wir tun das hier nicht.* Sie nahm mich bei der Hand (gesegnet sei ihr Herz) und erklärte mir alles, immer wieder. Wie sollte sie meinen Tränen die selige Liebesaffäre ansehen, die ich mit dem Leben führte? Was kümmerten mich die Namen dafür? Waren wir im Supermarkt, hielt sie geduldig inne, zeigte auf etwas und erklärte mir: »Das ist eine Suppenschüssel. Das ist eine Flasche Ketchup.« Sie brachte mir die Dinge bei, wie eine Mutter sie einem kleinen Kind beibringt.

Also ja, einerseits war ich wie ein Baby. Andererseits war ich aber sehr praktisch veranlagt, sehr effizient. Ich konnte sehen, an welchen Stellen die Menschen mit ihren stressigen Gedanken nicht weiterkamen, und wenn sie es wirklich wollten und der Untersuchung dieser Gedanken gegenüber offen gegenüberstanden, konnte ich ihnen zeigen, wie sie ihre Misere damit auflösen konnten. Anfangs war meine Kommunikation etwas wild, doch ich lernte, klarer zu werden.

Manchmal sage ich, Grenzen sind etwas Eigennütziges. Wenn du klar in deinem Ja beziehungsweise deinem Nein bist, brauchst du keine Grenzen. In den frühen Tagen wollten ein paar Männer mit mir schlafen. Sie glaubten, sie würden durch den Sex mit mir erleuchtet werden. Auch wenn ich die Ehrlichkeit dieser liebenswerten, irregeleiteten Männer mochte, lautete meine Antwort: »Danke fürs Fragen und nein. Dadurch findest du nicht, wonach du suchst«.

Aber ist ein »Nein« denn keine Grenze? Zum Beispiel: »Nein, ich werde nicht mir dir schlafen?«

Mit jedem Nein sage ich ja zu mir selbst. Es fühlt sich für mich richtig an. Andere brauchen nicht zu raten, was ich möchte oder nicht, und ich muss ihnen auch nichts vormachen. Wenn man ehrlicherweise ja beziehungsweise nein sagt, ist es ein Kinderspiel, ein Leben in Freundlichkeit zu führen. Die Menschen kommen und verlassen mein Leben, ob ich nun die Wahrheit sage oder nicht, und je nachdem kann ich entweder alles oder nichts gewinnen. Ich lasse mich nicht rätselnd oder schuldig zurück.

Wenn beispielsweise ein Mann Sex mit mir haben möchte, muss ich keine Entscheidung treffen, um ihm zu antworten. Ich bin verheiratet und monogam. Das »Nein« liegt mir bereits lächelnd auf den Lippen. Diesem Mann mache ich damit in Wirklichkeit das größtmögliche Geschenk: meine Wahrheit. Das kann wie eine Grenze betrachtet werden. Wenn Grenzen jedoch mit Einschränkungen oder einer Einengung gleichgesetzt werden, passt das nicht zu meinem Gefühl. Für mich fühlt es sich integer an. Ich baue hier nichts auf; es ist etwas, das bereits für mich aufgebaut ist. Neinsagen ist kein Akt der Selbstsucht, sondern ein Akt der Großzügigkeit, sowohl mir selbst als auch dem anderen gegenüber.

Du sagst, du seist im Freudenrausch gewesen, als du die Wahrheit entdecktest, dass es kein Selbst und keinen anderen gibt. Bist du immer noch von Freude berauscht?

Freude kommt ins Gleichgewicht, trotzdem bleibt sie immer gleich.

Wie stehst du dazu, dass Buddha um Nahrung bettelt? Kannst du dir vorstellen, weder Geld noch ein Dach über dem Kopf zu haben wie ein Mönch, der in Bezug auf sein Essen von anderen Leuten abhängig ist?

Ich *bin* vollkommen abhängig! Wenn Menschen kein Gemüse anbauen, gibt es kein Gemüse in den Läden. Wenn Menschen mich oder meinen Mann nicht bezahlen, kann ich nichts zu essen kaufen.

Buddha bittet nur um das, was ihm bereits gehört. Er leidet niemals Hunger und dennoch bittet er großzügigerweise um Nahrung. Er weiß, wann und wonach er fragt. Er weiß, was er isst, nämlich genau das, was du ihm gibst und nicht mehr. Ich bin immer frei von Hunger bis zu dem Augenblick, wenn das Essen da ist. Ich werde immer perfekt und genau rechtzeitig mit der richtigen Nahrung versorgt, die mir aus Güte geschenkt wird. Wenn du mir etwas zu essen gibst, danke ich dir aus deinem eigenen Selbst heraus, nicht durch Worte, und wenn du mir nichts zu essen gibst, danke ich dir auch; und wie es so mit der Liebe ist, wirst du vielleicht in einer anderen Zeit und mit einem anderen Bewusstsein bereit dazu sein, die einzige Nahrung, die des Essens wert ist, zu dir zu nehmen – das, wonach wir alle hungern und was ich dir aufrichtig anbiete: dem zu dienen, was dient.

Großzügigkeit ist das, was von dir übrig bleibt, nachdem dir klar geworden ist, dass es so etwas wie ein Selbst nicht gibt.

2 Die Verneigung
vor einem Sandkorn

Dann stand der Mönch Subhuti mitten unter den Versammelten auf, entblößte seine rechte Schulter, kniete sich auf sein rechtes Knie, faltete die Hände in Verehrung und wandte sich an Buddha. »Wie erlesen umsichtig du bist, Herr! Du bist immer um das Wohlergehen deiner Schüler besorgt und so freigiebig mit deinen Lehren. Herr, wenn aufrichtige Männer und Frauen Erleuchtung suchen, was sollen sie tun und wie sollen sie ihren Verstand kontrollieren?«

Buddha sagte: »Das ist eine ausgezeichnete Frage, Subhuti. Wenn aufrichtige Männer und Frauen Erleuchtung suchen, ist es unbedingt erforderlich, dass sie ihren Verstand kontrollieren. Hör zu und ich erkläre dir wie.«

Subhuti sagte: »Bitte tu das, Herr. Wir hören alle zu.«

Subhuti steht auf und drückt mit allerschönsten Gesten seine Verehrung für Buddha aus. Aus der Sicht Buddhas ist jeder erwacht, also ist Buddha (»der Erwachte«) einfach ein Wort sowohl für ihn als auch für Subhuti, und es ist ebenfalls ein Wort für jeden einzelnen Mönch im Publikum. Der anschließende Dialog findet zwischen Buddha und Buddha statt. Das innere Selbst begegnet sich selbst. Genauer gesagt: Da ist kein Selbst und dieses Nicht-Selbst begegnet sich selbst. Es gibt keinen anderen und dieser Nicht-Andere begegnet dem Nicht-Selbst.

Manchmal nähern die Leute sich mir mit einer ähnlichen Verehrung, und ich weiß, dass es dabei nicht um mich persönlich geht. Nach öffentlichen Veranstaltungen kommen sie zu mir, wenn sie sehr gerührt sind oder sie mit Hilfe von The Work etwas Tiefgreifendes und Bedeutungsvolles begriffen haben. Sie nähern sich mir mit leuchtenden Augen und gefalteten Händen und manchmal knien sie sich hin oder verbeugen sich. Ich weiß, wie Verehrung sich anfühlt, und liebe es, dass sie sie erleben. Die Frau »Byron Katie« zu erkennen bedeutet einfach, dass sie ihr eigenes wahres Wesen erkennen. Es gibt in dieser Gleichsetzung kein »Mich«. Es ist ihre eigene Erkenntnis, sie gehört ihnen und als diese Erkenntnis bin ich begeistert. Ich verneige mich innerlich immer vor allem und vor jedem, weil ich weiß, dass etwas Geringeres als das Getrenntsein bedeuten würde. Wenn jemand sich vor mir verneigt, bin ich das, was sich verneigt, und das, vor der man sich verneigt. Beides sind die gleichen Positionen. Nichts daran hat etwas mit meiner Person zu tun.

Es wäre auch kein Unterschied, wenn ich mich in Verehrung vor einem Sandkorn verneigen würde. Ich lasse mich hineinfallen und verschmelze. Auf diese Weise erlebe ich Verehrung; das Selbst in Vertrautheit mit ... ich kann es kaum sagen »das Selbst in Vertrautheit mit sich selbst.« Es ist einfach das Selbst, in Vertrautheit. Es ist die wahre Vertrautheit, ungeteilt. Es gibt nichts außerhalb von ihr und nichts in ihr.

Demut bedeutet, dem Sand, dem Staub, dem Klang des gerade Gehörten eine solche Verehrung zu zeigen. Wären wir bei vollem Verstand, würden wir allem auf der Welt Ehre erweisen, denn alles ist Buddha. Genau das bedeutet Erkenntnis. Man kann niemals begreifen, was Erkenntnis ist. Der Gedanke, dass wir irgendetwas erkennen, ist nicht wahr. Er ist mindestens eine Gedankengeneration von der Wahrheit entfernt. Dies ist ein schöner Moment der Gnade, dennoch ist da die Identifikation mit einem Jemand, der erkannt hat. Sobald du hinter den Schmerz – und letztendlich hinter die Freude – der Hingabe gelangst, entdeckst du etwas, das jenseits deiner Identifikationsfähigkeit liegt, und größte Dankbarkeit überfällt dich.

Subhuti sagt, Buddha sorge sich um das Wohlergehen seiner Schüler. So geht es mir auch, obwohl ich niemanden als Schüler betrachte. Für mich gibt es nur Freunde. Ich bin allerdings besorgt, wenn sie besorgt sind, und diese Sorge ist die einzige Sorge, die mir geblieben ist. Wenn sie mich fragen: »Wie soll ich die Untersuchung praktizieren?«, »Was ist, wenn mir ein stressiger Gedanke immer noch wahr vorkommt, wenn ich ihn hinterfragt habe?«, erkenne ich in ihnen mein eigenes verwirrtes Selbst und die Katie, für die ich mich früher gehalten habe – leiderfüllt und ohne Ausweg. Ich würde diesen Menschen alles geben, was ich habe. Ihre Fragen sind genauso notwendig wie die Schüssel zum Betteln. Sie werden zur Erleuchtung des Verstands benötigt. Sie *sind* der erleuchtete Verstand, der Feuer fängt. Wenn niemand etwas fragt, mache ich mir auch keine Sorgen um ihr Wohlergehen, denn ich weiß, dass es jedem vollkommen gut geht, egal, welches scheinbare Leiden er gerade durchmachen mag.

Subhuti stellt Buddha eine Frage – eine sehr gute Frage. Es gibt Männer und Frauen, die auf authentische Weise über sich selbst hinauswachsen möchten, und aufrichtige Männer und Frauen, die nicht mehr leiden möchten. Ich war eine von ihnen, ohne es zu merken. Ich probierte aus, was passierte, wenn ich auf Gedanken wie »Ich will«, »Ich brauche«, »Ich sollte nicht«, »Ich sollte« nicht reagierte. Ich sah eine Welt jenseits dieser augenscheinlichen Erfordernisse und stellte fest, dass keines von ihnen wahr war. Keiner dieser Gedanken konnte der Untersuchung standhalten.

40

Du kannst das leicht für dich selbst überprüfen, indem du über einen Zeitraum von vierundzwanzig Stunden nur eine Mahlzeit zu dir nimmst. Wenn deine Nahrung in diesen vierundzwanzig Stunden nur aus einer kleinen Schüssel Reis besteht, sagt der Ich-weiß-Verstand vermutlich: »Das ist zu wenig. Ich habe immer noch Hunger. Ich bin schwach. Ich werde krank. Ich werde sterben.« Wenn du aber jedem Gedanken mit der Frage »Ist das wahr?« begegnest, offenbart sich dir das Leben. Irgendwann stellst du fest, dass jeder deiner Gedanken mit einem Fragezeichen aufhört und nicht mit einem Punkt. Dann ruhst du in der unendlichen Erleuchtung des Ich-weiß-nicht-Verstandes.

Als ich in der Realität erwachte, hatte ich hilfsbedürftige Kinder, ein renovierungsbedürftiges Haus, einen hilfsbedürftigen Ehemann und hilfsbedürftige Menschen um mich herum. Nichts davon stellte sich jedoch als wahr heraus. Nicht einmal der Hunger war wahr. Das habe ich überprüft, indem ich siebenundzwanzig Tage lang nichts gegessen habe. Ich fand heraus, dass ich keine Nahrung brauchte und dass keiner mich brauchte – nie. Mit dem Verlust von all dem ging ein weiterer Verlust einher: der des Selbst. Es hatte sich totgelaufen in der Welt. Das Haus, die Kinder und der Ehemann waren weg, weil es kein »Ich« mehr gab, das all das hätte verlieren können. Ausnahmslos alles war besser ohne Katie versorgt. Alles war einem höheren Dienst untergeordnet, einer freundlicheren Form. Alle meine Familienmitglieder wurden zu meinen Lehrern und löschten mich dabei aus.

Subhutis Frage ist gut, aber so, wie sie gestellt wurde, ist sie etwas verwirrend, denn er fragt, wie der Verstand zu »kontrollieren« sei. In der Traumwelt, der Welt des Leidens, ist das eine ganz natürlich Frage. Dort scheint der Verstand etwas

Chaotisches zu sein, das man glaubt kontrollieren zu müssen. Manche würden alles für das Wissen geben, wie sie ihn unter Kontrolle bringen können. Der Verstand kann jedoch niemals unter Kontrolle gebracht werden. Man kann ihn nur untersuchen, ihn lieben und ihm mit Verständnis begegnen.

Der Verstand ist wie ein ungezogenes Kind. Die Gedanken kommen, einer nach dem anderen, lassen uns keine Ruhe und berauben uns unserer Aufmerksamkeit. Wir müssen sie nur unterscheiden, das heißt auseinanderhalten können, was ein im Inneren stattfindender Streit und was Offenheit für das Zuhören und das Empfangen ist. Wir leiden, wenn wir versuchen, die Realität zu kontrollieren, wenn wir glauben, wir seien der Ursprung und nicht das Spiegelbild, oder wenn wir glauben, wir seien mehr oder weniger als das, was im Spiegel zu sehen ist. Denn alles auf der Welt ist gleich. Alles ist eine Spiegelung des Verstandes.

Wir können den Verstand nur wie folgt kontrollieren: Wenn ein Gedanke auftaucht, können wir ihn einfach wahrnehmen, ohne ihn zu glauben. Wir können ihn fragend wahrnehmen. Gedanken, die sich Gehör verschaffen und die geglaubt werden möchten, haben ihren Ursprung im lehrerhaften Ich-weiß-Verstand, wohingegen das Untersuchen schülerhaften Ursprungs ist. Im untersuchenden Verstand erleben wir eine Art Flow. Es gibt keine Unterbrechung, keine Grenzen. Wahre »Kontrolle« bedeutet einfach wahrzunehmen. Es bedeutet nicht, dem Verstand Befehle zu erteilen. Ein wahrer Schüler beendet seine Gedanken immer mit einem Fragezeichen.

***

Du hast den Dialog als Dialog zwischen Buddha und Buddha bezeichnet. Kannst du das etwas ausführen?

Buddha ist immer großzügig. Er würde niemals etwas für sich behalten, denn Geben bedeutet für ihn Empfangen. Er spricht immer nur mit sich selbst. Im ganzen Sutra ist das Selbst (das Bewusstsein, genauer gesagt: das Nicht-Selbst) im Gespräch mit sich selbst. Der scheinbar »andere«, die Person, mit der wir sprechen, ist ein Bild unserer selbst. Außerhalb unserer Wahrnehmung gibt es nichts; entweder nehmen wir etwas wahr oder wir bilden uns ein, es existiere etwas. Wenn ich eine Frage höre, ist sie in mir. Ihr Ursprung befindet sich in meinem Innern, nicht in einem imaginären »Außen«. Sie taucht unvermittelt auf. Sie liegt nicht irgendwo in der Ferne. Wenn man – wie Buddha bei Subhuti – eine Frage in dem Wissen beantwortet, dass es die eigene Frage ist, dann ist das Liebe. Sie steht immer im Dienst ihrer selbst.

Der »andere« ist natürlich dankbar, denn der andere ist immer die Spiegelung meiner selbst. Ich würde mir keine Frage stellen oder mir nichts abverlangen, was mir fernläge. Das stärkt. So ist der klare Verstand, der geliebte, in grenzenloser Schönheit, Güte und Schöpfung sich stets ausdehnende, streckende und erhebende Verstand. Nicht zu antworten würde seine Herrlichkeit einschränken. Wenn eine Frage auftaucht, kommt die Antwort mühelos. Allerdings ist die Qualität der Antwort vom Schüler abhängig.

Wenn ich mit jemandem zusammensitze, der denkt, er wüsste etwas, limitiert er sich, und dann spiegeln meine Antworten diese Limitierung wider. Wenn ein Schüler jedoch völlig unvoreingenommene Fragen stellt, erhält er unbefangene Antworten, die aus einer unversiegbaren Quelle stammen. Aus diesem Grund bin ich seit einunddreißig Jahren niemals der Leute müde geworden, die mir immer wieder dieselben Fragen stellen. Die Fragen sind immer neu.

Warum würdest du dich – wie du sagst – vor einem Sandkorn verneigen?

Ein Sandkorn gibt sich selbst vollkommen hin. Auch wenn ich mir dessen nicht bewusst bin, wartet es auf eine Gelegenheit, sich mir zu offenbaren und mir zu zeigen, wie es durch mich existieren kann. Es ist geduldig, bleibt seiner Bestimmung treu, verändert seine gegenwärtige Identität nicht und macht niemandem etwas vor. Es ist ihm egal, wenn ich auf es trete, es lobe oder es herabsetze. Es bleibt, was es ist – es verschleiert nichts, und es täuscht auch nichts vor. Es lässt alles in perfekter Weise zu, wehrt sich nicht gegen einen Namen, egal, welchen Namen ich ihm gebe, es lässt sich selbst so sein. Wer würde sich bei klarem Verstand nicht vor einem Bewusstsein wie diesem verneigen? Ich ehre den Lehrer in ihm und begegne seinem Wesen in allem, was ich sehe. Wenn du mich zurückweisen, auf mich treten, mich als nutzlos bezeichnen oder mich übersehen würdest, wäre mein Wesen dann immer noch so beständig und großzügig wie das des Sandkorns? Das ist der Buddha-Geist. In ihm bin ich erwacht. Von dem Sandkorn lernte ich auch, dass körperliche Verneigungen nicht notwendig sind. Mein heutiges Verneigen ist eine permanente innere Erfahrung, vergleichbar mit dem Leerwerden, das ich über Monate hinweg nach meinem Erwachen in der Wüste vollzogen habe. Seither verehre ich alles, was mir begegnet. Ich bin zur Schülerin geworden. Subhuti im Angesicht von Buddha. Buddha im Angesicht von Subhuti.

Was hast du in der Wüste gelernt?

Was ich in der Wüste ständig hörte, waren Überzeugungen wie: »Ich will«, »Ich brauche«, »Meine Mutter sollte mich lie-

ben«, »Paul sollte nicht so viel fernsehen«, »Die Kinder sollten ihre dreckigen Kleider nicht auf dem Boden liegen lassen«,
»Sie sollten mich respektieren«, »Sie sollten gesund sein, aber
nur zu ihrem eigenen Wohl«. Egal, wie schmerzhaft diese
Geschichten waren, keine konnte der Untersuchung standhalten. Sie zu durchschauen, erschien wie ein Geschenk für die
Menschheit. »Hier ist irgendwo eine Klapperschlange« – kann
ich das wirklich wissen? Ich saß mit geschlossenen Augen
draußen in der Wüste und durchlebte diese Geschichten.
Dabei wusste ich, dass ich eher von einhundert Klapperschlan-
gen gebissen werden wollte, als meine Augen zu öffnen, ohne
es in meinem Innern untersucht zu haben.

Was ist der Unterschied zwischen Demut und Demütigung?

Demut ist dem Anschein nach etwas ziemlich Gewöhnliches,
so wie zum Beispiel »Hallo« und »Tschüss«. Manchmal sieht sie
im ersten Moment aus wie Tränen, manchmal ist es, als stürbe
man. Demut ist jedoch vollkommene Hingabe. Das, worauf
du so stolz warst, wird für eigennützig gehalten. Du hattest es
wie einen Schatz gehütet, und nun bricht alles zusammen. In
so einem Augenblick findet in deinem Innern eine Veränderung statt. Der kleinste vorhandene Hinweis auf ein Gefühl von
Demütigung bedeutet, dass dein Ego sich noch nicht hingegeben hat. Fühlst du aber Demut, heißt das, dein Ego hat sich
hingegeben, und das ist das sanfteste und liebevollste Gefühl
überhaupt. Wenn du das erlebst, betrachtest du jeden als deinen Lehrer. Du bist gegenwärtig in dem, was von dir übrig ist,
und du stirbst und stirbst – so wie ein Baum, der seine Blätter
fallen lässt. Die schöne Kleidung ist dahin, und der Baum steht
einfach da, dem kalten Winter völlig ausgeliefert.

Du sagst, dass es für dich keine Schüler, sondern nur Freunde gibt.
Betrachtest du dich nicht als Lehrerin?

Ich bin immer die Schülerin. Ich bin gern in einer mich ver-
neigenden Haltung, in der ich zuhöre und allem um mich
herum zu Füßen liege. Das benötigt keinen aufgeschlossenen Verstand: Es *ist* der aufgeschlossene Verstand. Er muss
weder Verantwortung für Wissen noch für Nichtwissen übernehmen. Er empfängt, ohne sich zu verteidigen, ohne zu
urteilen. Ein Urteil würde ihm alles nehmen, was er ist. In
dem Augenblick, in dem du denkst, du seiest jemand oder
du könntest jemandem etwas beibringen, blockierst du dich
innerlich und verfällst der Welt der Illusion. Diesen Preis
zahlst du, wenn du dich als eine Person identifizierst, die
etwas weiß, denn das ist ein Hirngespinst. Damit schrumpfst
du auf einen Lehrer zusammen und bist limitiert, getrennt
und steckst fest.

Aber gibt es nicht auch spirituelle Lehrer mit einem aufgeschlosse-
nen Verstand?

Doch, natürlich. Aber der Lehrer, der glaubt, ein Lehrer zu
sein, der Möchtegern-Lehrer, der, der voller Engagement ist,
versucht dem Schüler beizubringen, was er selbst zu lernen
hat. Wenn ich mich als Lehrer identifiziere und der Meinung
bin, Schüler seien etwas Geringeres als Lehrer, verstärke ich,
was ich zu wissen glaube. Ein Lehrer, der Schüler bleibt und
aufgeschlossen ist, hat die Freiheit, sein Bewusstsein kontinuierlich zu erweitern. Für wahre Lehrer (das heißt, für wahre
Schüler) sind Lehrer und Schüler immer gleichgestellt.

Du sagst, der Verstand könne niemals kontrolliert werden. Aber manchmal sagst du, der Verstand sei alles. Entspricht der erstgenannte »Verstand« dem Ego-Verstand und der zweite »Verstand« dem Bewusstsein?

Ja. Der Begriff »Bewusstsein« drückt aus, dass man das Ego vollkommen verstanden hat. Dieses Bewusstsein kann von den Ego-Gedanken nicht ausgetrickst werden. Es kennt immer den Unterschied zwischen dem, was ist, und dem, was nicht ist.

Wenn jemand dir Subhutis Frage stellen würde – »Wie soll man seinen Verstand kontrollieren?« – was würdest du antworten?

Zunächst würde ich ihn dazu einladen, sich seiner stressigen Gefühle bewusst zu werden. Gefühle sind wie die Freunde aufkommender Gedanken. Die beiden sind wie links und rechts. Mit jedem Gedanken entsteht gleichzeitig auch ein Gefühl. Ein unangenehmes Gefühl ist wie ein Wecker, der sagt: »Du bist in einem Traum gefangen.« Dann ist es Zeit für eine Untersuchung. Mehr nicht. Wenn wir jedoch nicht auf den Wecker hören, versuchen wir unsere Gefühle in der äußeren Welt zu verändern und zu manipulieren. Für gewöhnlich werden uns zuerst unsere Gefühle bewusst. Aus diesem Grund spreche ich von einem Wecker, der uns sagt, dass wir an einem Gedanken festhalten, den wir vielleicht untersuchen möchten. Wenn er in irgendeiner Weise Unbehagen hervorruft, können wir ihn mit The Work untersuchen.

Ich lade die Menschen dazu ein, die auftauchenden, stressigen Gedanken, zu hinterfragen. Das ist The Work, und sie gibt dir genau vor, wie du dies tun kannst.

Ich möchte gern ein Beispiel dafür geben: Vor vielen Jahren, bei einer meiner öffentlichen Veranstaltungen in New York, stand ein vornehm aussehender älterer Geschäftsmann auf und sagte, er wolle mit mir eine Work über seinen Geschäftspartner machen. »Ich bin wütend auf meinen Partner«, fing er an, »weil er mich vor unseren Angestellten als Quertreiber bezeichnet hat. Er hatte kein Recht dazu. Er hat meinen Ruf ruiniert. Mein Partner sollte sich entschuldigen.« Ich fragte ihn: »Ist das wahr?« Er antwortete: »Ja, es ist wahr. Er hat mich beleidigt. Natürlich sollte er sich entschuldigen.« Er war sich sicher.

Er war jedoch ein intelligenter Mann und wollte sich wirklich von seinem emotionalen Schmerz befreien. Als ich ihm die zweite Frage von The Work stellte: »Kannst du dir absolut sicher sein, dass das wahr ist, dass dein Partner sich entschuldigen sollte?«, ging er in sich und sah sich seine Behauptung noch einmal richtig an. Nach einem Moment der Stille sagte er: »Nein.«

»Woher kam dein Nein?« fragte ich.

»Nun ich kann nicht wirklich wissen, wie er dazu kommt. Ich kann nicht wissen, was in ihm vorgeht. Er denkt vielleicht, er hätte recht. Daher kann ich nicht absolut sicher wissen, dass er sich entschuldigen sollte.« Diese Antwort schien etwas in ihm zu lockern. Eine Aussage, die er für wahr gehalten hatte, kam ihm jetzt nicht mehr zwingend wahr vor.

Dann stellte ich ihm die dritte Frage: »Wie reagierst du, was passiert, wenn du glaubst, dein Partner solle sich bei dir entschuldigen?«

»Ich werde wütend«, sagte er. »Wenn er eine gute Idee hat, mache ich sie nieder. Ich kritisiere ihn hinter seinem Rücken. Wenn ich ihn sehe, meide ich ihn. Wenn ich nach Hause gehe, nehme ich den Groll mit und beschwere mich bei meiner

Frau.« Auf diese Weise erkannte er nach und nach die Ursache und die Auswirkungen, also den Stress, der durch den Glauben an den Gedanken entstand, der vielleicht überhaupt nichts mit der Wirklichkeit zu tun hatte.

Ich fragte ihn: »Wie würdest du jemanden nennen, der die guten Ideen seines Partners niedermacht und ihn hinter seinem Rücken kritisiert?«

Erstaunt gab er zur Antwort: »Oh mein Gott. Ich *bin* ein Quertreiber. Er hatte recht!«

Anschließend stellte ich ihm die vierte Frage: »Wer wärest du ohne diesen Gedanken? Wer wärest du bei der Arbeit mit deinem Partner, wenn du nicht glauben würdest, dass er sich entschuldigen sollte?«

Ganz sanft antwortete er: »Ich wäre sein Freund. Ich würde wieder mit ihm zusammenarbeiten und unsere Firma könnte davon profitieren. Ich würde ein besseres Vorbild für die anderen sein und wäre zu Hause viel fröhlicher.«

Nach diesen Fragen bat ich ihn, den Gedanken umzukehren, um die Gegensätze zu diesem Gedanken zu erleben und um zu sehen, ob sie nicht wenigstens genauso wahr sein könnten wie seine ursprüngliche Aussage.

»Ich sollte mich bei *ihm* entschuldigen«, sagte der Mann. »Ja, kann ich so sehen. Er mag mich zwar öffentlich beleidigt haben – obwohl ich mir dessen jetzt gar nicht mehr sicher bin –, aber ich kann sehen, dass ich im Stillen sehr gemein zu ihm war.« Eine weitere Umkehrung lautete: »Ich sollte mich bei mir entschuldigen«. »Ich sollte mich bei mir entschuldigen«, sagte der Mann, »denn dadurch, dass ich meinen Gedanken geglaubt habe und so wütend wurde, habe ich mich um Geld und um einen Freund gebracht. Deswegen schulde ich mir selbst eine Entschuldigung.« Eine dritte Umkehrung war:

»Mein Partner sollte sich *nicht* bei mir entschuldigen. – Auch wenn mein Partner sich unangemessen *verhalten hat* oder mit dem, was er gesagt hat, danebenlag, scheint es nun arrogant zu glauben, er solle sich entschuldigen. Vielleicht hatte er nicht die Absicht, mich zu beleidigen. Vielleicht war er einfach nur ehrlich. Vielleicht hat er wirklich versucht, ein guter Freund zu sein, indem er ein Problem aufzeigte, das der Firma schadet.«

All das fand während eines Dialoges statt, der ungefähr vierzig Minuten dauerte. Am Ende wirkte der Mann enorm erleichtert. Seine große Wut und sein Ärger waren verschwunden, und stattdessen hatte er eine Haltung seinem Partner gegenüber eingenommen, die von mehr Verständnis, Demut und Skepsis gegenüber dem eigenen Rechthaben geprägt war. Wenn wir unsere Wahrnehmung verändern, verändern wir die Welt, die wir wahrnehmen.

Wenn du denkst, eine andere Person sei die Ursache deines Problems, bist du verrückt. Wenn du eine Work über deine Gedanken machst, beseitigst du dabei dein eigenes Chaos, und das Problem verschwindet. Das Leben wird grundsätzlich einfacher und freundlicher, wenn wir unsere stressigen Gedanken hinterfragen. Stressige Gedanken sind nicht personenbezogen. Früher oder später hat sie jeder einmal. Sie sind uralt: Keine Sprache der Welt verfügt über neue stressige Gedanken. Sie werden alle immer wieder recycelt. Hinterfragen wir sie jedoch, verändert der Verstand sich nach und nach auf fundamentale Weise. Irgendwann begegnet man den stressigen Gedanken mit Verständnis. Kommen sie dann wieder auf, bringen uns die exakt gleichen Gedanken zum Lachen, die früher Depressionen ausgelöst haben. So war das auch bei dem Mann in dem Beispiel: »Er sollte sich bei mir entschuldigen.« Danach konnte er über den gleichen Gedanken, der früher

Wut, Verbitterung und Depression ausgelöst hatte, herzhaft lachen, weil er erkannt hatte, was für ihn wirklich wahr war.

Der Verstand lässt sich nicht kontrollieren. Man kann ihn nur untersuchen, ihn lieben und ihm mit Verständnis begegnen.

3 Der leuchtende Moment

Buddha sagte: »Alle Bodhisattvas, die wahrhaft auf der Suche nach der Wahrheit sind, sollten ihren Verstand kontrollieren, indem sie sich auf nur einen Gedanken fokussieren: »Wenn ich zur Erleuchtung gelange, werde ich alle fühlenden Wesen sämtlicher Bereiche des Universums befreien und ihnen erlauben, in den ewigen Frieden des Nirwana hinüberzugehen. Und doch, wenn unermesslich, unzählig, undenkbar viele Myriaden von Wesen befreit worden sind, ist in Wirklichkeit kein Wesen befreit worden. Warum? Weil niemand, der ein echter Bodhisattva ist, solch eine Vorstellung über das ›Selbst‹ und über den ›anderen‹ hegt. Daher gibt es in Wirklichkeit kein Selbst, das zur Erleuchtung gelangen kann, und keine fühlenden Wesen, die befreit werden können.«

In diesem Kapitel spricht Buddha über den Bodhisattva, jemanden, der zum Wohle aller Wesen Erleuchtung erlangt. Einigen Traditionen zufolge schwört der Bodhisattva, er werde erst dann ins Nirwana eingehen, wenn alle anderen Wesen dort eingegangen seien. Das ist eine sehr freundliche Idee, aber sie ist unklar.

Wenn du denkst, du müsstest die Freiheit aufschieben, beziehungsweise wenn du denkst, du *könntest* sie aufschieben, dann weißt du nicht, was Freiheit bedeutet. Großzügigkeit ist kein Grund, um etwas aufzuschieben. Dies ließe sonst vermuten, der Frieden deines eigenen Herzens sei nicht die größte Hilfe, die du für alle Wesen bereithältst. Man könnte glauben, du müsstest wegen deiner Großzügigkeit und deines Mitgefühls weiter leiden. Das ergibt aber überhaupt keinen Sinn. Wie kann Leiden hilfreich sein? Die einzig mögliche Hilfe ist die *Beendigung* deines Leidens.

Diese Vorstellung würde weiterhin unterstellen, die Wesen müssten so lange leiden, bis irgendein weiseres, höheres Wesen zu ihrer Rettung käme. Das ergibt ebenfalls keinen Sinn. In Wirklichkeit bildet sich irgendeine wohlmeinende, jedoch verwirrte Person all die vermeintlich schrecklichen Dinge, die auf der Welt geschehen, und all die augenscheinlichen, leidenden Wesen ein. Hält diese Person an ihrer Einbildung fest, wird die Freiheit all jener Wesen in ihrer Einbildung zeitlich verzögert, und sie leiden gemeinsam weiter. In dem Moment, wo die Person die Wahrheit erkennt, werden all die in ihrer Einbildung existierenden Wesen befreit. Darin liegt die Erleuchtung des Bodhisattva. Fühlende Wesen dienen der Erleuchtung des Bodhisattva – nicht umgekehrt. Alle Wesen befinden sich innerhalb des Bodhisattva. Es scheint nur so, als wären sie außerhalb von ihm. Sie sind beständig und ununterbrochen dazu da, ihn zu erleuchten.

Buddha spricht von Erleuchtung. Er weiß jedoch, dass Erleuchtung nichts ist. Dass es so etwas nicht gibt. Wenn du aus einem Traum erwachst, erkennst du, dass er nicht real war. Du hast nur geschlafen. Du hast geschlafen, weil du Geschichten geglaubt hast, die so fesselnd waren, dass sie sogar einen Erzähler erschufen.

Alle Wesen existieren innerhalb des Verstandes. Sie alle sind Gedankenformen und treten ins Nirwana über, ob es ihnen nun erlaubt ist oder nicht. Sie gehen alle dorthin zurück, von woher sie gekommen sind: ins Nirgendwo. Und da Zeit nicht real ist, sind sie bereits ins Nirwana übergetreten. Es gibt kein »Später«, und es ist auch kein Übertritt notwendig. Alle

Wesen werden durch die Erleuchtung desjenigen befreit, der sie ursprünglich erschaffen hat. Letzterer ist nicht mehr und nicht weniger als jener, der gerade ins Nirwana überzugehen scheint. Dies schließt sowohl Buddha als auch das fühlende Wesen ein, sowohl den Träumer als auch das Geträumte.

Buddha schlägt den Bodhisattvas vor, sich einzig auf den folgenden Gedanken zu konzentrieren: »Wenn ich zur Erleuchtung gelange, werde ich alle fühlenden Wesen befreien.« Dann untergräbt er jedoch diesen Gedanken mit dem nächsten. Richtigerweise sagt er dann, nachdem alles gesagt und getan worden sei, wäre letztendlich kein Wesen befreit. Der Schwur: »Wenn ich zur Erleuchtung gelange …« ist eine großzügige Masche des Ego. Großmütig deswegen, weil sie auf Großherzigkeit und Mitgefühl hinweist. Doch sie setzt voraus, dass eine Zukunft existiert und alle Zukunft ist eine Täuschung. Nichts wird jemals in der Zukunft geschehen. Alles kann immer nur im Jetzt geschehen.

Wenn man mich früher fragte, ob ich erleuchtet sei, entgegnete ich den Leuten: »Ich kenne mich da nicht aus. Ich bin nur jemand, der den Unterschied kennt zwischen dem, was wehtut, und dem, was nicht wehtut.« Trennung schmerzt. Jegliche Identität, so verführerisch sie auch sein mag – Bodhisattva, Buddha – schwächt die Wahrheit ab, weil sie dem, was bereits vollständig ist, einen Namen hinzufügt. Alle Namen sind Lügen. Sie unterstellen, die Wesen seien getrennt. Damit weisen sie von der Realität weg. Der Begriff *Erleuchtung* vermittelt dir, du solltest etwas erreichen. Er impliziert Anstrengung. Er macht dich zu jemandem, der eine authentische Identifikation anstrebt. Außerdem limitiert der Satz: »Ich bin der, der etwas gefunden hat« genauso wie: »Ich bin der, der etwas anstrebt«. Du musst und du *kannst nichts* über Erleuchtung wissen.

Das Einzige, was du wissen musst, ist Folgendes: Wenn ein Gedanke wehtut, überprüfe hin. »Erleuchtung« ist nur ein spirituelles Konzept; eine weitere Sache, die in einer nie eintretenden Zukunft anzustreben ist. Selbst die höchste Wahrheit ist nur eine weitere Vorstellung. Für mich ist das Erlebnis alles, und genau das kommt bei der Untersuchung zum Vorschein. Was wehtut, wird ungeschehen gemacht – jetzt … jetzt … jetzt. Wenn du denkst, du seiest erleuchtet, liebst du es, wenn dein Auto abgeschleppt wird. Das ist der Prüfstein. Wie reagierst du, wenn dein Kind krank ist? Wie reagierst du, wenn dein Ehemann dich um die Scheidung bittet? Freust du dich, wenn er sich das Leben gönnt, das er haben möchte? Liebst du ihn von ganzem Herzen, während du ihm beim Kofferpacken hilfst? Und wenn nicht, welche Gedanken stehen zwischen dir und der reinen Großzügigkeit? Schreibe all deine Gedanken auf, egal welche, und hinterfrage sie. Kein stressiger Gedanke, keine Trennung kann der Kraft der Untersuchung standhalten. Die ganze Erleuchtung, die du jemals brauchen wirst, wartet darauf, dass du augenblicklich zu ihr vordringst.

* * *

Warum sagst du, der Schwur des Bodhisattva sei unklar, also der Schwur, er werde nicht vor all den anderen Wesen ins Nirwana hinübergehen? Ist es nicht großzügig, wenn man anderen den Vortritt lässt?

Der Bodhisattva *ist* das Nirwana. Nirwana ist kein Ort. Er oder sie muss es nicht betreten. Alle »anderen« Wesen sind Bodhisattvas, die sich als solche noch nicht erkannt haben. Sie sind bereits frei, sind sich dessen jedoch noch nicht bewusst. Manchmal kommen sie nach und nach zu Bewusstsein und rufen dann nach Hilfe. Ohne diesen Ruf des scheinbaren Leidens hat der Bodhisattva weder Aufgabe noch Zweck. Seine Natur besteht darin zu reagieren. Wenn er anderen den Vortritt lässt, hat das für ihn nichts mit Großzügigkeit zu tun, da es andere für ihn nicht gibt. Er dient immer nur sich selbst. Der Glaube, es müsse jemand gerettet werden, ist schmerzhaft. Ich mache mit den Menschen The Work, weil sie mich darum bitten. *Sie* denken, dass sie es brauchen. Ich habe dieses Geschenk mir selbst gemacht und aus diesem Grund mache ich es selbstverständlich anderen auch. Sie sind das Leben in mir. Daher ist ihre Bitte meine Bitte. Ihr nachzukommen ist Selbstliebe. Es ist die perfekte Gier.

Hier ein Beispiel eines Bodhisattva in Aktion: Jemand sagt »Hallo«, und er antwortet: »Hallo, ist das nicht ein schöner Tag?«

Du sagst, Erleuchtung sei nichts. Aber ist es nicht offensichtlich, dass die meisten Menschen unglücklich sind, während die Menschen, die ein starkes Erleuchtungserlebnis hatten, die ganze Zeit glücklich sind?

»Nichts« ist der Zustand der Erleuchtung. Leiden ist der Ruf des augenscheinlichen Etwas. Die Liebe beantwortet diesen Ruf. Ohne Leiden keine Ursache. Ohne Ursache keine Wirkung. Wo kein Leiden vorhanden ist, bleibt nur Glück.

Du sagst, dass die Wesen alle innerhalb des Verstandes existieren. Meinst du in deinem eigenen Verstand?

Um es präziser auszudrücken: So etwas wie »innerhalb« gibt es nicht. Der Verstand ist nicht in dir vorhanden. Er erschafft dich und indem er sich nach und nach als »du« identifiziert, werden Chaos und Leiden in die Welt hineingeboren. Stephen zufolge sagte der historische Buddha, das Leben sei von Unzufriedenheit oder Leiden geprägt. Das ist jedoch nur so, weil das Leben eine falsch verstandene Vorstellung ist. Es gibt ein Bewusstsein jenseits von Leben und Tod. Der Buddha-Verstand, der überprüfte Verstand, erwacht zu sich, er sieht, dass er nichts ist, und kann damit sein unendliches, unaufhaltsames, kreatives, brillantes, herrlich liebevolles, unvorstellbares Leben frei führen.

Das Einzige, was du wissen musst, ist: Wenn ein Gedanke wehtut, untersuche hin.

4 Geben ist Empfangen

Buddha sagte: »Ferner, Subhuti, wenn Bodhisattvas großzügig sind, sollten sie sich nicht an die Vorstellung binden, ihr Handeln sei großzügig. Das nennt man ›großzügiges Handeln ohne Bindung an eine Form‹ und ›großzügiges Handeln ohne Bindung an ein Aussehen, einen Klang, Geruch, Geschmack, eine Berührung oder Vorstellung‹. Wenn Bodhisattvas großzügig und ohne Bindung an eine Vorstellung von der Großzügigkeit handeln, wird ihr Verdienst unermesslich sein.«

»Erlaube mir, dir eine Frage zu stellen, Subhuti. Der Raum gen Osten ist unermesslich, oder nicht?«

»Ja, Herr. In der Tat.«

»Gut, Subhuti. Und verhält es sich bei anderen Richtungen des Universums nicht auch so? Ist Raum nicht in jegliche Richtung unermesslich?«

»Herr, das ist richtig.«

Buddha sagte: »Subhuti, das Verdienst der großzügig handelnden Bodhisattvas, die sich dabei nicht an eine Vorstellung von einer großzügigen Handlung binden, ist gleichermaßen unermesslich. Wenn Bodhisattvas diese Lehre gezielt in den Mittelpunkt setzen und sich auf sie konzentrieren, verstehen sie das Wesentliche.«

In diesem Kapitel spricht Buddha über Großzügigkeit. Seine Worte treffen den Kern der Sache. Wahre Großzügigkeit geschieht ohne irgendein Bewusstsein dafür. Du gibst einfach. Der Handlung haftet nichts an. Es bedeutet, sowohl zu empfangen als auch zu geben. Geben *ist* Empfangen. Das bedeutet nicht, dass Bodhisattvas sich *nicht* an die Vorstellung von ihrer Großzügigkeit binden *sollten*, sondern dass sie es nicht *tun*. Hierfür müssen sie nichts kontrollieren und nach nichts streben. Wenn du aus Großzügigkeit von ganzem Herzen gibst, bist du dir ganz einfach keiner Großzügigkeit bewusst. Da ist kein Selbstbewusstsein. Du würdest wohl eher darüber lachen, würde man dich als großzügig bezeichnen; es käme dir lächerlich vor. Denkt eine Mutter: »Wie großzügig von mir«, wenn sie ihrem Baby die Brust gibt? Das läge ihr fern. Wenn sie ihrem Baby etwas gibt, ist das so, als würde sie sich selbst etwas geben.

Als ich fünf Jahre alt war, war mein wertvollster Besitz eine kleine Messingglocke in Gestalt einer Puppe. Sie hatte einen geschnitzten Holzgriff mit einem verblassten, handgemalten Frauengesicht darauf, und die Glocke stellte den Rock dar. Ich liebte sie so sehr, dass ich sie kaum aus den Augen ließ. Als ich einmal einen Berg hinaufkletterte, erinnere ich mich, wie mein Vater sagte: »Wenn du in Schwierigkeiten gerätst, läute die Glocke, und ich werde dich finden.« Dann schenkte ich sie bei der Weihnachtsfeier im Kindergarten meiner besten Freundin, einem kleinen Mädchen namens Betty Jo. Ich sah, dass sie sie haben wollte, und deshalb gab ich sie ihr. So verhalten wir uns von Natur aus, bis man uns etwas anderes beibringt. Die kleine Glocke war der erste Gegenstand, den ich als »meinen« betrachtete. »Mein« war dabei noch keiner festen Vorstellung zugeordnet. Das »Mein« war fließend und »meine« Glocke wurde unmittelbar zu »ihrer« Glocke.

Als ich nach Hause kam, fragte mich meine Mutter, wo die Glocke sei. Ich erzählte es ihr. Sie wurde ziemlich wütend. »Byron Kathleen«, sagte sie (normalerweise nannte sie mich »Katie« oder Kat, aber wenn sie wütend war, war ich Byron Kathleen mit Ausrufezeichen). »Du gehst schnurstracks zu

Betty Jo und sagst ihr, sie soll dir die Glocke zurückgeben!«
Am nächsten Tag gehörte sie wieder mir. Ich verstand nie,
warum meine Mutter so aufgebracht gewesen war. Sie wusste,
wie sehr ich das Spielzeug liebte und projizierte daher vielleicht eine Art Verlust auf mich. Möglicherweise versuchte sie
auch, mir die Bedeutung von Besitz beizubringen. Was auch
immer ihre Gründe gewesen sein mögen, ich fühlte mich gede-
mütigt. Ich verstand es nicht. Ich wusste nur, dass ich etwas
falsch gemacht hatte. Ich schämte mich sehr dafür, dass ich
in den Augen meiner Mutter etwas so Dummes getan hatte.

Nach meiner Erfahrung 1986 hatte ich kein Gespür mehr
für den Besitz von Dingen. Menschen schenkten mir oft
etwas, einfach um ihre Dankbarkeit auszudrücken. Bewun-
derte jemand das Geschenk, so reichte ich es weiter. Ich verschenkte sogar den goldenen Ehering, den Stephen mir kaufte.
Ich gab ihn einem unserer jungen Freunde. Er gab ihn mir
jedoch ein paar Minuten später wieder zurück. Einige Jahre
danach, im Anschluss an eine meiner Veranstaltungen, verschenkte ich den Ring wieder an einen lieben Mann mit mul-
tipler Sklerose, und er behielt ihn. Stephen war amüsiert, weil
er versteht, woher diese Neigung kommt. Wir waren zu dieser
Zeit in New York. Er führte mich zu Tiffany's und kaufte mir
einen neuen Ehering. Er sagte, solange er Geld habe, werde er
immer wieder einen neuen Ehering hervorzaubern – so wie
der Flaschengeist aus *1001 Nacht*.

Erkenntnis ist für mich wertlos, wenn ich nicht alles geben
kann. Ich gebe absichtslos. Ohne Geschichte sind wir alle einfach großzügig. So sehr wie du dich zurückhältst, so stark bist
du an eine Geschichte gebunden. Du spürst es, wenn du dich
zurückhältst. Es fühlt sich unangenehm an.

Seit einunddreißig Jahren verbringe ich mein Leben dienend

und engagiere mich für das Ende des Leidens in dieser augenscheinlichen Welt. Ich tue das jedoch nicht aus dem Glauben heraus, dass da tatsächlich jemand leidet; ich tue es, um mir selbst zu dienen. Mitgefühl ist für mich purer Eigennutz. Ich liebe alles und jeden, denn es geht immer um mich. Hin und wieder sage ich auch, es sei pure Eitelkeit. Stephen sagt mir, die alte Bedeutung von *Eitelkeit* sei »Leere«. Ich liebe das.

Das verhält sich wie mit dem imaginären Bodhisattva, der zur Rettung aller leidenden Wesen zurückkehrt. Ich kann verstehen, wenn jemand sagt: »Katie, ich bin verzweifelt, ich brauche dich«. Ich kenne mich damit aus. Dieser Person gebe ich dann, was auch mir gegeben wurde. Ich habe gar keine Wahl. Wenn jemand leidet oder – anders ausgedrückt – wenn jemand durch seinen Glauben eine Welt voller Leiden erschafft, ist dies, was von mir noch übrig ist. Das ist mein altes Selbst, eine meiner Zellen. Eine Zelle meines Körpers ist nicht so frei, wie sie es verdient hätte. Dabei weiß ich, dass die Zelle vollkommen ist, auch wenn sie mir zu verstehen gibt, sie sei es nicht. Daher bleibe ich in meiner Klarheit – unerschütterlich. Ich weiß, ich bin dort nur wegen mir selbst. Ich bin die mit der panischen Angst. Ich bin die, die verzweifelt ist. Ich diene mir selbst mit den vier Fragen und den Umkehrungen der Work. Ich bin die Bodhisattva, so wie du sie dir einbildest. In mir sind beide Seiten aller Gegensätze vereint, und ich diene mir immer selbst. Es kann nichts Großzügigeres als das geben.

***

Wenn du glaubst, niemand würde wirklich leiden, wie kannst du dann Empathie empfinden oder die Probleme der Menschen ernst nehmen?

Das von den Menschen beschriebene Leiden rührt unweigerlich entweder von einer eingebildeten Vergangenheit oder von einer eingebildeten Zukunft her, da der Verstand immer etwas erinnert oder antizipiert, was in der Realität gerade gar nicht stattfindet. Ich erkenne, dass es jedem zu jeder Zeit gut geht; alle befinden sich kontinuierlich in einem Zustand der Gnade, ob sie das nun erkennen oder nicht. Im Wörterbuch steht, »Empathie« sei die Fähigkeit, die Gefühle eines anderen zu verstehen. Für mich ergibt das einen Sinn. Ich verstehe, dass ich diese leidenden Menschen bin, die in einer schmerzhaften Vergangenheit feststecken oder die eine gefährliche Zukunft antizipieren, und das respektiere ich genauso, wie ich ein Kind respektiere, das schlecht geträumt hat. Der Träumer erkennt den Traum nicht. Meine Aufgabe ist nicht, die Leidenden daraus aufzuwecken, sondern vielmehr zu sehen, was ich sehe, und das Leiden – da es sehr real für sie ist – zu respektieren und mich nicht darüber hinwegzusetzen. Meine Aufgabe besteht im Verständnishaben.

Einige Leute denken, Empathie bedeute, den Schmerz anderer Menschen zu fühlen. Es ist jedoch nicht möglich, den Schmerz anderer Menschen zu fühlen. In Wirklichkeit entwickeln die Menschen eine eigene Vorstellung davon, wie sich der Schmerz einer Person anfühlen muss, und reagieren auf diese Vorstellung. Diese Art von Empathie ist für eine mitfühlende Handlung unnötig; mehr noch, sie steht ihr im Weg. Empathie hat meiner Erfahrung nach nichts mit einem eingebildeten Schmerz zu tun, sondern bedeutet furchtlose Verbundenheit und unerschütterliche Liebe. Sie ist eine Art vollkommene Präsenz.

Ich nehme die Probleme der Menschen ernst – allerdings nur aus deren Blickwinkel –, und dabei bin ich ihnen mehr als nahe. In meiner Welt ist es nicht möglich, ein Problem zu haben, ohne vorher einen Gedanken zu glauben. Ich sage das den Leuten nicht. Es wäre unfreundlich, wenn ich ihnen meine Sicht mitteilen würde. Ich höre ihnen zu und warte, bis sie mich brauchen. Auch ich war schon in der Folterkammer namens »Verstand« gefangen. Ich höre, wie die Menschen sich täuschen, ich höre ihre Traurigkeit und ihre Verzweiflung und bin dabei vollkommen für sie da – ohne Angst, ohne Traurigkeit – und lebe in der Gnade der Realität, jetzt. Wenn sie für die Untersuchung offen sind, verschwinden ihre Probleme irgendwann nach und nach – wie das in der Liebe so ist. In Gegenwart eines Menschen, der kein Problem sieht, löst sich das Problem auf. Das zeigt dir, dass es nie ein Problem gegeben hat.

Ich habe mich der Beendigung des Leidens in dieser augenscheinlichen Welt verschrieben. Nicht weil ich glaube, dass da tatsächlich jemand leidet, sondern um mir selbst zu dienen.

THE WORK IN AKTION:
»Dave hat mich nicht beachtet«

Hinweis: Dieser sowie die folgenden Dialoge fanden vor einem Publikum von 150 bis 1200 Menschen statt. Jeder Mann und jede Frau, denen Katie auf der Bühne gegenübersaß, hatte ein ausgefülltes »Urteile über deinen Nächsten«-Arbeitsblatt vor sich. Die Vorgabe war: »Fülle die untenstehenden Felder aus und schreibe über eine Person, der du noch nicht hundertprozentig vergeben hast. Schreibe nicht über dich selbst. Verwende kurze, einfache Sätze. Bitte bewerte dich dabei nicht – erlaube dir, so verurteilend und kleinlich zu sein, wie du es wirklich fühlst. Versuche nicht, ›spirituell‹ oder nett zu sein.«

Wenn man zum ersten Mal von The Work liest oder dabei zuschaut, kann es etwas verstörend wirken. Katies tiefes Mitgefühl – das vollkommen frei von Mitleid ist, da sie jeden als frei betrachtet – kann für jene hart erscheinen, die es gewohnt sind, andere und sich selbst zu bemitleiden. Katie hat gesagt: »Ich bin dein Herz, und auf deine Einladung hin stelle ich die Tiefe dar, die dir bis jetzt noch nicht zu Gehör kam. Deine Überzeugungen haben sie ausgeblendet; daher mussten sie lauter werden, um in meiner Person erscheinen zu können. Ich bin du auf der anderen Seite der Untersuchung. Ich bin die Stimme, die so von Glaubenssätzen übertönt wird, dass du sie in dir selbst nicht hörst. Aus diesem Grund erscheine ich hier draußen, dir gegenüber – doch in Wirklichkeit geschieht das in dir.« Es ist hilfreich zu wissen, dass alle Teilnehmer – Katie, die Person, mit der sie die Work macht, und das Publikum – auf derselben Seite stehen. Alle sind auf der Suche nach der Wahrheit. Wer Katie einem anderen Menschen gegenüber jemals als gefühllos erlebt hat, wird bei näherer Betrachtung erkennen, dass sie sich über den Gedanken, der das Leiden verursacht, lustig macht, aber niemals über den leidenden Menschen selbst.

Du wirst feststellen, dass Katie sehr frei in der Verwendung von Kosenamen ist. Manche Leute stört das (nicht nur die New Yorker). Eine Leserin von *Lieben was ist* grummelte, sie könne auch in ein Fernfahrerlokal in Oklahoma gehen, wenn sie eine Frau hören wolle, die jeden als »Liebling« oder »Süße« bezeichnet. Für sie hörten sich diese Kosenamen konventionell und unaufrichtig an. Für Katie sind sie tatsächlich die Wahrheit. Jeder, der ihr begegnet, wird geliebt. – S. M.

* * *

JOANNA *[hat ihr Arbeitsblatt vor sich und liest]: Ich bin sauer wegen Dave, weil er gegangen ist, ohne mich zu umarmen oder zu beachten.*

KATIE: Gut. Beschreibe die Situation? Wo bist du? Gib mir eine Vorstellung von dir und Dave.

JOANNA: Wir waren im Haus, und er ging zur Tür hinaus zu seinem Auto.

KATIE: Er ging, ohne dich zu umarmen oder zu beachten – ist das wahr?

JOANNA: Ja, er drehte sich um und ging aus dem Haus zum Auto. Ich rannte mit erhobenen Armen hinter ihm her. Er schaute mich an, und ich fragte: »Was ist los?« Dann fragte er: »Was?« Und ich fragte: »Gehst du einfach so?« Ich fühlte mich ganz und gar unbeachtet.

KATIE: Liebes, die Antwort auf die ersten beiden Fragen ist entweder »Ja« oder »Nein«. Wenn wir die Work machen, meditieren wir über einen einzelnen stressigen Moment. Nimm wahr, wie dein Verstand deine Haltung rechtfertigen, verteidigen und darüber reden will. Nimm das einfach wahr. Komm dann zurück und denke so lange über die Frage »Ist das wahr?« nach, bis ein fundiertes »Ja« oder »Nein« auftaucht. Ok? »Er ging, ohne dich zu umarmen oder dich zu beachten« – kannst du absolut sicher sein, dass das wahr ist? Du brauchst nicht zu raten. Die Antwort wird sich dir in Form von Bildern zeigen. Das erfordert Stille. Spiel Detektiv. Wenn du glaubst, es sei wahr, spiel Detektiv. Versuche, dir selbst dein Unrecht zu beweisen, aber sei authentisch. Du kannst dich selbst nicht zum Narren halten. Es braucht Mut, sich so etwas anzuschauen. Also: Kannst du absolut sicher sein, dass das wahr ist?

JOANNA *[nach einigen Augenblicken]*: Nein.

KATIE: Fühle die Antwort. Nimm dir Zeit, sie sich setzen zu lassen. Wenn du auf ein »Nein« triffst, gut. Wenn du auf ein »Ja« triffst, auch gut. Gib deiner Antwort anschließend ein wenig Raum, angenommen zu werden. Wenn die Antwort »Nein« lautet, ist das manchmal etwas schwierig. Wir haben womöglich sogar das Gefühl, es wäre unfair, wenn der andere recht bekäme. Das möchten wir ihm nicht zugestehen. *[Pause]* Ok, lass uns jetzt zur dritten Frage gehen. Meditiere mit geschlossenen Augen weiter über diesen Augenblick. Nimm wahr, wie du reagierst und was mit dir gefühlsmäßig geschieht, wenn du den Gedanken glaubst – »Er hat mich nicht umarmt und nicht beachtet.« Zieht sich deine Brust zusammen? Dreht sich dir der Magen um? Wird dir heiß? Bekommst du Angst? Greifst du ihn mit Worten oder Blicken an? Mit einer Forderung? Mit einer Beleidigung oder irgendeiner Form der Bestrafung? Nimm wahr. Wie reagierst du, wenn du den Gedanken glaubst, dass er ging, ohne dich zu umarmen oder dich zu beachten?

JOANNA: Ich bin sehr verunsichert und werde bedürftig. Sehr bedürftig. Ich zweifle an mir. Ich zweifle an meinem Wert. Mein Selbstwert sinkt. Und dann fühlt es sich so an, als müsste ich um seine Aufmerksamkeit buhlen. Dann fällt mir auf: »Oh, ich bin zu bedürftig.« Und ich stelle alles infrage. Ich verzweifle fast. Es ist, als versuchte ich, nach etwas zu greifen, das nicht existiert.

KATIE: Bleibe einfach mit geschlossenen Augen in diesem Erleben. Wer oder was wärst du in dieser Situation ohne diesen Gedanken, wenn du beobachtest, wie dieser Mann, den du liebst, zum Auto geht? Wer wärst du ohne den Gedanken »Er geht, ohne mich zu umarmen oder zu beachten?«

JOANNA: Ich würde einfach wahrnehmen, dass er zum Auto geht. *[Das Publikum lacht.]*

KATIE: Bleibe weiterhin in diesen Moment und beobachte ihn ohne diesen Gedanken.

JOANNA: Ich würde wahrscheinlich auch wahrnehmen, was für ein gutaussehender Typ er ist. *[mehr Gelächter]* Bedeutet das also, dass ich, wenn er künftig weggeht, erkennen sollte …

KATIE: Es geht nur um das Hier und Jetzt, darum, wie du diesen Moment jetzt betrachtest – nur um das, was du jetzt beobachtest.

JOANNA: Sollte ich nie eine Umarmung von ihm erwarten? Sollte ich einfach akzeptieren, was er tut?

KATIE: Nun diskutieren wir, und Diskussionen lösen keine Probleme. Gehen wir zurück zur Work.

JOANNA: In Ordnung.

KATIE: Bei der Work geht es um das Wahrnehmen, was wirklich geschehen ist, nicht um das, was du über das dachtest, was geschah. The Work ist kein Plan, mit dem festgelegt wird, was als Nächstes zu tun ist. Wir sehen uns jetzt nur an, wer du in dieser Situation ohne den Gedanken wärest, ohne diese Bedingung, die du Dave auferlegt hast. Manchmal ist es sehr schwer für uns, diese Frage zu beantworten. Das Ego möchte recht haben, und weil Dave nicht in der Lage war, deine Gedanken zu lesen, möchte ihn das Ego nicht einfach so davonkommen lassen. Wir denken, wenn wir sehen, wer wir ohne den Gedanken wären, hätte er recht und wir nicht, und da er ja falsch liegt und wir recht haben, ist es gut, wenn wir an unserer Wut festhalten.

JOANNA: Ich glaube, dass es nicht so sehr die Wut ist. Es ist einfach das Gefühl der Zurückweisung. Wie, du gehst, ohne …?

KATIE: Ja, das tut weh.

JOANNA: Ich möchte dieses Gefühl nicht mehr haben.

KATIE: Liebst du ihn?

JOANNA: Ja.

KATIE: Also gut. Schließ die Augen. Lass dich auf die Geschichte ein – nur für einen Moment. Sieh ihm zu, wie er zum Auto geht. Sieh, wie frei er ist. Er liebt dich so sehr, dass er dich nicht zu umarmen braucht. *[Gelächter]* Das ist ein Typ, der sich sicher fühlt. Wenn du deine Geschichte gehen lässt, bist du offen dafür, etwas zu lernen. Aber solange du deine Geschichte glaubst, bist du nur offen für den Schmerz. Du wirst sogar zur Ursache deines Leidens. Woher weiß ich das? Es tut weh. Er ist frei. Er muss sich nicht von dir verabschieden.

JOANNA: Ja, er ist frei. Er versteht das nicht.

KATIE: Er ist vollkommen unschuldig. Siehst du das?

JOANNA: Ja. Das sehe ich. Sehr klar sogar.

KATIE: Gut. »Er ist gegangen, ohne mich zu umarmen oder zu

beachten.« Wie würdest du das umkehren? Was wäre ein Gegenteil?

JOANNA: Er …

KATIE: »Er hat mich nicht umarmt und nicht beachtet« – kehre es um.

JOANNA: Er hat mich umarmt und beachtet.

KATIE: Ok. Also wenn du auf die Situation schaust, sag mir, wie hat er dich umarmt und dich beachtet?

JOANNA: Na ja, als er am Auto angelangt war, hat er mich beachtet, als ich ihm klarmachte, dass er mich zuvor nicht beachtet hatte und wie ich mich fühlte, als er mir keine Beachtung geschenkt hat. Er hat mich angeschaut und gefragt: »Was soll ich tun?«

KATIE: Und hast du ihm gesagt: »Du siehst so gut aus! Ich hätte gern, dass du mich umarmst, Liebling.«

JOANNA: Das habe ich gesagt.

KATIE: Tatsächlich?

JOANNA: Ja, aber nicht *ganz* so. *[lautes Gelächter aus dem Publikum]*

KATIE: Oh, in diesem Moment wollte man dich sicher gern umarmen.

JOANNA: Ja, ich habe gemerkt, dass es nicht wie … ich sagte: »Du gehst also, ohne mich zu umarmen und ohne mich zu beachten?« Genau so. Gerade als er im Begriff war zu gehen.

KATIE: Also hast du *nicht* um eine Umarmung gebeten.

JOANNA: Das stimmt. Das habe ich nicht getan.

KATIE: Du hast eine Frage gestellt, für die du bereits die Antwort hattest.

JOANNA: Richtig.

KATIE: Und hat er dich dann umarmt?

JOANNA: Ja, das hat er getan.

KATIE: Und du hattest ihn nicht einmal darum gebeten.

JOANNA: Es war ... eine Umarmung. Es war nicht ganz das, was ich wollte, aber es war eine Umarmung.

KATIE: Es war nicht die Umarmung, die du wolltest. Hast du ihm gesagt, wie du sie wolltest?

JOANNA: Ich hatte das Gefühl, er tat es, weil ich ihn darum gebeten hatte.

KATIE: Weil du ihm gedroht hast. *[Gelächter]* Du hast ihn nicht gefragt.

Joanna: Genau.

KATIE: Ergibt das langsam für dich einen Sinn?

JOANNA: Ja, das tut es.

KATIE: Ich liebe die Work. Ich liebe es, wenn du beim Worken immer mehr siehst, mit wem er zusammenlebt. *[Gelächter]*

KATIE: Also: »Er hat mich nicht umarmt und nicht beachtet.« Kehre das um: »Ich ...«

JOANNA: Ich habe ihn nicht umarmt und nicht beachtet. Das ist wahr. Ich hätte rennen, ihn mir schnappen und umarmen können.

KATIE: Ja. Anders als du geglaubt hast, bist du genauso frei wie er. Das ist das Schöne. Ok, sehen wir uns die zweite Aussage an. Was wolltest du in jener Situation von ihm?

JOANNA: *Ich will, dass Dave mich umarmt und anschaut, bevor er geht – dass er mich einfach anschaut.*

KATIE: Du möchtest, dass er dich umarmt und dich anschaut, bevor er geht?

JOANNA: Genau. Hin und wieder habe ich das Gefühl, dass er an mir vorbeischaut.

KATIE: Ok. Sieh dir jetzt diese Situation an. Schließ die Augen. »Du möchtest, dass er dich umarmt und anschaut, bevor er geht« – ist das wahr? Kennst du die Dinge, von denen du glaubst, dass du sie wirklich willst? Vielleicht nicht. Du machst einfach in deinem Glauben weiter. Also in jener Situation: »Du willst, dass er dich umarmt und anschaut, bevor er geht« – ist das wahr?

JOANNA: In jenem Moment, ja.

KATIE: Und nach dem, was du jetzt gesehen hast? Ist es wahr?

JOANNA: Nicht so … Nein, nicht wirklich.

KATIE: Nein. Nimm jetzt wahr, was mit dir geschieht und wie du reagierst, wenn du diesen Gedanken glaubst. Und noch mal, wir raten nicht, oder? *[zum Publikum]* Habt ihr auch alle das Bild der beiden vor Augen? Wie viele von euch wurden sofort zum Opfer ihrer Gedanken? Zum Märtyrer? *[an Joanna gewandt]* Das Einzige, was hier geschieht, ist dass der Mann zu seinem Auto geht! *[Gelächter]* Du leidest. Du bist ein Opfer. Und alles ist seine Schuld! Also wer löst das Leiden aus? Er oder du?

JOANNA: Ich.

KATIE: Und schau mal, wie du ihn behandelst, wenn du diesen Gedanken glaubst. Er ist frei. Er geht zu seinem Auto. »Ich will, dass er mich umarmt und anschaut, bevor er geht.«

JOANNA: Ich fange langsam an, alle möglichen Geschichten zu glauben: dass ich ihm eigentlich egal bin, dass er mich nicht liebt.

KATIE: Wer wärest du also ohne den Gedanken, wenn du ihn beobachtest, wie er zum Auto geht – ohne den Gedanken: »Ich will, dass er mich umarmt und mich anschaut?«

JOANNA: Ich wäre einfach mit dem, was geschieht, zufrieden. Ich wäre glücklich und dankbar für das, was er gerade tut, dafür, wer er ist und wie er in jenem Moment ist. Ich würde ihn einfach lieben.

71

KATIE: Ja. Lass uns das umkehren: »Ich will, dass er mich umarmt und anschaut, bevor er geht.«

JOANNA: Ich will nicht, dass er mich umarmt und anschaut, bevor er geht.

KATIE: Was bedeutet das für dich?

JOANNA: Ich will nicht, dass er das tut, weil er das nicht will. Er will das nicht zwangsläufig. Es bedeutet nichts.

KATIE: Er weiß wahrscheinlich nicht einmal, dass du da bist. Ich meine, das kannst du nur wissen, wenn du die Situation betrachtest. Was bedeutet das noch für dich? »Ich will nicht, dass er mich umarmt und anschaut, bevor er geht.« Ich hab was. Möchtest du es hören?

JOANNA: Bitte. Ja, unbedingt.

KATIE: Hast du ihn gebeten: »Würdest du mich bitte umarmen und anschauen, bevor du gehst?«

JOANNA: Nein, ich habe ihn nicht darum gebeten. Ich habe das vorausgesetzt.

KATIE: Ist er ein Hellseher? *[Gelächter]*

JOANNA: Nein. Ich vermute, dass ich einfach wollte, dass er es wollte.

KATIE: Du wolltest, dass er …

JOANNA: Dass er sich einfach natürlich verhält. Dass es einfach natürlich wäre, dass er das will.

KATIE: Er *verhält* sich natürlich. Er ist zum Auto gegangen. Natürlich. Das ist seine Natur. *[Gelächter]* Da sind zwei Männer: Einer in deinem Kopf, und der andere ist er. *[Gelächter]* Und wenn der Mann nicht so ist, wie du ihn dir vorstellst, dann bestrafst du ihn. Du wirst kalt oder was auch immer. Und wenn du ihn so fragst: »Wolltest du gehen, ohne mich zu umarmen?« In diesem Tonfall … Ok? Dann bist du nicht die, in die er sich verliebt hat.

JOANNA: Richtig. Das ist so wahr.

KATIE: »Ich will, dass er mich umarmt und anschaut, bevor er geht« – ist das wahr? Ich weiß, es ist nicht wahr, weil du ihn nicht gefragt hast. *[ans Publikum gewandt]* Wenn er nicht tut, worum du ihn bittest, begegnest du auch dem Mann, mit dem du zusammen bist. *[zu Joanna]* Also lass uns das in einem Rollenspiel anschauen. Ok? Du bist der Mann, der nicht will. Darauf willst du doch hinaus, oder? Gut. Ich bin du, und du bist Dave. »Würdest du mich umarmen und mir in die Augen schauen, bevor du gehst?«

JOANNA: »Ich kann nicht. Dafür bin ich viel zu böse auf dich. Ich kann nicht.«

KATIE: »Weil du viel zu böse auf mich bist? Oh, das verstehe ich vollkommen. Und würdest du mich umarmen und anschauen, auch wenn du böse bist? Wäre das vielleicht möglich? Es ist mir wirklich wichtig. Es ist mir eigentlich egal, wie du dich gerade fühlst.« *[Gelächter]*

JOANNA: »Oh, wie schade, mir ist es nämlich auch egal, wie du dich gerade fühlst. Also, hab einen schönen Tag.«

KATIE: »Wow! Das ist wirklich ein guter Rat: ›Einen schönen Tag haben‹ – danke dir, Liebling. Ich werde das beherzigen.«

JOANNA: Also geht es darum, nichts und niemanden persönlich zu nehmen …

KATIE: Nein, für mich geht es darum, dass ich ihn nicht ändern kann. Möchtest *du* jemanden umarmen und ihm in die Augen schauen, wenn du es nicht willst?

JOANNA: Nein, natürlich nicht. Aber das wollen wir doch von der Liebe unseres Lebens, oder nicht?

KATIE: Na ja, wenn ich das will, dann frage ich Stephen: »Liebling, würdest du mir in die Augen schauen und mich umarmen?« Wenn er zu tun hat, habe ich ja noch den Rest der Menschheit, den ich fragen kann. *[Gelächter]* Ich kann hinausgehen und die erste Person bitten, die ich sehe. *[Gelächter]* Stephen hat meiner Erfahrung nach niemals zu viel zu tun. Wenn es jedoch so wäre und ich wirklich umarmt werden wollte, was könnte mich davon abhalten? Ich meine es ernst. Verstehst du das?

JOANNA: Aber ich will das von der einen Person und von keiner anderen.

KATIE: Also hierbei geht es nur um mich. Ich bin diejenige, die umarmt werden möchte. Ich bin diejenige, die will, dass ihr jemand in die Augen schaut. Was hat das mit ihm zu tun? Er ist halt gerade griffbereit. *[Gelächter]*

JOANNA: Ok, also …

KATIE: Du willst, dass er dich ganz macht. Ist es nicht das, worum es hier eigentlich geht? »Du gibst mir, was ich brauche, damit ich mich sicher fühlen kann oder es gibt ein Problem. Ich meine, es geht dabei nur um mich.« Es wäre ehrlicher, wenn du sagtest: »Es geht mir nicht wirklich gut, und ich weiß, dass du mich nicht umarmen willst, und ich weiß, dass du wirklich böse bist, aber ich brauche deine Hilfe, denn ich weiß nicht weiter. Bitte hilf mir. Hilf mir. Hilf mir. Hilf mir.«

JOANNA: Und diese Person ist höchstwahrscheinlich nicht dazu in der Lage.

KATIE: Er sagt nein.

JOANNA: Vermutlich weil er nicht dazu in der Lage ist, und wenn du dich auf den Kopf stellst.

KATIE: Nun, er sagt einfach nein. Ok? Also bin ich am Ende mit mir allein. Es geht sowieso nur um mich. Es bleibt mir überlassen, mich um mich zu kümmern. Kannst du eine weitere Umkehrung finden? Setze überall dich selbst ein: »Ich will, dass ich ...«

JOANNA: Oh. Ich will, dass ich mich umarme und anschaue, bevor ich gehe.

KATIE: Ja, bevor ich die Realität noch ganz verlasse. Ich bin durcheinander. Ich muss gehalten werden. Also, wenn du siehst, dass er geht, könntest du dort sitzen, dich selbst liebevoll halten und wiegen, denn du hast ein großes Problem, und das hast du nicht seinetwegen. Nimm dich also selbst in den Arm, halte dich und gehe in die Stille. Wenn ich ein Problem habe, suche ich nicht meinen Ehemann, damit er es löst. Das ist nicht seine Aufgabe. Ich richte meinen Blick auf mich. Das ist eine ziemliche Abkürzung für die Leute, die es eilig haben. Und dadurch bin ich meinem Ehemann nahe – mehr als nahe. Diese Nähe gehört mir. Das ist Intimität. Ich bin verbunden. Lass uns die Reise fortsetzen. Du machst das wirklich gut. Ich will, dass ich mich umarme ...

JOANNA: Ich will, dass ich mich umarme und anschaue ...

KATIE: Ja. Wenn bei dir selbst das Interesse daran schwindet, warum sollte das bei ihm anders sein? *[Gelächter]*

JOANNA: Stimmt.

KATIE: Und es geht, du kannst dich wirklich selbst festhalten. Es gibt zahlreiche Möglichkeiten, wie du das machen kannst. Du kannst dich vor einen Spiegel stellen und dir dort in die Augen schauen. Wenn du wirklich hineinblickst und deine Geschichte dabei gehen lässt, begegnest du der Liebe deines Lebens. Wir können sie von einem anderen Menschen erst empfangen, wenn wir sie in uns selbst gefunden haben – wenn wir erkannt haben, dass Zurückweisung nicht möglich ist. Schauen wir uns die dritte Aussage auf deinem Arbeitsblatt an.

JOANNA [kichernd]: Dave sollte mir gegenüber mehr Zuneigung zeigen, sollte öfter anfangen, körperlich intim zu werden, und sollte tun, was er sagt.

KATIE: Okay. Bemerkst du, wie du über das lachst, was vorher sehr ernst für dich war?

JOANNA: Er sollte nichts davon tun.

KATIE: »Er sollte mehr Zuneigung zeigen.«

JOANNA: Er repariert Dinge. Das macht er gern. Er sagt wirklich oft »Ich liebe dich« und er bessert Sachen aus. Er setzt alles instand, was rund ums Haus kaputt ist; er will ständig etwas reparieren.

KATIE: Was also ist es, das er tun sollte?

JOANNA: Na ja, er will zwar immer etwas reparieren, aber da ist zu wenig körperliche Intimität und Zuneigung. Deshalb sagte ich, er sollte mir …

KATIE: Ja, Liebes. Und ihr könnt ein paar schöne Stunden miteinander verbringen, wenn du nach Hause gehst und *ihm* einfach zeigst, wie du intim werden möchtest.

JOANNA: Ok.

KATIE: Das könnte ihm wirklich gefallen. *[Gelächter]*

JOANNA: Ok.

KATIE: »Er sollte mir mehr Zuneigung zeigen.« Lass uns das Ganze umkehren: »Ich sollte …«

JOANNA: Ich sollte ihm mehr Zuneigung zeigen. Ich sollte öfter anfangen, körperlich intim mit ihm zu werden, und sollte tun, was ich sage. Ja.

KATIE: Wie du siehst, ist die Umkehrung dein Rat an dich selbst. Damit bist du glücklich mit dir selbst und mit ihm. Ok? Schauen wir uns Aussage 4 an.

JOANNA: *Ich brauche von Dave, dass er mir mehr Zeit widmet und er mir gegenüber präsenter ist.*

KATIE: Ok. Ist das wahr? Brauchst du das, um glücklich zu sein? Merkst du, wie abhängig du bist?

JOANNA: Nein, ich *brauche* das nicht, ich *will* es.

KATIE: Die Frage ist, würde es dich in dieser Situation wirklich glücklicher machen oder eher aufgebracht und wütend, wenn er dir mehr Zeit widmen würde und dir gegenüber präsenter wäre?

JOANNA: Nein.

KATIE: Achte darauf, wie du reagierst, wenn du diesen Gedanken glaubst. Nimm wahr, wie du Dave behandelst, wenn du den Gedanken glaubst, und wie sich das anfühlt.

JOANNA: Ich stelle ihn ständig in Frage. Und er ärgert sich, weil ich – wie er sagt – an seinen Gefühlen zweifle und er nicht versteht, warum. Er sagt immer: »Ich verstehe nicht, warum du das sagst.«

KATIE: Weil du ein Privatleben führst. Ein vollkommen geheimes Leben, in dem sich dein ganzes Drama abspielt, das du nicht mit ihm teilst. Du setzt voraus, dass er deine Gedanken lesen kann. Er geht lediglich zum Auto und plötzlich ist er ein Feind, der dich nicht mehr liebt. Und dabei ist er doch nur zum Auto gegangen. *[Gelächter]* Vielleicht wollte er ein Werkzeug kaufen, um etwas für dich zu reparieren.

JOANNA: Ja! Genau! Das wollte er! *[Gelächter]*

KATIE *[zum Publikum]*: Ok, meine Damen. Möchtet ihr lieber Zuneigung oder ein repariertes Klo? *[Gelächter]* Ein bisschen vom einen und ein bisschen vom anderen. Ausgeglichenheit. *[zu Joanna]* Ok, schließe die Augen, Liebes. Sieh ihn dir an – ohne den Glauben an den Gedanken »Ich brauche von ihm, dass er mir mehr Zeit widmet und präsenter mir gegenüber ist.« Lass deine Geschichte los. Sieh dir Dave an. Was siehst du?

JOANNA *[weint]*: Ein wunderbares Geschenk in meinem Leben, das … Einen wunderbaren Mann, der einfach nur ein Geschenk ist. Einen guten Mann.

KATIE: Ja.

JOANNA: Sehr liebevoll und großzügig.

KATIE: Jetzt sieh dich selbst ohne deine Geschichte an. Schau dich an, wenn du beobachtest, wie er zum Auto geht. Geht es dir gut, abgesehen von dem, was du denkst und glaubst?

JOANNA: Abgesehen von dem, was ich denke und glaube, ist es das Paradies. Es fühlt sich herrlich an.

KATIE: Ja. Schau dich an! Das bist du, gesund, glücklich, unversehrt, geliebt. Und jetzt schau dich nochmals an, wenn du die Geschichte glaubst. Sieh dir den grundlegenden Unterschied an.

JOANNA: Wenn ich die Geschichte glaube, herrschen Mangel und Bedürftigkeit und Verlassenheit und Einsamkeit. Nie ist jemand da. Ein Alptraum. Ein absoluter Alptraum.

KATIE: So ist es mit der Geschichte. Sieh dir jetzt die Situation noch mal ohne die Geschichte an.

JOANNA: Ohne die Geschichte herrschen Frieden und Dankbarkeit.

KATIE: Und Gesundheit und Schönheit und Liebe. All das ist da. »Ich brauche von Dave, dass er mir mehr von seiner Zeit widmet und mir gegenüber präsenter ist« – kehre es um. »Ich brauche von mir, dass ich mir …«

JOANNA: Ich brauche von mir, dass ich mir mehr Zeit widme?

KATIE: Mehr Zeit, um deine nicht hinterfragten Gedanken über dich selbst und ihn zu untersuchen.

JOANNA: Und um präsenter mir gegenüber zu sein?

KATIE: In dem Moment.

JOANNA: Genau daran muss ich noch arbeiten. Einfach präsent zu sein und …

KATIE: »Ich brauche von mir, dass ich mir selbst in jenem Moment mehr Zeit widme und mir gegenüber präsenter bin, da ich verrückt bin.«

JOANNA: Das ist wahr, ich war wie eine Verrückte. Ich fühle mich in solchen Augenblicken wirklich verrückt. Das ist irrational. Ich fühle mich irrational.

KATIE: Ja. Aus diesem Grund brauchst du von dir, dass du dir selbst mehr Zeit gibst, bevor du Dave hinterherrennst. *[Gelächter]*

JOANNA: Genau. Der einfach zum Auto geht – für unser beider Wohl.

KATIE: Und dass du dir gegenüber präsenter bist – zum Wohle von euch beiden.

JOANNA: Oh Gott. Das ist so wahr. Wenn ich in diesem Moment mir selbst gegenüber präsent bin, und es in so einem Moment wehtut, dann setze ich mich also einfach damit hin und …

KATIE: Nun, du weißt einfach, dass du in jenem Moment verrückt bist, und du weißt, dass Dave dir nicht geben kann, was du brauchst. Dann ist es Zeit für ein »Urteile über deinen Nächsten«-Arbeitsblatt. Schreibe deine Überzeugungen dort auf und hinterfrage sie anschließend. Mit anderen Worten: Mach genau das, was du hier gemacht hast; nimm dir nur mehr Zeit dafür. The Work ist Meditation. Es geht darum, so ruhig zu werden, dass du erlebst, wie die Antworten entstehen, um den Fragen zu begegnen.

JOANNA: In Ordnung.

KATIE: Auf www.thework.com ist die Work zu hundert Prozent kostenlos. Dort gibt es alles, Arbeitsblätter und Anleitungen;

auf YouTube gibt es all das auch. Für Tablets gibt es eine App, in der du ein »Urteile über deinen Nächsten«-Arbeitsblatt ausfüllen kannst. Und dann gibt es noch eine App, mit der du jeweils nur eine Überzeugung untersuchen kannst. Du kannst also immer, egal, wo du bist – während du in der Schule auf deine Kinder wartest oder im Supermarkt an der Kasse stehst –, wenn du durcheinander, verletzt oder gestresst bist, ein Arbeitsblatt ausfüllen. Wenn Dave davonfährt, setzt du dich hin, identifizierst deine Gedanken, schreibst sie auf und machst deine Work. Wenn er dann wegfährt, kannst du aufrichtig »Ich liebe dich« sagen. Es ist egal, ob er dich hört oder nicht. Wie fühlt es sich an, wenn du jemanden liebst? Wem gehört das? Dir oder ihm? Ihm oder dir? Es ist deins. Wenn ich sage: »Stephen, ich liebe dich«, dann weiß er, dass ich »ich liebe« meine, und freut sich für mich. Weshalb sollte ich das *ihm* zuschreiben? *[Gelächter]* Und das ist so schön. Natürlich möchte ich das teilen. »Stephen, ich liebe dich.« Ich meine, er ist sowieso ich. Was meine ich damit? Dave wird immer nur sein, was du über ihn glaubst – nicht mehr und nicht weniger. Verstehst du? Du glaubst ihn her, und du glaubst ihn weg. Er wird immer sein, was du über ihn glaubst. Du kannst nie wissen, wer er ist. Wichtig ist, dich selbst zu kennen. Sich selbst zu kennen bedeutet, uns alle zu kennen. So, schauen wir uns Aussage 5 an.

JOANNA: *Dave ist unbewusst, distanziert und er liebt mich nicht wirklich.* Oh Mann!

KATIE: Ok. In dem Moment bin ich …

JOANNA: Ich bin unbewusst, distanziert und liebe mich selbst nicht wirklich.

KATIE: Überhaupt nicht.

JOANNA: Nein.

KATIE: Du hast dir alle möglichen schrecklichen Dinge über dich selbst ausgedacht. Es gibt noch eine weitere Umkehrung. Ich bin unbewusst, distanziert, und ich liebe Dave nicht wirklich.

JOANNA: Ich liebe Dave nicht wirklich?

KATIE: Der Mann, zu dem du hingegangen bist und an den du Forderungen gestellt hast – er war nicht der Dave, den du dir eingebildet hast, der kaltherzige Dave. Es war einfach der Dave, der zum Auto ging. Du greifst ihn also dafür an, dass er jemand ist, der er nicht ist.

JOANNA: Aha. Ok.

KATIE: Da ist Dave, so wie er ist, der Mensch Dave, und dann gibt es noch den Dave, den du dir einbildest. Einer der beiden ist der wirkliche Dave. Der andere nicht. Es könnte sein, dass du Dave noch nie begegnet bist. Ich meine das ernst. Ich sage oft: »Es sind sich keine zwei Menschen je begegnet.«

JOANNA: Das ist wahr, denn es gibt Zeiten, in denen ein und dieselbe Person alles genauso macht, wie man es will, und das sind nicht zwei verschiedene Menschen. Er hat sich nicht plötzlich verändert. Das ist im eigenen Kopf passiert.

KATIE: Sei dir einfach im Klaren, dass er immer vollkommen ist. Er ist immer liebenswert, außer wenn du etwas anderes über ihn denkst und glaubst. *[Gelächter]*

JOANNA: Ok.

KATIE: Und wenn das passiert, ist es Zeit für ein Arbeitsblatt.

JOANNA: Ok.

KATIE: Gut. Nun zu Aussage 6.

JOANNA: *Ich möchte niemals mehr erleben, dass Dave mich im Ungewissen und im Zweifel über seine Gefühle für mich lässt.*

KATIE: Gut. »Ich bin bereit …«

JOANNA: Ich bin bereit, dass Dave mich im Ungewissen und im Zweifel über seine Gefühle für mich lässt.

KATIE: »Ich freue mich darauf …«

JOANNA: Ich freue mich darauf, dass Dave mich im Ungewissen und im Zweifel über seine Gefühle für mich lässt.

KATIE: Das ist ein weiteres Arbeitsblatt.

JOANNA: Ach du meine Güte. Also, ich nehme an … Wird irgendwann, wenn ich genug davon bearbeite, der Tag kommen, an dem er geht und es mir mit allem gut geht und ich im Frieden bin?

KATIE: Das nennt man ein glückliches Leben.

JOANNA: Genau das möchte ich.

KATIE: Ja, wenn Stephen wegfährt und sich nicht verabschiedet und mich nie wieder kontaktiert, dann nehme ich einfach an, dass sein Leben wunderbar ist. Wünschst du dir nicht genau das für jemanden, wenn du ihn liebst? Wenn er also bleibt, gut. Wenn er geht, gut. Ich liebe ihn. Das ist alles. Das ist sicher.

JOANNA: Danke. Vielen Dank, Katie.

KATIE: Gern geschehen.

5 Alltägliche Buddhas

Buddha sagte: »Erlaube mir, dir eine Frage zu stellen, Subhuti. Kann man Buddha anhand von irgendwelchen typischen körperlichen Merkmalen erkennen?«[1]
Subhuti sagte: »Nein, Herr. Buddha kann man nicht anhand von irgendwelchen typischen körperlichen Merkmalen erkennen, denn die körperlichen Merkmale des Buddhas sind, wie Buddha sagte, nicht wirklich körperliche Merkmale.«
Buddha sagte: »Alles, was die Form eines Körpers besitzt, ist eine Illusion. Sobald du die illusorische Natur aller Dinge verstanden hast, erkennst du Buddha.«

Früher glaubten die Menschen, ein Buddha müsse, weil er etwas Außergewöhnliches über den Verstand entdeckt habe, einen außergewöhnlichen Körper haben, den wundersame Merkmale wie eine goldfarbene Haut, eine Wölbung auf dem Scheitel und das Zeichen eines Rades auf den Fußsohlen kennzeichneten. Diese Art der Verehrung ist – auch wenn sie aufrichtig ist – beschränkt; sie erzeugt Trennung. Wie willst du erkennen, dass eine zur Realität erwachte Person – egal, wie er oder sie aussieht – ein Buddha ist, wenn du glaubst, dass

1 In der indischen Mythologie gehören zu den zweiunddreißig körperlichen Eigenschaften eines großen Mannes Merkmale wie ein an seinen Fußsohlen befindliches Zeichen eines Rades mit tausend Speichen, feine Bindehäute zwischen Zehen und Fingern, ein gut in der Vorhaut verborgener Penis, ein goldfarbener Körper, eine zwei Meter weit reichende Aura, tiefblaue Augen und eine fleischige Erhebung auf dem Scheitel.

sie dazu eine Wölbung auf dem Scheitel benötigt, und auch dass jede noch nicht erwachte Person ebenfalls ein Buddha ist? Der Gedanke, Buddha sei sein Körper oder er *habe* einen Körper, erschwert die Dinge. Dein Verstand bleibt beschränkt. In Wahrheit hat Buddha keinen Körper. Niemand hat einen Körper.

Körper sind voll und ganz eingebildet. Wenn ich mit geschlossenen Augen hier so auf dem Sofa sitze, habe ich Bilder meines Körpers vor Augen; ich verbinde Gefühle mit ihm, doch das alles geschieht innerhalb meiner Wahrnehmung. Das hat nichts mit dem Äußeren zu tun. Ich öffne die Augen, betrachte meine Hände und Füße, und diese sogenannten Teile meines sogenannten Körpers sind nach wie vor Bilder und Eindrücke aus meiner Wahrnehmung. Ich kann sie vom Rest meiner sichtbaren Welt trennen und sie »meinen Körper« nennen. Allerdings ist auch jene Trennung eine mit dem Verstand ausgeführte Handlung, und die Bilder stammen immer aus der Vergangenheit – auch dann, wenn die Vergangenheit erst eine Nanosekunde her ist. Sie sind Teil des Realitätsfilms; sie selbst gehören nicht der Realität an. Warum sollte ich glauben, ein Film auf der Leinwand des Verstandes sei real? Immer wenn ich versuche, mich auf die Realität dieses Körpers zu konzentrieren, ist er weg und das sich konzentrierende »Ich« ebenfalls. Nichts ist von Bestand. Nicht nur der Traum, auch der Träumer ist für immer weg. Der geträumte Körper – ich benutze ihn zum Sitzen, Stehen, Gehen; ich ernähre ihn, ich putze seine Zähne, ich ziehe ihn an, ich bringe ihn abends zu Bett und stehe morgens mit ihm auf – ist nicht real, nichts davon. Das ist alles eine Projektion des Verstandes. Die Vorstellung, irgendetwas existiere außerhalb des Verstandes, ist eine reine Täuschung.

Sogar körperlicher Schmerz ist eingebildet. Tut dein Körper weh, während du schläfst? Wenn dir etwas wehtut und das Telefon mit dem sehnlichst erwarteten Anruf klingelt, gibt es keinen Schmerz; ebenso wenig, wenn du mental auf eine Unterhaltung konzentriert bist. Wenn sich die Gedanken ändern, ändert sich dein Schmerz.

Einmal gelangte meine Hand zu weit in die Öffnung einer Saftpresse. Ich hörte ein malmendes Geräusch, und als ich meine Hand zurückzog, war sie blutüberströmt. Das Blut war strahlend rot. Ich hatte noch nie so etwas Schönes gesehen. Roxann stand völlig schockiert neben mir. Sie musste schockiert sein, denn ihr Verstand war auf die Vergangenheit und auf die Zukunft gerichtet – auf die Bilder meiner Hand in der Saftpresse, auf das Geräusch, das bereits vorbei war, auf den Schmerz, den sie auf mich projizierte, und auf eine Zukunft, in der sie eine Mutter mit ein paar fehlenden Fingern hatte. Aber in Wirklichkeit war das ganze Erlebnis etwas Schönes. Das Blut auf den Fingerspitzen war gesund und lieblich und frei. Ich entwarf in meiner Vorstellung weder eine Vergangenheit noch eine Zukunft, daher konnte ich keinen Schmerz fühlen. Nichts hat den leuchtenden Moment verdunkelt. Die zerfleischten Finger waren Buddha, das Blut war Buddha, die geliebte, schockierte Tochter war ebenfalls Buddha. Ich wartete auf den eintretenden Schmerz und war offen für die Illusion, die den Schmerz erschafft. Aber wie es mit der Liebe so ist, war da keiner. Ein paar Fingernägel waren weg, und eine Fingerspitze war etwas zerhackt. Wir hatten Peroxid und wickelten Verbandmull um die Finger. Es war nicht notwendig, dass man sich um mich kümmerte, denn da gab es nichts, um das man sich kümmern musste. Die Finger, das Blut, die Saftpresse, die Tochter, der Beobachter – all das waren Merkmale des Buddha.

Ein anderes Mal, Anfang der Neunziger, fuhren Paul und ich auf einer befahrenen Schnellstraße, als das Auto vor uns plötzlich anhielt und Paul auffuhr. Das setzte sich nach hinten weiter fort, und es gab eine riesige Massenkarambolage. Ich wurde nach vorne geschleudert, und mein Kopf schlug durch die Windschutzscheibe. Ich war mir eines inneren Lächelns bewusst, das aus der Freude am Fliegen entstand. Dann fühlte ich die Freude des Aufpralls, und der war mehr eine Vereinigung als ein »Ich«, das auf ein Objekt prallte. Mit diesem Lächeln im Gesicht landete ich auf einer Bohle. Als ein Polizist sich dem Auto näherte, meinte er, ich hätte einen Schock, und man müsste mich mit einem Krankenwagen ins Krankenhaus bringen. Ich sagte: »Es geht mir gut. Falls sich das ändert, werden wir etwas dagegen unternehmen. Ich bin absolut bereit dazu, aber jetzt geht es mir gut.« Wo könnte ich verletzt sein? Was könnte mich jemals verletzen? Das habe ich ihm natürlich nicht gesagt, denn ich wusste, diese Worte würden nicht ankommen.

Diese Erfahrungen waren unüblich. Es ist nicht so, dass ich niemals Schmerz verspüren würde. Als ich vor acht Jahren eine Neuropathie hatte – sie kam aus heiterem Himmel in Form eines brutalen, stechenden Gefühls in den Fußsohlen, als ich durch die Küche ging –, war der Schmerz manchmal so stark, dass ich nicht in der Lage war zu gehen. Bei einigen öffentlichen Auftritten und einer gesamten School für The Work saß ich im Rollstuhl oder fuhr mit einem Segway zu den Sessions. Aber das ändert nichts an der Tatsache, dass Schmerz eine Projektion des Verstandes ist. Wenn du ihn genau beobachtest, wirst du sehen, dass er niemals kommt. Er ist immer im Begriff zu gehen. Und er findet immer auf der Oberfläche der Wahrnehmung statt, während unten drunter ein riesiger Ozean der Freude ist.

Alles, was der erwachte Verstand wahrnimmt, ist schön. Es ist das Spiegelbild des Verstandes – so wie der Verstand es sieht. Um dies zu verstehen, muss man die Vorstellung über den Verstand aufgeben. Welche Schönheit würde sich nicht selbst im Spiegel anschauen wollen? Wenn du nicht liebst, was du im Spiegel siehst, dann ist deine Sicht verzerrt. Das betrifft auch Leiden, Armut, Wahnsinn, Grausamkeit, Wut und Verzweiflung: jedwede menschliche Erfahrung. Wenn überhaupt, existiert alles innerhalb des Buddha-Verstandes, der alles als schön ansieht. Für ihn gibt es nichts Hässliches, nicht Inakzeptables. Das heißt nicht, dass Buddha passiv ist oder Unfreundlichkeit gutheißt. Seine Essenz besteht in der Freundlichkeit, und er tut alles in seiner Macht Stehende, um das augenscheinliche Leiden der Welt zu beenden. Seine Freundlichkeit jedoch entsteht aus dem tiefen Gespür für den Frieden all dem gegenüber, das er wahrnimmt. Wenn du in der Welt etwas siehst, das du für nicht akzeptabel hältst, kannst du sicher sein, dass dein Verstand verwirrt ist. Wenn du denkst, es existiere irgendetwas außerhalb deines Verstandes, ist das Irrglauben. Schlussendlich ist weder das Innere noch das Äußere real. Das eine nennt man Freude, das andere Leiden; das eine nennt man Schlafen, das andere Wachsein; und am Ende ist alles gleichwertig.

Wenn du Buddha suchst, dann suche nicht nach jemand Außergewöhnlichem. Suche nach etwas, das näher an zu Hause ist, näher *als* zu Hause. Wenn du deinen eigenen Verstand verstehst, begegnest du jemandem, der weiser ist, als du es jemals erwartet hättest. Jemand muss der Buddha sein in dem Raum, in dem du dich befindest. Jemand muss den Abwasch machen oder: ihn nicht machen. Beobachte, wie dieser Buddha lebt. Du kannst nichts falsch machen, auch wenn dein Verstand sich das vielleicht einbildet. Wer wärest du ohne deine Geschichte? Wer wärest du, wenn du dich nicht mit dem Bild eines erleuchteten Wesens vergleichen würdest? Die meisten Buddhas leben im Verborgenen; diese Nachricht kommt selten ans Licht. Wenn du deine Vorstellung von einem Buddha dazu benutzt, um dich kleiner zu machen, indem du dich vergleichst, erzeugst du Stress. Ohne Vorstellung ist es einfach, erleuchtet zu sein. Du bringst die Kinder zur Schule, du gehst mit dem Hund Gassi, du wischst den Boden, mühelos – keine Vorstellungen sind an die Handlungen gebunden. So handelt ein Buddha. Du kannst ein lebendes Beispiel sein, jetzt, und niemand braucht davon zu erfahren.

Ich habe meinen Kindern immer gesagt: »Freundet euch mit dem Mittelmaß an.« Durch den Abwasch kannst du zur perfekten Erleuchtung gelangen. Nichts ist spiritueller als das. Drei Jahre Meditation in einer Höhle ist dasselbe, wie täglich den Abwasch zu erledigen. Liebst du die Balance, also die Harmonie, die im Bodenwischen liegt? Diese Harmonie ist der ultimative Erfolg, sowohl für den Bettler als auch für den König. Egal, wo du bist, du kannst sie überall erlangen. Da ist kein Trompetengeschmetter, sondern nur Frieden.

Der Friede liegt im Gewöhnlichen. Weiter weg ist er nicht.

***

Du sagst: »Dieser Körper ist voll und ganz eingebildet.« Warum hast du dir einen Körper eingebildet, der blind wird, zwei Hornhautimplantate hat und Neuropathie bekam? Warum bildest du dir keinen Körper ein, der ewig jung ist und niemals stirbt?

Ich würde mir mit Freuden einen jüngeren und gesünderen Körper einbilden, wenn ich einen bräuchte, aber dieser Körper ist der Körper für mich. Warum sollte ich ihn anders haben wollen? Ich liebe ihn von ganzem Herzen. Er ist immer jugendlich, da er jeden Moment neu ist. Er stirbt nie, denn er war von vorneherein voll und ganz eingebildet.

Wie kannst du sagen, Schmerz sei eingebildet? Was bedeutet das?

Ich verstehe, woher der Schmerz kommt, und ich verstehe genau, wo er aufhört. Sobald du verstehst, wo er aufhört, ist er vorbei. Er ist bereits vorüber. Wenn du gut aufpasst, was im Verstand vor sich geht, ist es möglich, das zu erleben. Wenn du die Schmerzursache erkennst, verstehst du, dass jeglicher Schmerz in der Vergangenheit liegt. Es ist nicht möglich, den Schmerz in der Gegenwart zu spüren, denn es gibt niemals eine Gegenwart. Freiheit bedeutet zu verstehen, dass sogar das »Jetzt« eine Illusion ist. Es ist lediglich eine weitere Vorstellung.

Wie können wir unser Bewusstsein aufrechterhalten, während wir sehr starke körperliche Schmerzen haben?

Wenn du mehr Schmerzen hast, als du ertragen kannst, dann wechselst du in eine alternative Realität. Für gewöhnlich ist es eine Lüge, wenn du denkst, der Schmerz sei unerträglich. Schmerz ist erträglich: Du erträgst ihn. Schmerzhaft ist nur, dass du eine Vorstellung von einer Zukunft hast. Du glaubst Gedanken wie: »Das hört niemals auf«, »Das wird immer schlimmer« oder »Ich werde sterben«. Angst kannst du nur mit einer Geschichte über die Zukunft haben. Während du dir vorstellst, was passieren wird, verpasst du, was tatsächlich gerade geschieht.

Wir können dies ziemlich gut sehen, wenn der Schmerz

wirklich jenseits des Erträglichen liegt. Der Verstand wechselt dann in eine andere Realität, da er keine Kontrolle besitzt. Er kann sich keine Zukunft vorstellen, die er nicht bereits in der Vergangenheit erlebt hat. Und weil du so etwas noch nie erlebt hast, weißt du nicht, kannst du dir nicht vorstellen, was als Nächstes kommt. Der Verstand hat keine Bezugsgröße dazu, deshalb identifiziert er sich nicht länger mit dem Körper. Aus diesem Grund erzählen manche Leute, sie hätten während einer Vergewaltigung oder Folterung ihren Körper verlassen; sie hätten sich sich an der Decke befunden, hinunter geschaut. Der Verstand wechselt die Identität, da er sich nicht vorstellen kann, was mit dem Körper als Nächstes geschehen wird. Er verlässt das, wozu er keinen Bezug hat.

Du sagst, es gebe nichts Inakzeptables. Was ist mit Völkermord und Terrorismus und Gewalt gegenüber Kindern und Tieren? Ist das für dich akzeptabel?

Jeder Völkermord, Terrorismus, jede Vergewaltigung und Grausamkeit gegenüber Kindern und Tieren liegt in der Vergangenheit. Im jetzigen Moment existiert davon nichts, und das ist pure Gnade. Diese Gnade nehme ich mit einem tiefen Gefühl der Dankbarkeit an.

Wenn du glaubst, dass derartige augenscheinliche Horrorszenarien nicht geschehen sollten, obwohl sie *geschehen*, dann leidest du. Du addierst also das Leiden einer weiteren Person zum Leiden der Welt hinzu – und wozu? Hilft dein Leiden irgendeiner leidenden Person? Nein. Spornt es dich an, einen Beitrag für das Gemeinwohl zu leisten? Bei näherer Betrachtung siehst du, dass auch das nicht der Fall ist. Wenn du die Überzeugung untersuchst, dass diese Dinge nicht geschehen sollten, hörst du auf, aufgrund des Leidens anderer zu leiden. Dann erkennst du, dass du dadurch zu einem netteren Menschen geworden bist, jemand, der von Liebe statt Empörung oder Traurigkeit angetrieben wird. Das Ende des Leidens in der Welt beginnt mit dem Ende des Leidens in dir.

Wenn du in der Welt etwas siehst, das du nicht akzeptieren kannst, kannst du sicher sein, dass dein Verstand verwirrt ist.

6 Verstand ist alles, Verstand ist gut

Subhuti sagte: »Herr, wird es immer reife Menschen geben, die, wenn sie diese Worte hören, einen klaren Einblick in die Wahrheit gewinnen?«

Buddha sagte: »Selbstverständlich, Subhuti! Selbst in Tausenden von Jahren wird es viele Menschen geben, die nur dadurch, dass sie diese Worte hören und darüber kontemplieren, zur Wahrheit vordringen. Solche Menschen haben – auch wenn sie sich dessen nicht bewusst sind – nicht die mentale Klarheit kultiviert, die sie als Schüler von nur einem Buddha hätten, sondern sie haben die mentale Klarheit eines Schülers von Hunderttausenden Buddhas kultiviert. Wenn sie diese Worte hören und sie kontemplieren, werden sie die Realität in einem einzigen Moment erkennen: deutlich, so wie sie ist. Buddha schätzt diese Menschen und weiß genau, wie es ist, wenn sie in ihrer wahren Natur erwachen.

Wie machen sie das? Nachdem sie die Realität klar erkannt haben, binden sich diese Menschen nie wieder an die Vorstellung von einem »Selbst« oder einem »anderen«. Sie binden sich auch nicht mehr an die Vorstellung von einer »Wahrheit« oder einer »Un-Wahrheit«. Wenn sich ihr Verstand an die Vorstellung von getrennten Dingen bindet, werden sie sich auch an die Vorstellung von einem »Selbst« und von einem »anderen« binden. Wenn sie die Existenz der Dinge verleugnen, werden sie sich weiterhin an die Vorstellungen von einem »Selbst« und von einem »anderen« binden. Daher solltest du dich nicht an die Vorstellung von getrennten Dingen und nicht an die Verleugnung von getrennten Dingen binden.

Deshalb sage ich den Menschen: »Meine Lehre ist wie ein Floß.« Ein Floß ist dazu bestimmt, dich über den Fluss zu tragen. Sobald du den Fluss überquert hast, lässt du das Floß am Ufer zurück. Wenn selbst richtige Lehren zurückgelassen werden müssen, müssen falsche Lehren erst recht zurückgelassen werden.«

Buddha sagt, dass reife Menschen »die Realität in einem einzigen Moment erkennen werden: deutlich, so wie sie ist«. Wenn sie die Realität so sehen, wie sie ist, erkennen sie sofort, dass es so etwas wie eine Vergangenheit und eine Zukunft nicht gibt. Aus diesem Grund existieren jene Hunderttausende Buddhas, bei denen sie gelernt haben, nur im gegenwärtigen Augenblick; diese Buddhas stellen die Hunderttausende nicht hinterfragten Gedanken dar, die sie schon wahrgenommen haben und gerade wahrnehmen. Ein jeder Gedanke ist er selbst; jeder Gedanke ist ein Buddha, der dir zeigt, wohin du nicht gehen sollst. Die Liebe begegnet diesen Illusionen, diesen Hirngespinsten, und singt das Lied: »Dieses nicht, jenes nicht.« Das ist der Grund, weshalb sich ein reifer Schüler in Ehrfurcht vor jedem Gedanken verneigt, wenn er in das Nichts, aus dem er kam, zurückkehrt.

Als mir klar wurde, dass die Vergangenheit und die Zukunft nicht existieren, habe ich anfangs ständig gestaunt. Ich sah alles mit neuen Augen. Mein Verstand war ein unbeschriebenes Blatt. Eines Tages bat mich die Direktorin des Rehabilitationszentrums, in eine andere Stadt zu fahren, um dort einige Bücher für sie zu kaufen. Ich sagte: »Es kann nicht. Es kennt sich nicht aus.« Die Direktorin sagte: »Ich weiß, dass du das kannst. Ich gebe dir eine Wegbeschreibung.« Ich sagte: »Es braucht jemanden, der mit ihm geht.« Sie erwiderte: »Nein, du machst das allein.« Aus ihren Worten konnte ich die Möglichkeit heraushören. Sie gab mir die Schlüssel für den Kleinbus und eine Wegbeschreibung. Es war sehr merkwürdig. Ich hatte keine Zukunft, daher hatte ich nicht das Gefühl, etwas »zu holen«. Da *waren* keine Bücher. Da war nichts anderes als das, was ich sehen konnte – wenn überhaupt. Es war, als würde man mir sagen, ich solle eine Klippe hinunterfahren. Ich konnte mir nicht vorstellen, dass ich verletzt werden würde, ich wusste jedoch, dass ich geradewegs einem Abgrund entgegenfuhr.

Dieses Erlebnis trug sich wie folgt zu: Du weißt nicht, wo der Kleinbus ist, und du weißt nicht, *was* ein Kleinbus ist. Du weißt nicht, wie du aus dem Gebäude kommst und ob es überhaupt ein Draußen gibt. Aber du stehst auf, und du gehst und gehst immer weiter und auf einmal ist da der Kleinbus. Du steigst ein, und der Gedanke *Schlüssel!* kommt. Du nimmst den Schlüssel aus deiner Tasche und findest die Stelle, in die er reingehört. Das Lenkrad ist neu. Die Windschutzscheibe ist neu. Der Rückspiegel ist neu. Alles ist neu und fremd. Du schaust runter und weißt nicht, welches das Gaspedal und welches die Bremse ist. Du weißt nicht, auf welcher Seite der Straße du fahren sollst. Du weißt nicht, was die grüne und die rote Ampel bedeuten, aber irgendwie geschieht alles reibungslos. *Es* weiß, was zu tun ist und wo es hingehen muss. Alles geschieht mühelos und fließend, und du bist von einem intensiven Staunen ergriffen, einer intensiven Begeisterung und einer Ehrfurcht, dass alles von allein und ohne dein Zutun geschieht, ohne dass du irgendetwas entscheiden musst. Nach dem Verlassen des Kleinbusses hast du das Gefühl, du würdest beim Gehen mit jedem Schritt durch die endlose Rasterung des Universums, ähnlich dem leeren Raum zwischen den Atomen, des Gehsteigs fallen. Dabei sah ich die ganze Zeit über, dass »ich« nicht die Handelnde war. Ich hatte damals zwar keinen Ausdruck dafür, doch ich sah Folgendes: Etwas jenseits meiner selbst handelte – nicht ich, und dennoch ich. Du gehst also Schritt für Schritt auf den Rand des Universums zu, du schaust über ihn hinaus und siehst, dass da nichts ist. Dennoch erfolgt ein weiterer Schritt, und noch einer, und alles geschieht von allein. Dabei schaust du nicht nur über den Rand hinaus, du *fällst* mit jedem Schritt über ihn hinaus. Zugleich fällst du nicht, und du lernst wiederum, dass es nicht möglich ist zu fallen – was erstaunlich ist. Das Nichtwissen und das Staunen greifen vollkommen ineinander.

Auf diese Weise vergingen die ersten Wochen: das Staunen darüber, über den Rand des Universums zu fallen, die Ehrfurcht vor der Erkenntnis, dass alles ohne einen Handelnden geschieht, ein Herz, das angesichts der Schönheit dessen, was ich sah, überfloss, und die »Buddha-heit«, die »Seins-heit« aller Dinge. Und der allem innewohnende Frieden. Alles entstand immer bewusst aus dieser Haltung heraus. Im Vordergrund gab es konstant Verlust und Fallen, im Hintergrund herrschte vollkommener Frieden. Was immer auseinanderfiel, existierte ohnehin nicht. Die Welt fiel ständig auseinander und nichts blieb – außer Frieden. Dieser Frieden hat sich nie verändert.

Buddhas Aussage in diesem Sutra ist makellos. Sie ist so akkurat und ausgefeilt, dass es keiner weiterer Worte bedarf. Während ich Stephen beim Vorlesen des Kapitels zuhöre, stelle ich fest, dass ich Buddha zu Füßen sitze. Ich sitze jedem zu Füßen, der zu mir kommt; ich sitze auch einem Grashalm, einer Ameise oder einem Staubkorn zu Füßen. Wenn du erkennst, dass du Buddha bist, der Buddha zu Füßen sitzt, fühlst du dich befreit von allem. Dieser klare Verstand ist erlesen. Es gibt nichts, was ihm hinzuzufügen oder von ihm wegzunehmen wäre.

Es ist wahr, dass es kein Selbst und keinen anderen gibt. Es ist wahr, dass es keine Wahrheit und keine Nicht-Wahrheit gibt. Es gibt nichts, das voneinander getrennt ist, und nichts, das nicht voneinander getrennt ist. Es gibt keine Welt außerhalb von dir und auch keine Welt in dir, denn erst, wenn du glaubst, dass es ein »Du« gibt, erschaffst du eine Welt. Wenn du glaubst, es gebe eine Welt, dann sind da zwei: du und die Welt. Und wenn du glaubst, dass es keine Welt außerhalb von dir gibt, sind da immer noch zwei. Aber es sind keine zwei. Die zweite ist vom verwirrten Verstand erschaffen. Es gibt nur eine, und nicht einmal das. Keine Welt, kein Selbst, keine Substanz – nur namenloses Bewusstsein.

Es gibt keine Wahrheiten. Es gibt nur das, was im Augenblick wahr für dich ist, und wenn du es untersuchtest, würdest du es auch verlieren. Wenn du aber ehrst, was im Augenblick wahr für dich ist, bewahrst du ganz einfach deine eigene Integrität.

Sogenannte universelle Wahrheiten fallen ebenfalls weg. Auch sie gibt es nicht. Die letzte Wahrheit – das ist für mich die letzte Geschichte – lautet: »Gott ist alles. Gott ist gut.« (Ich verwende das Wort *Gott* als Synonym für *Realität*, denn es herrscht die Realität.) Du könntest auch sagen: »Der Verstand ist alles. Der Verstand ist gut.« Merke es dir, wenn du magst, und werde damit glücklich. Alles, was dagegenspricht, tut weh. Es ist wie ein Kompass, der immer in die Richtung des wahren Nordens zeigt.

Buddha vergleicht seine Lehren mit einem Floß, das Menschen vom Ufer des Leids zum Ufer der Freiheit bringt. Er sagt, dies sei sein einziger Zweck. Wenn du das andere Ufer erreichst, lässt du das Floß zurück. Es wäre lächerlich, wenn du es dir auf den Rücken binden und mit dir herumtragen würdest. Er sagt, dasselbe gelte für spirituelle Lehren, selbst für die klarsten unter ihnen, sogar für dieses Diamant-Sutra. Ich liebe es, wie Buddha seine eigenen Worte untergräbt und uns ohne Boden unter den Füßen zurücklässt.

The Work ist auch wie ein Floß. Die vier Fragen und die Umkehrungen helfen dir, von der Verwirrung zur Klarheit zu kommen. Durch Übung lernst du irgendwann, deine Denkweise nicht mehr über die Realität zu stülpen und kannst alles so erleben, wie es wirklich ist: als reine Gnade. An diesem Punkt sind die Fragen nicht mehr notwendig. Sie werden durch ein wortloses Untersuchen ersetzt, das jeden stressigen Gedanken sofort auflöst, sobald er auftaucht. Auf diese Weise begegnet sich der Verstand selbst mit Verständnis. Du hast das Floß zurückgelassen und bist selbst zu den Fragen geworden. Sie sind nun so natürlich wie Atmen, und werden deshalb nicht weiter benötigt.

Wenn wir das »andere« Ufer erreichen, erkennen wir, dass wir das Ufer, von dem aus wir losgefahren sind, nie verlassen haben. Es gibt nur ein Ufer, und wir sind bereits dort, auch wenn einige von uns das noch nicht erkannt haben. Wir denken, wir müssten von hier nach da, aber *da* stellt sich als *hier* heraus. Es war schon immer hier. Wenn du in einem Zustand der Kontemplation sitzt und siehst, was tatsächlich existiert, und nicht das, woran du dich erinnerst oder was du vorwegnimmst, kommt der Buddha-Verstand zum Vorschein. Dabei erwachst du als der/die Ungeborene. Wenn du wirklich Frieden möchtest, wenn du verstehst, dass die Selbst-Untersuchung über das Leben und den Tod hinausreicht, werden deine Übungen dich am anderen Ufer absetzen, das sich nicht als das andere Ufer, sondern als das *einzige* Ufer herausstellt. Die Gedanken über ein anderes Ufer waren Einbildung, und wenn du das erkennst, erkennst du, dass du dich schon immer an dem Ufer befunden hast, auf das Buddha verweist. Du benötigst kein Floß.

***

Wenn du kein Gespür für Vergangenheit oder Zukunft hast, wie kannst du dann irgendetwas erreichen?

Man braucht keine Vergangenheit und keine Zukunft, um etwas zu erreichen. Ich erledige einfach das, was vor mir liegt, egal, was in dem Moment auftaucht. Ich gebe Acht und beobachte. Ich verharre als Bewusstsein. Ich dehne mich ständig über die Grenzen der Geschwindigkeit hinweg aus – ohne Vergangenheit und Zukunft – und gehe dabei nirgendwo hin. Sollte ich jedoch einmal eine Vergangenheit oder eine Zukunft benötigen, würde ich nicht zögern, mir eine zu besorgen.

Buddha sagt, dass Menschen, die die Existenz der Dinge leugnen, noch immer an Vorstellungen über das »Selbst« und den »anderen« gebunden sind. Wenn du sagst, das Leben sei ein Traum, verleugnest du da nicht die Existenz von getrennten Dingen?

»Nichts existiert« mag einem wie eine Wahrheit vorkommen, weil es auf etwas Zutreffenderes verweist als auf ein festes Selbst, das auf eine feste Welt schaut. Allerdings muss man erst die Nicht-Existenz der Dinge in der Tiefe erkennen, damit sie zu etwas anderem als einer Vorstellung werden kann. Wenn du glaubst, nichts existiere, bist du immer noch mit einem

»Du« identifiziert, das glaubt, nichts existiere. Wenn du verstehst, dass die Welt nur in der Einbildung lebt, bist du frei; es gibt kein »Du«; es ist vorbei. Du kannst dich mit nichts mehr identifizieren. Das ist das Ende des Glaubens, und sogar der tiefgründigste Gedanke verliert seine Bedeutung. »Nichts« ist das Etwas, mit dem sich der Ich-weiß-Verstand nun befassen muss.

Du sagst: »Der Verstand ist alles. Der Verstand ist gut.« Sprichst du dabei von Bewusstsein? Warum verwendest du hier das Wort »Verstand«? Warum verwendest du niemals Worte wie »Seele« oder »Geist«?

Was – außer einem Verstand – gibt es, dessen man sich bewusst sein kann? Aus diesem Grund ist Bewusstsein der sich seiner selbst bewusste Verstand. Wenn der Verstand sich seiner selbst bewusst ist, erkennt er, dass an ihm nichts Persönliches ist und er nicht einmal existiert. Er ist eine Illusion. Vor dem »Ich« gab es nichts. Das »Ich« kommt erst danach, aus der Namenlosigkeit heraus. Der scheinbare, sich selbst untersuchende Verstand begreift allmählich, woraus er stammt, nämlich – in Ermangelung eines besseren Wortes – aus purer Liebe. Wenn er also nicht das Lied der Liebe ist, dann ist er eine Verzerrung der Natur, aus der heraus er geboren wurde.

Worte wie *Seele* oder *Geist* benutze ich nicht, weil ich nicht weiß, was sie bedeuten.

Du sagst, wenn man The Work regelmäßig praktiziere, würden die Worte irgendwann durch ein wortloses Untersuchen ersetzt. Könntest du beschreiben, wie das aussieht?

Die Untersuchung setzt sorgsames Zuhören voraus, ein Beobachten dessen, was den Fragen begegnet. Irgendwann hinterfragt der Verstand jedes Urteil, das in ihm aufkommt, automatisch. Auf diese Weise befreit er sich von seinen Gedanken. Die Menschen erkennen dann, dass sie gar nichts tun – sie werden getan. Sie denken auch nichts, sie werden gedacht. Wenn die Work lebendig in dir ist, trifft jeder potenziell belastende Gedanke, der zur Oberfläche des Verstandes vordringt, unvermittelt auf die wortlose Untersuchung, die ein »Ist das wahr?« hervorbringt. Begegnet man einem Gedanken auf diese Weise, verliert er seine Kraft und kann keine negativen Gefühle mehr verursachen. Er baut sich im Handumdrehen ab, löst sich auf, verdunstet, und dein wahres Wesen kommt zum Vorschein. Die Güte aller Dinge wird mit jedem vergegenwärtigten Moment offensichtlich. Alles ist eine Illusion, und zwar eine freundliche, nicht diese ängstliche, mit der ich aus dem Mutterleib heraus zur Welt gebracht wurde.

Also wird die Praxis der Untersuchung irgendwann unnötig?

Ich habe oft gesagt: Wenn du erkennst, dass alle Natur gut ist und dass alles gut ist, brauchst du die Untersuchung nicht. Seit ich vor einunddreißig Jahren zu dieser Einsicht kam, ist mir das klar. Stephen hat mir eine Geschichte erzählt, die im Internet kursiert, dass es laut Einstein nur eine wichtige Frage gibt: »Ist das Universum freundlich?« (Als er das Zitat später überprüfte, stellte es sich als erfunden heraus – es war doch nicht von Einstein. Aber das macht nichts.) »Ist das Universum freundlich?« 1986 erwachte ich zu einem lautstarken »Ja« und mir war nicht einmal bewusst, dass da eine Frage gewesen war. Ich begriff einfach. Ich erkannte, dass das ganze Uni-

versum und alles, was darin geschieht, freundlich ist. Die vier
Fragen und die Umkehrungen von The Work sind der innere
Weg zu diesem Verständnis.

Durch Übung lernst du irgendwann, deine Denkweise
nicht mehr der Realität überzustülpen, und kannst alles so
erleben, wie es wirklich ist: als reine Gnade.

7 Im Gewöhnlichen zu Hause sein

Buddha sagte: »Erlaube mir, dir eine Frage zu stellen, Subhuti. Ist Buddha zur Erleuchtung erlangt? Und hat er eine Lehre anzubieten?«
Subhuti antwortete: »Herr, so wie ich es verstehe, gibt es weder etwas wie eine Erleuchtung noch hat Buddha irgendeine Lehre zu bieten.
Der Grund dafür ist, dass es für Buddha nichts zu lehren gibt. Die Wahrheit ist unbegreiflich und unbeschreiblich. Weder ist sie, noch ist sie nicht. Jeder reife Mensch weiß, dass es nichts zu wissen gibt.«

Wenn du verstehst, dass die Welt nicht in ein »Selbst« und »andere« unterteilt ist, wirst du sehr klar sehen, dass es so etwas wie Erleuchtung nicht gibt. Es kann sie gar nicht geben. Wer kann schließlich erleuchtet sein? Damit man zur Erleuchtung gelangen könnte, müsste man zuvor ein Jemand *sein*. Es bräuchte hierfür ein Ego, um zur Freiheit zu gelangen. Egos gelangen jedoch nicht zur Freiheit.

Es ist wahr, dass du nach deinem Erwachen aus der Trance frei von jeglichem Leiden bist. Doch dies so auszudrücken, deutet noch immer auf einen Jemand, ein Wesen, das vermeintlich »erwacht« ist, hin. Nur wenn du Buddha als ein getrenntes Selbst betrachtest, kommst du zu der Vorstellung, er sei erleuchtet. Sämtliche spirituelle Vorstellungen werden durch den Verstand geschaffen. Was weiß »ich« über die eingebildete Form, die du »mich« nennst?

Viele der Mönche, die Buddha zuhörten, müssen erkannt

haben, wer er war: niemand. Doch manche von ihnen wollten ihn möglicherweise wie einen Guru behandeln, ihn einer anderen Kategorie zuweisen in der Annahme, er sei ihnen überlegen, ein entwickelteres oder erhabeneres Wesen. Sie haben ihn vielleicht mit einem Schimmern in den Augen bewundert. Buddhas Antwort darauf bestand darin, sie zu lieben und bei der Untersuchung ihrer Denkweise zu unterstützen, damit sie Freiheit finden konnten. Wie gelangte er in ihre Projektionen? Er sagte immer wieder, er besitze nichts, was *sie* nicht auch hätten. Er führte sie immer wieder zu sich selbst zurück, auf den einzig möglichen Weg. Das Schöne an der Untersuchung ist, dass diese Art der Verehrung nicht von langer Dauer ist, obwohl sie für die verehrende Person sehr angenehm sein kann. Die Untersuchung nivelliert alles mit dem Ergebnis, dass wir alle gleich sind. Auch wenn es sich noch so angenehm anfühlen mag: Die Geschichte, einen erleuchteten Meister zu haben, führt zu Trennung.

Die Menschen denken, Selbsterkenntnis sei etwas Besonderes. Doch solange wir nicht im Gewöhnlichen zu Hause sind, sind wir gar nicht zu Hause. Dort fühlen wir uns wohl. Wenn jemand fragt, wie es mir geht und ich »gut« antworte, hat »es« mich verbunden, »es« hat mich durchdrungen. Damit bin ich nicht mehr als Ich erkennbar. Ich stehe mit allen anderen an der Straßenecke, esse einen Hot Dog und schaue zu, wie ein Orchester vorbeizieht. Ich bin weder mehr noch weniger als du. Selbst wenn wir einen Atemzug mehr oder weniger als andere gemacht haben sind wir nicht zu Hause.

Ob nun Subhuti Buddha eine Frage stellt oder Buddha Subhuti, in beiden Fällen ist Buddha der, der fragt und der, der antwortet. Die Frage lässt die Wahrheit entstehen. Um antworten zu können, muss ich zuerst für mich selbst erkennen, was wahr ist, denn ich möchte in meiner Welt keine Unwahrheiten erschaffen. »Ich habe eine Lehre anzubieten« – ist das wahr? Kann ich absolut sicher sein, dass das wahr ist? Natürlich nicht. Das *ist* die Lehre. Die Lehre ist immer für mich. Für andere habe ich keine Lehre. Wenn ich deine Fragen beantworte, erleuchte ich nur mich selbst, und mit deiner Weisheit – die Weisheit, die die Fragen stellt – werde ich erleuchtet. Sie ist der Ursprung meiner Erleuchtung. So funktioniert das. Die Frage: »Wohin gehst du?« rüttelt mich wach. Das augenscheinliche Ich, Ich, Ich – es ist absolut unauthentisch und absolut authentisch, ganz wie es der Wahrnehmende nimmt. Du kannst es glauben oder nicht; ob du erleuchtet bist oder nicht.

Frage dich selbst: »Wer denkt gerade?« Diese Frage lässt sich nicht beantworten. Sie löst einen Kurzschluss im Verstand aus. Selbst wenn du eine Million Jahre auf die Antwort warten würdest, würde immer noch Stille herrschen. In Wirklichkeit gibt es auf nichts eine Antwort. Wir können die wesentlichen Dinge unseres Lebens nicht erklären. Warum würdest du überhaupt etwas erklären wollen? Macht dich das wirklich glücklicher? Ich sage oft: »Möchtest du lieber recht haben oder frei sein?« Ich habe keine Erklärungen, und seit 31 Jahren habe ich keine Probleme mehr.

Meine Aufgabe ist es, alles zu enträtseln. Das ist wirklich einfach, denn es gibt nichts. Nur die gerade auftauchende Geschichte: die Geschichte der Buddhas und der Nicht-Buddhas, die Geschichte, dass manche Menschen erleuchtet sind und manche nicht, die Geschichte, dass du mehr brauchst, als du bereits hast, die Geschichte, dass du geistig höher entwickelt sein musst, um ganz zu sein. Du kannst einfach zusehen, wie diese Geschichten entstehen und wie sie wieder vergehen, und dir bewusst sein, dass in diesem Augenblick einzig die Geschichte existiert.

Jeder Einzelne von uns ist ein Spiegelbild der Quelle. Ich bin nur die Frau, die auf dem Sofa sitzt und dem Mann dabei zuhört, wie er aus dem Diamant-Sutra vorliest. Und wenn ich diese Aussage untersuche – »Ist das wahr?« Nein. Ich sehe, dass ich bereits vor dem Spiegelbild existierte. Ich bin das Bewusstsein, das zuvor war. Ich bin niemand und jemand, ich bin alles und nichts, ich bin der Anfang (unreflektierter Verstand) und ich bin das Ende (unreflektierter Verstand). Ich bin so eitel, dass ich mich im Spiegel sehen möchte. Frau hört Mann zu. Frau beantwortet Fragen.

Subhuti erkennt, dass es nicht nur keine Erleuchtung, sondern auch keine Lehre gibt. Es kann keine Lehre von Buddha geben, denn alle Lehren vergehen genauso wie das aktuelle Konstrukt deines Verstandes, noch während du das liest. Alles ist eingebildet. Es gibt nichts zu lehren. Wohin geht der Wind an einem ruhigen Tag? Und was ist mit dem Atemzug von gerade eben – existiert er jetzt nur noch als reine Einbildung? Wenn du wahrnimmst, wie der Atem durch deine Nasenlöcher strömt und du nicht an die Vergangenheit denkst, ist dies der erste Atemzug überhaupt – und schon ist er dahin. Woher weißt du, dass er überhaupt jemals passiert ist?

Die Wahrheit ist so einfach. Jedes gesprochene Wort, jede erteilte Lehre, und wenn sie noch so wertvoll ist, hinterlässt eine Vorstellung, für die es in der Realität nichts (Anm. d. Übers.: Entsprechendes) gibt. Sie unterstellt, dass jemand zuhört, dass jemand spricht, dass es etwas zu wissen gibt. Beim Versuch, die Wahrheit zu sagen, wird etwas hinzuerschaffen. Dem, was ist, wird etwas Unnötiges hinzugefügt, und so entsteht daraus eine Lüge.

Der Buddha-Verstand ist bereits vollkommen. Er bedarf keiner Erleuchtung. Er braucht nichts zu lehren. Er braucht nichts zu erkennen. Er ist alles, was er jemals wollte – genau jetzt. Alles wird für ihn getan – mühelos. Er bewegt sich ohne Widerstand, wie ein schöner Gesang. Er hat und tut alles, was er jemals haben könnte oder tun würde. Er ist einfach fließendes Bewusstsein. Sobald man die Geschichte eines Problems untersucht hat, kann man über sie lachen. Und sogar diese Geschichte ist Buddha-Verstand.

***

Ist das Streben nach Erleuchtung vergebliche Mühe?

Wenn Erleuchtung als »frei von Leiden« definiert wird, dann nein. Wie kann das Bestreben, die Illusion des Leidens zu beenden, vergebliche Mühe sein? Dem Ego geht es ebenfalls um das Ende des Leidens, allerdings strebt es diesen Zustand auf dem Weg der vollkommenen Selbsttäuschung an: »Wenn ich nur mehr Geld hätte (oder Erfolg oder Sex), dann wäre ich glücklich.« Es ist daher absolut sinnvoll, die Traurigkeit auslösenden Gedanken zu hinterfragen, und es ist noch viel sinnvoller, wenn das »da draußen« als eine Projektion des Verstandes erkannt wird.

Wenn Worte dem, was ist, immer etwas Unnötiges hinzufügen und daher zur Lüge werden, warum machte sich Buddha die Mühe zu lehren? Warum hast du dieses Buch geschrieben?

Selbst eine tiefgründige Schrift wie das Diamant-Sutra hat letztlich keine Bedeutung. Die Welt ist gleich, egal, ob es sie gibt oder nicht, weil in Wirklichkeit keine der beiden Welten existiert. Egal, wer das Sutra geschrieben hat, es wurde aus Liebe geschrieben. Fragen werden aus Liebe beantwortet. Aus diesem Grund schrieb ich auch dieses Buch. Die Menschen haben immer wieder um ein neues Katie-Buch gebeten und Stephen wollte, dass ich das Diamant-Sutra kommentiere. Natürlich sagte ich ja. Ich habe ihm gern das notwendige Grundmaterial geliefert und freue mich, dass er meine Worte in eine Form gebracht hat. Wenn du das Buch für hilfreich hältst, bin ich glücklich. Wenn du denkst, es sei Zeitverschwendung, freue ich mich genauso. »Ich« projiziere diese Freude auf jeden. Aus meiner Sicht geben die Menschen ihr Bestes, um zu glauben, was sie denken, auch wenn sie es tief drinnen in Wirklichkeit nicht glauben können und es auch nicht tun. Ich habe es überprüft. Wenn sich der Verstand den Antworten öffnet, die aus einer inneren Klarheit entspringen, merken die Leute, dass sie die stressigen Gedanken, die sie meinen zu glauben, gar nicht glauben, sosehr sie es auch versuchen.

Buddha hat begriffen, dass es weder für ihn noch für andere eine Möglichkeit gibt, etwas in die Welt zu bringen, was gar nicht eingebracht werden kann. Im Bewusstsein scheint Leid nicht zu existieren. Niemand glaubt in Wirklichkeit etwas, und genau das bringt die Untersuchung ans Licht: den Buddha-Verstand, keinen Verstand, gar nichts.

Selbst wenn wir einen Atemzug mehr oder weniger als andere gemacht haben, sind wir nicht zu Hause.

8 Die höchste Form der Großzügigkeit

Buddha sagte: »Erlaube mir, dir eine Frage zu stellen, Subhuti. Wenn jemand einen unvorstellbaren Reichtum ansammeln und ihn zu wohltätigen Zwecken spenden würde, wäre das Verdienst dieser Person nicht großartig?«
Subhuti antwortete: »Extrem großartig, Herr. Aber auch wenn dieses Verdienst großartig ist – es hat keine Substanz. Man nennt es nur ›großartig‹.«
Buddha sagte: »Ja, Subhuti. Doch nichtsdestotrotz, wenn eine unvoreingenommene Person, die dieses Sutra hört, wahrhaftig erkennen könnte, was es lehrt, dies dann verinnerlicht und es lebt, so wäre das Verdienst dieser Person noch viel größer. Alle Buddhas und all ihre Lehren über die Erleuchtung entspringen der Lehre dieses Sutra. Und dennoch gibt es keine Lehre, Subhuti.«

Buddha meint damit, dass du mit der Erkenntnis, dass es kein Selbst und keinen anderen gibt, ein unvergleichliches Geschenk bereitest. Das stellt die ultimative Großzügigkeit dar, sowohl anderen als auch dir selbst gegenüber (keiner von beiden existiert). Jegliches Buddha-Bewusstsein – also jeder Verstand, der die Realität so sieht, wie sie wirklich ist – entsteht aus dieser Erkenntnis.

Es gibt keinen Abstand zum Verstand. Es ist alles eine eingebildete Reise. Der Verstand, als die Quelle, bewegt sich nicht. Er »kommt« nicht zu sich selbst »zurück«, denn er geht niemals weg. Himmel und Erde kamen gemeinsam mit mir auf die Welt, und das Einzige, das dabei geboren wurde, war das

»Ich«. Die gesamte Welt geht aus diesem nicht hinterfragten »Ich« hervor. Damit entstehen auch die Welt der Namen und die Tricks des Verstandes, die auf diese Namen zutreffen. Aus dieser Geschichte stammen tausend – zehntausend – Leidensformen. »Ich bin dies«, »Ich bin jenes«, »Ich bin menschlich«, »Ich bin eine Frau«, »Ich bin eine Frau mit drei Kindern, deren Mutter sie nicht liebt.«

Du bist, wer du zu sein glaubst. Andere Leute sind für dich, was du über sie glaubst; sie können nicht mehr als das sein. Wenn du erkennen würdest, dass der Verstand eins ist, dass jeder und alles deine Projektion ist (auch du), dann würdest du verstehen, dass du dich immer nur mit dir selbst befasst. Du liebtest dich schließlich selbst und alle deine Gedanken. Wenn du jeden Gedanken liebst, liebst du alles, was Gedanken erschaffen; du liebst die ganze von dir geschaffene Welt. Am Anfang scheint die in dir überströmende Liebe mit der Verbindung zu anderen Menschen zu tun zu haben. Es ist wunderbar, wenn man sich mit jedem Menschen, dem man begegnet, innig verbunden fühlt. Dabei entwickelt sich eine Verbindung des Verstandes zu sich selbst – und nur darum geht es. Die höchste Form von Liebe ist die Liebe des Verstandes zu sich selbst. Der Verstand vereinigt sich mit dem Verstand – dem gesamten Verstand, ohne Aufteilung oder Trennung, er liebt alles. Letztlich bin ich alles, was ich wissen kann, und ich habe gelernt, dass es so etwas wie ein »Ich« nicht gibt.

Auf diese Weise entdeckst du, dass auch der Verstand eine Einbildung ist. Die Untersuchung macht dich dafür wach. Wenn Menschen die scheinbare Vergangenheit untersuchen, verlieren sie ihre Zukunft. Der jetzige Augenblick ist der Moment, in dem wir geboren werden. Wir sind die Ungeborenen. Wir werden jetzt geboren ... jetzt ... jetzt ... Keine

Geschichte kann der Untersuchung standhalten. Das »Ich« wird von »mir« eingebildet. Schon durch einen flüchtigen Einblick nimmst du dich selbst nicht mehr so ernst. Du lernst, dich als ein Niemand zu lieben. Die Liebesaffäre des Verstandes mit sich selbst ist ein großartiger Tanz, der einzige Tanz.

Wenn du erkennst, dass es kein Selbst gibt, dann erkennst du ebenfalls, dass es keinen Tod gibt. Das Schöne ist, der Tod ist nur der Tod der Identität, weil jede vom Verstand konstruierte Identität mit der Untersuchung verschwindet, und du dabei ohne Identität und daher ungeboren daraus hervorgehst. Das »Ich« der Vergangenheit und der Zukunft existieren beide nicht im Jetzt. Was bleibt, ist eingebildet. Wenn der Verstand stillsteht, gibt es keinen Verstand, der weiß, dass es keinen Verstand gibt. Perfekt! Der Tod hat einen furchtbaren Ruf. Das ist jedoch nur ein Gerücht.

Die Wahrheit ist, dass »nichts« und »etwas« gleichartig sind. Sie verkörpern lediglich unterschiedliche Aspekte der Realität. *Etwas* ist ein Ausdruck für das, was ist. *Nichts* ist ein Ausdruck für das, was ist. Das Bewusstsein zieht nicht das eine dem anderen vor. Das Bewusstsein würde auch keines der beiden verleugnen. Es würde weder die Nadel einer Kiefer noch den Atem verleugnen. Ich bin alles davon. Das ist absolute Selbstliebe, und sie schließt alles mit ein. Sie liegt allem zu Füßen. Sie liegt dem Sünder zu Füßen, dem Heiligen, dem Hund, der Katze, der Ameise, dem Wassertropfen, dem Sandkorn.

Buddha sagt, das Verdienst der Person, die diese zentrale Lehre des Diamant-Sutra erkennt, sei sogar größer als das Verdienst des großzügigsten Philanthropen. Diese Erkenntnis sei das größte Geschenk überhaupt. Aber letztlich gibt es kein Verdienst. Letztlich führt niemand ein Protokoll. Wie kann man ein Verdienst erhalten, wenn man gar nicht als separates Wesen existiert? »Verdienst« ist nur ein Ausdruck dafür, dass du nichts Wertvolleres tun kannst, als zu erkennen, wer du bist.

Der Buddha-Verstand hält nichts zurück. Er gibt alles genauso frei her, wie er es empfangen hat. Er hortet nichts. Was in ihn hineinfließt, fließt ohne jeglichen Gedanken ans Haben oder Geben wieder aus ihm hinaus. Es gibt nichts, was nicht auch unmittelbar wieder hergegeben würde. Der Wert liegt dabei im Geben. Der Buddha-Verstand braucht es nicht. Er ist eine Steckdose; er lebt in konstantem Fluss. Welche Weisheit Buddha auch immer haben mag, er kann sie nicht für sich beanspruchen. Sie gehört jedem. Sie wird ihm ganz einfach von innen heraus bewusst und genau im selben Maße weitergereicht. Je wertvoller sie ist, desto freier wird sie gegeben.

Ich kann dir nichts geben, was du nicht schon hast. Mit der Selbstuntersuchung erhältst du Zugang zu der Weisheit, die bereits in dir existiert. Sie gibt dir die Gelegenheit, die Wahrheit für dich selbst zu erkennen. Die Wahrheit kommt oder geht nicht. Sie ist immer hier – immer zugänglich für den aufgeschlossenen Verstand. Wenn ich dir etwas beibringen kann, dann, dass du die stressigen Gedanken, die du glaubst, identifizierst, sie hinterfragst und in die Stille gehst, damit du deine Antworten hören kannst. Stress ist das Geschenk, das dich vor deiner Schläfrigkeit warnt. Gefühle wie Wut oder Traurigkeit gibt es nur, um dich vor dem Umstand zu warnen, dass du deine eigenen Geschichten glaubst. The Work ermöglicht dir Zugang zur Weisheit und führt dich zu den Antworten, die dein wahres Wesen in dir wecken. Dabei erkennst du die Ursache allen Leidens und wie es sich beenden lässt. Sie führt dich an den Anfang der Dinge zurück. Wer wärest du ohne deine Identität?

Wir werden als eine Geschichte geboren. Die Geschichte bleibt da draußen und lebt ihr Leben – für immer. Für mich dauerte »immer« dreiundvierzig Jahre, und das umfasste jegliche, bereits gelebte Lebenszeit – den gesamten Raum und die gesamte Zeit. Ich dachte, ich säße dort in hoffnungsloser Qual fest, ohne einen Ausweg. Dann führten mich die vier Fragen zur Erzählerin der Geschichte zurück. Die Erkenntnis, dass niemand die Geschichte erzählte, brachte mich zum Lachen. Es stellte sich heraus, dass ich die ganze Zeit frei gewesen war – von Anfang an.

***

In diesem Sutra spricht Buddha über Großzügigkeit, aber er spricht nicht über Liebe. Warum, meinst du, ist das so?

Bei der Liebe denkt man gewöhnlich an eine Emotion, aber sie beinhaltet viel mehr als das. Egos können nicht lieben, denn Egos sind nicht real und können nichts Reales erschaffen. Buddha befindet sich jenseits jeglicher Identität, und das betrachte ich als reine Liebe.

Wenn ich mich auf Liebe beziehe, dann deute ich damit hauptsächlich auf den nicht identifizierten, erwachten Verstand hin. Wenn du dich mit diesem oder jenem, mit ihm oder ihr, mit irgendeinem physischen Selbst, mit einem Körper oder mit einer Persönlichkeit identifizierst, verharrst du im begrenzten Ego-Bereich. Wenn deine Gedanken der Liebe entgegenstehen, empfindest du Stress, und dieser Stress zeigt dir, dass du dich von deinem Fundament – dem, was du bist – entfernt hast. Gefühle der Ausgeglichenheit und Freude zeigen dir, dass deine Denkweise mit deiner wahren Identität in Einklang steht, und die befindet sich jenseits der Identität. Das nenne ich »Liebe«.

Welcher Zusammenhang besteht zwischen Liebe und Projektion?

Wenn ich jemanden verurteile, sehe ich meinen eigenen verzerrten Verstand, der dem scheinbar anderen übergestülpt ist. Ich kann denjenigen, mit dem ich zusammen bin, nicht lieben, solange ich ihn (oder sie) nicht klar erkenne, und ich kann ihn nicht klar erkennen, solange ich den Wunsch habe, ihn zu ändern. Wenn der Verstand von Verwirrung beherrscht ist, und im Widerspruch zur Realität steht, erkenne ich nur meine eigene Verwirrung. »Liebe deinen Nächsten wie dich selbst« ist kein Befehl, der von außen kommt – es ist eine Feststellung. Wenn du deinen Nächsten liebst, liebst du dich selbst. Wenn du dich selbst liebst, kannst du gar nicht anders, als deinen Nächsten zu lieben. Das kommt daher, dass du dein Nächster *bist*. Er ist nicht der »andere«, als der er erschien. Er ist eine reine Projektion des Verstandes.

Ich verstehe, wie schmerzvoll ein nicht hinterfragter Verstand ist. Ich verstehe auch, dass Liebe die Macht ist. Die Liebe ist der Ursprung des Verstandes, und er kehrt letztlich zu seiner Quelle zurück. Die Liebe ist der Peilsender des Verstandes und kommt erst zur Ruhe, wenn der Verstand zurück ist.

Du sagst, dass es keinen Tod gibt. Aber Körper sterben, oder nicht? Ist der Verstand denn nicht vom Gehirn abhängig? Woher weißt du, dass es überhaupt noch einen Verstand gibt, wenn das Gehirn tot ist?

Es wird nichts geboren, es werden nur Gedanken geglaubt, und nichts stirbt – außer vergegenwärtigten Gedanken. Und eines Tages wird dir klar, dass der Gedanke von vornherein nie geboren wurde. Ich betrachte niemanden als lebend, da alle Wesen in mir sind und auch nur so sind, wie »ich« sie sehe.

Wenn du denkst, Körper sterben, so sterben sie – in deiner Welt. In meiner Welt können Körper nur im Verstand geboren werden, sonst nirgends. Wie kann etwas sterben, das niemals geboren wurde? Das ist nicht möglich, außer in der Vorstellung eines hypnotisierten Unschuldigen, der [etwas] glaubt.

Du sagst »nichts« und »etwas« seien gleichgestellt. Bedeutet das nicht, dass nichts von Bedeutung ist? Ist es nicht deprimierend, wenn nichts von Bedeutung ist?

Jedes »Etwas« ist nichts, weil alles Einbildung ist, und »nichts« ist gleichbedeutend mit »etwas«. Ist irgendetwas von Bedeutung? Ja, für das Ego. Die Dinge werden jedoch nicht real, nur weil das Ego sie glaubt.

Wenn du feststellst, dass du niemand bist, *freust* du dich *riesig* darüber, dass nichts von Bedeutung ist. Darin liegt so viel Freiheit! Das Blatt ist in jedem Augenblick aufs Neue wieder unbeschrieben. Das bedeutet, jeder neue Augenblick ist ein neuer Anfang, in dem alles möglich ist. Außerdem erkennst du, dass die Umkehrung für die Aussage gleichermaßen wahr ist: Alles hat eine Bedeutung. Das ist ebenso faszinierend wie das Gegenteil.

Du befasst dich immer nur mit dir selbst.

9 Liebe kehrt um ihrer selbst willen zurück

Buddha fragte: »Sag mir eines, Subhuti. Denken Meditie-rende, welche die Stufe der ›in den Strom Eingetretenen‹[2] erreicht haben: ›Ich habe die Stufe der ›in den Strom Ein-getretenen‹ erreicht‹?«

Subhuti antwortete: »Nein, Herr, und das hat folgenden Grund: Diese Menschen erkennen, dass es niemanden gibt, der in eine Form, in einen Klang, in einen Geruch, in einen Geschmack, in eine Berührung oder in irgendwelche im Verstand aufkommenden Gedanken eintreten kann. Daher werden sie als die ›in den Strom Eingetretenen‹ bezeichnet.

»Sag mir, Subhuti: Denken Meditierende, die die Stufe der ›noch einmal Wiederkehrenden‹[3] erreicht haben: ›Ich habe die Stufe der ›noch einmal Wiederkehrenden‹ erreicht‹?«

»Nein, Herr, und das hat folgenden Grund: Obwohl die Bezeichnung ›noch einmal Wiederkehrender‹ bedeutet, dass jemand geht und noch einmal zurückkommt, erken-nen sie, dass es in Wirklichkeit kein Kommen und kein Gehen gibt. Daher werden sie die ›noch einmal Wieder-kehrenden‹ genannt.«

»Und gleichermaßen, Subhuti: Sagen Meditierende, die die Stufe der ›Nichtwiederkehrer‹[4] erreicht haben: ›Ich habe die Stufe der ›Nichtwiederkehrer‹ erreicht‹?«

---

2 Menschen, die begonnen haben, Buddhas edlen achtfachen Pfad zu beschreiten
3 Menschen, die teilweise erleuchtet sind und nur noch ein weiteres Mal in die menschliche Welt wiedergeboren werden
4 Menschen, die in einer der himmlischen Welten wiedergeboren wer-den und von dort das Nirwana erreichen

»Nein, Herr, und das hat folgenden Grund: Obwohl die Bezeichnung ›Nichtwiederkehrer‹ jemand, der nie wieder in die Welt des Leidens zurückkehrt‹, bedeutet, erkennen sie, dass es in Wirklichkeit so etwas wie eine Rückkehr nicht gibt. Aus diesem Grund werden sie ›Nichtwiederkehrer‹ genannt.«

»Noch etwas, Subhuti: Denken Meditierende, die die Stufe der ›Arhats‹[5] erreicht haben: ›Ich habe die Stufe der Arhats erreicht‹?«

»Nein, Herr, und das hat folgenden Grund: So etwas wie einen Arhat gibt es in Wirklichkeit nicht. Wenn ein Arhat den Gedanken ›Ich habe die Stufe der Arhats erreicht‹ aufkommen ließe, würde das bedeuten, dass er sich an die Vorstellungen über das ›Selbst‹ und »andere« gebunden hat.

»Herr, du sagtest, dass von all deinen Studenten ich der tüchtigste bei der Meditation sei, dass ich im Frieden wohne und dass ich der Arhat sei, der am freiesten vom Verlangen sei.

Und dennoch denke ich niemals, ich sei ein Arhat oder jemand, der frei von Verlangen ist. Wenn ich den Gedanken ›Ich habe die Stufe der Arhats erreicht‹ glauben sollte, dann hättest du nicht über mich gesagt, dass ich im Frieden wohne, da man in Wirklichkeit nirgendwo wohnen kann. Deshalb sagst du, ich wohne im Frieden.«

In diesem Kapitel erwähnt Buddha verschiedene Stufen der Erleuchtung mit ausgefallenen Bezeichnungen, wie »in den Strom Eingetretene« für sich im Bewusstsein übende Menschen und »noch einmal Wiederkehrende« für Menschen,

---

5 Menschen, die das Nirwana erreicht haben und nicht wiedergeboren werden

die nur noch einmal wiedergeboren werden und so weiter. Aber ohne Vorstellung von einem Selbst fallen diese Stufen weg. Mehr erleuchtet, weniger erleuchtet, viele Wiedergeburten, keine Wiedergeburt, Kommen, Gehen … all das sind nur Vorstellungen. Durch den Versuch, den Fortschritt deines spirituellen Wegs zu überprüfen – wenn du denkst, du hättest irgendeine Ahnung davon, wie weit du bist – möchtest du dir möglicherweise Ärger ersparen. Doch es gibt nichts zu erreichen, denn du bist bereits, was du werden willst. Alles Getrennte verschwindet im Lichte des Bewusstseins.

Beim Erkennen der Wahrheit erkennst du gleichzeitig, dass sie keine Errungenschaft ist. Du hast nichts getan – die Errungenschaft ist einfach die Freude, durch ebendies empfangen zu werden, was du bereits bist. Das ist der Verstand, der dem Verstand begegnet – widerstandslos. Völlig unpersönlich. Die Wahrheit befreit uns von jeglicher Bindung an Vorstellungen vom »Selbst« und von »anderen«. Es gibt keine Menschen. Es gibt keinen Verstand. Alles ist ein Traum. Solange der Verstand noch glaubt, er existiere als Verstand, löscht die Praxis der Untersuchung alles. Die vorgestellte Welt gerät als Erstes ins Wanken, dann folgt der Verstand, und anschließend wird jegliche Spur davon, dass selbst der Verstand jemals existiert hat, gelöscht. Das ist meine Welt. Wenn sie zu Ende ist, ist sie zu Ende.

Das Einzige, was du über Erleuchtung zu wissen brauchst, ist, ob der Glaube eines bestimmten Gedankens Stress auslöst oder nicht. Tut der Gedanke weh oder nicht? Wenn nicht: gut. Genieße ihn. Wenn er wehtut, wenn er Traurigkeit, Ärger oder irgendein Unbehagen auslöst, hinterfrage ihn und erleuchte dich in Bezug auf diesen Gedanken. Das Leiden ist dir freigestellt und muss nicht Jahre dauern. Es kann auf Monate,

Wochen, Tage, Minuten, Sekunden reduziert werden. Wenn irgendwann frühere schmerzliche Gedanken erneut auftauchen, kannst du ganz locker mit ihnen umgehen. Du bist in der Tat erhellt. Wenn du die Straße entlanggehst, strahlst du wie eine Tausend-Watt-Glühbirne, und der Gedanke: »Ich brauche von meiner Mutter, dass sie mich liebt« bringt dich nur noch zum Lachen, da du diesem Gedanken gegenüber erleuchtet bist – und gegenüber dem nächsten und dem übernächsten auch.

Durch die Untersuchung verschaffst du dir Klarheit. Damit erkennst du, dass es dich bereits vor irgendwelchen Gedanken über das »Ich« gab. Die Rückkehr in die Realität ist so schön. Ich würde alles tun, damit das so bleibt. Es ist ein Privileg, die Augen zu öffnen und mich im Spiegel zu sehen. Es gibt allerdings keinen dauerhaften Zustand der Klarheit, da Klarheit keine Zukunft besitzt. Wir erwachen nicht ein für alle Mal, wir erwachen nur im Jetzt. Kannst du deine Gedanken hinterfragen und im jetzigen Moment glücklich sein? Menschen haben so wunderbare Erlebnisse mit geistigen Öffnungen, doch dabei bleibt es nicht. Denn mit dem Gedanken: »Ich möchte, dass das für immer so bleibt«, sind sie in eine Zukunft abgedriftet und haben die Realität verloren. *Das* ist es, genau jetzt. So einfach ist das. Nur das existiert.

Wie reagierst du, wenn du den Gedanken »Ich möchte erleuchtet sein« glaubst? Du bist gestresst. Du sitzt in deiner eingebildeten Nicht-Erleuchtung fest. Die Untersuchung bringt dies zweifellos zutage. Und wer wärest du ohne den Gedanken? Frei von alledem. Ich war mit der Gnade gesegnet, nicht zu wissen, dass es so etwas wie eine Erleuchtung überhaupt *gibt* (und es gibt sie nicht).

Aber die Sehnsucht nach der Freiheit, die Sehnsucht, die

diesen Wunsch, sie zu erreichen, erzeugen kann, ist echt. Als ich so verwirrt war, pflegte ich im Bett zu liegen und zu jammern: »Ich möchte nach Hause!« Ich glaubte, körperlich sterben zu wollen. Ich glaubte nicht an einen Himmel oder an eine Hölle. Ich wollte einfach frei sein von dem, was ich als unerträgliches Leid betrachtete, und in meiner Unschuld lag ich sogar richtig. Ich musste zunächst sterben, jedoch nicht körperlich.

Jeder sehnt sich nach dem Wahrhaftigen. Es ist immer hier. Es ist der wahre Lehrer. Du kannst es durch nichts auslöschen. Es ist der Zuhörer – dasjenige ohne Geschichte. Ich nenne es Liebe, und auch wenn wir x-beliebige Geschichten darüber haben, dass es nicht existiert – es existiert trotzdem. Wenn du dich dagegen stellst, schaffst du das einzige Leiden, das du erfahren kannst. Es reinigt und läutert sich immer selbst. Es verschont nichts und alle, die bereits auf den Geschmack gekommen sind, würden freudig durchs Feuer gehen und sich niederbrennen lassen, nur um seine Reinheit zu bewahren. Es gibt keine Alternative. Wenn die Axt niedersaust, ist der letzte Gedanke, bevor sie dir den Kopf abhackt: »Gnade« und »Ah, ich danke dir – auch dafür!«

Bis ich dreiundvierzig war, hatte ich noch nie reines Bewusstsein erlebt. Dann gab es diesen einen Moment und er genügte, denn seit diesem Moment lebt die Untersuchung in meinem Innern. Das Infragestellen war in mir erwacht. Der Kreislauf war perfekt: Ins Außen gehen und in den Frieden zurückkehren, statt einem ständigen Ins-Außen-Gehen ohne eine Rückkehr, ohne die Möglichkeit, die nie stattgefundene Reise zu vollenden.

Du musst alles verlieren. Alles augenscheinlich Äußerliche stirbt – alles. Du kannst nichts haben. Du kannst nicht haben, was du liebst. Du kannst keinen Ehemann haben – ein Ehemann ist nicht materiell. Du kannst keine Kinder haben – Kinder sind nicht materiell. Du kannst keine Vorstellung haben. Die Menschen denken, Nicht-Bindung bedeute ein Losmachen von geliebten Menschen oder Dingen. Es ist jedoch viel mehr als das. Ich habe keinen Bezug zum Loslösen von Dingen, da sich für mich alles im Innern abspielt. Ich habe aber gelernt, die Sprache [der Leute] zu verstehen. So verbindet die Liebe.

Es existiert nur das eingebildete Selbst. Wenn du diese Reise wirklich antreten möchtest, kannst du es »weg-fragen«. Es ist unbedenklich, Fragen zu stellen, das kann ich dir versichern. Wenn du hinterfragst, was du zu sein glaubst, bleibt dir kein Selbst. Es bleibt etwas viel Wertvolleres von dir zurück: das unveränderliche Wesen, aus dem der Traum herausströmt. Wenn das Leben also ein Traum ist, lasst uns dem Albtraum gegenübertreten. Hinterfragt, was ihr glaubt, und nehmt wahr, was übrig bleibt. Wenn du nicht wirklich erkennst, dass du nicht bist, wer du zu sein glaubst, bist du nicht frei dafür, mehr zu sein. Aus diesem Grund schmerzt ein begrenzter Verstand so sehr. Der Verstand versucht immer aus seinem Gefängnis – seiner Identität als Körper – auszubrechen. Wenn du sein Wesen erkennst, erkennst du, dass der Verstand alles ist – er ist das Wesen von allem und du erkennst auch, dass jeglicher augenscheinliche Mangel nur ein Hirngespinst ist.

Wie ist es, ohne ein Selbst zu leben? Es geschieht nichts – nicht mal das Leben. Alles, was du siehst, hörst, berührst, riechst, schmeckst und denkst, ist bereits vor dem Beginn dieses Vorgangs vorbei. Mein Fuß hat sich gerade bewegt, und in der Beobachtung sah ich bereits die Vergangenheit. Er schien sich jetzt zu bewegen. Das Jetzt war jedoch bereits während der Beobachtung vorbei. Darin liegen die Macht und die Güte des erkennenden Verstandes. Auch der Tee ist weg, bevor ich ihn hinunterschlucke, und ich kann nichts dagegen tun. Ich sehe das Plakat an der Wand mit meinem geliebten Stephen auf dem Cover von *Gilgamesch* neben einer goldenen Maske. Meine Augen verharren auf dem Poster. Das Staunen bleibt. Es hat den Anschein zu existieren, und dennoch ist es eine Illusion, sosehr ich es auch liebe. Wo kein Gedanke, da keine Welt. Wenn man die Gedanken nicht glaubt, existiert keine Zeit, kein Raum, keine Realität. Mein Leben ist vorbei, und ich verstehe, dass es niemals begonnen hat.

Ich bin meine einzige Welt. Ich bin die Einzige hier. Die Welt ist meine Projektion, meine lebende Vorstellung: Blick, Klang, Geruch, Gefühl, Menschen, Hunde, Katzen, Bäume, Himmel. Ich liebe die Welt – sowohl wenn sie zu leben als auch wenn sie zu sterben scheint. Der überprüfte Verstand liebt die Grenzenlosigkeit. Es gibt ein Gesetz auf dieser Welt: Wenn du denkst, das Leben sei so schön, dass es besser nicht geht, dann muss es besser werden. Du bist bereit, das zu erleben, was das Leben dir bringt. Du freust dich darauf, es zu erleben. Das schöne, schöne, missverstandene, wohlwollende Leben. Jeder, der die Traumwelt nicht liebt, hat nicht verstanden, dass das Leben im Verstand stattfindet und dass außerhalb von ihm nichts ist. Wenn er glaubt, was er denkt, ist er verloren. Seine Aufgabe ist zu glauben, was er denkt, bis er sich eines Tages schließlich selbst befreit.

***

Du sprichst von der Sehnsucht nach Freiheit. Bringt es etwas, wenn die Menschen hoffen, dass sie irgendwann frei sein werden?

Ich ziehe immer das vor, was ist. Das funktioniert viel schneller als Hoffnung. Wenn du gelernt hast, deine Gedanken zu lieben, wird die Hoffnung irgendwann durch die Realität ersetzt, und als Konsequenz dessen liebst du die Welt, in der du augenscheinlich lebst. Da ich meine Gedanken verstehe, braucht das, was ich als Welt betrachte, überhaupt keine Hoffnung. Hoffnung stellt sich als unnötig und obsolet heraus. »Es wird mir besser gehen, wenn ich The Work mache« – wenn das dein Motiv ist, kannst du die Hoffnung zulassen, denn es ist wahr, dass es dir besser geht, wenn du The Work machst und du dabei dein liebliches, wunderbares Selbst einholst und entdeckst, dass du und die Welt abgesehen von dem, was du geglaubt hast, immer perfekt waren, und du unschuldig warst, ohne dir dessen bewusst zu sein.

Hoffnung ist die Geschichte einer Zukunft. Ich habe in meinem Leben dafür keinen Platz. Ich brauche keine Hoffnung, doch ich würde auch nicht zögern zu hoffen, wenn ich es müsste, da Menschen mit Zukunft genau so lange zu hoffen haben, wie sie es tun. Der reife Verstand ist ein friedlicher Verstand – ein Verstand, der die Realität liebt. Die Realität ist so schön, sie benötigt keinen Plan.

Für Menschen, die noch nicht gelernt haben, ihre belastenden Gedanken zu hinterfragen, kann der Begriff Hoffnung jedoch von Nutzen sein. Sie meinen, sie werden von ihr getragen. Hoffnung ist besser als die einzige für sie sichtbare Alternative, nämlich Verzweiflung. Wenn sie dann irgendwann lernen, ihre Gedanken zu hinterfragen, erkennen sie nach und nach, dass es keine Zukunft *gibt* und die Hoffnung genauso sinnlos ist wie die Angst.

Was bedeutet Nicht-Bindung?

Es bedeutet, nichts von dem zu glauben, was du denkst. Bindung bedeutet, einen nicht hinterfragten Gedanken zu glauben. Wenn wir ihn nicht hinterfragen, gehen wir davon aus, dass er wahr ist. Dabei können wir das gar nicht wissen. Der Zweck der Bindung ist es, uns von der Erkenntnis, dass wir bereits vollkommen sind, abzuhalten. Wir binden uns nicht an Dinge, wir binden uns an unsere *Geschichten* über die Dinge.

Du versicherst den Menschen, dass das Hinterfragen unbedenklich ist. Du sagst aber auch, dass es notwendig ist, alles zu verlieren. Ist das für die meisten Menschen nicht bedrohlich?

Ich kann verstehen, inwiefern es bedrohlich sein könnte. Doch bist du wirklich in Sicherheit, wenn du dich mit einem Körper identifizierst? Ist es für dich als Körper denn nicht gewiss, dass all die Menschen, die du liebst, dich irgendwann verlassen oder sterben werden, dass du älter wirst, krank oder auf jede erdenkliche Art und Weise verletzt, und dass du schließlich selbst stirbst? Ist dieses »Du« in Sicherheit? Aus dem Grund gewinnt man alles, wenn man seine falsche Identität verliert. In einer Welt ohne ein »Selbst« und ohne den »anderen« gibt es kein Leiden, keinen Verfall, keinen Tod, keine Falschheit. Es ist eine Welt von reiner Schönheit. Sie ist bereits dein, und sie wartet nur darauf, erkannt zu werden.

Wie kann sich der Verstand jemals befreien, wenn er so angelegt ist, dass er glaubt, was er denkt?

Das ist leicht. Du identifizierst irgendeinen Gedanken, der dir Stress bereitet, schreibst ihn auf, stellst ihn infrage und wartest in Stille auf die Antworten, die auftauchen. Der Buddha-Verstand wird dich erleuchten.

Es gibt ein Gesetz auf dieser Welt: Wenn du denkst, das Leben sei so schön, dass es besser nicht geht, dann muss es besser werden.

10 Die Untersuchung leben

Buddha sagte:»Sag mir, Subhuti. Bin ich zu irgendeiner Wahrheit gelangt, als ich unter Buddha Dipankara[6] vor Äonen von Jahren studiert habe?«

Subhuti sagte:»Herr, du bist zu nichts gelangt, als du unter Buddha Dipankara studiert hast.«

»Erlaube mir, dir eine weitere Frage zu stellen: Erschafft Buddha eine schöne Welt?«

»Nein, Herr, das macht er nicht, und zwar aus folgendem Grund: Eine schöne Welt ist nicht schön. Sie wird nur schön genannt.«

»Das stimmt, Subhuti. Was jetzt kommt, ist wesentlich: Alle Bodhisattvas sollten einen reinen, leuchtenden Verstand entwickeln, der von keinem Anblick, keinem Klang, keiner Berührung, keinem Geschmack, keinem Geruch und von keinem in ihm aufkommenden Gedanken abhängt. Ein Bodhisattva sollte einen Verstand entwickeln, der nirgendwo verweilt.«

Das ist eines der Kapitel im Diamant-Sutra mit dem stärksten Tiefgang. Es legt das Wesentliche unfehlbar und mit klaren Worten dar. Stephen hat mir die Geschichte von Hui-neng erzählt, dessen Verstand sich öffnete, als er den letzten Satz dieses Kapitels las. Er erkannte unmittelbar die Essenz von allem. Das hat mich nicht überrascht. Wenn du auf der Suche nach einem sehr klaren und einfachen Rat für ein Leben in

---

6 Ein legendärer Buddha, der vor einhunderttausend Jahren gelebt haben soll.

Frieden bist, wäre folgender Ausspruch sehr hilfreich: »Entwickle einen Verstand, der nirgendwo verweilt.«

Buddha erzählt von einem Studium bei einem sehr alten Buddha in einem früheren Leben. Zu jener Zeit in einer fernen Vergangenheit, sagt er, sei er zu nichts gelangt, als er zur Erleuchtung gelangte. Er könnte dasselbe über sein gegenwärtiges Leben gesagt haben: »Als ich unter dem Bodhi-Baum sitzend zur Erleuchtung kam, erlangte ich nichts.« Ich weiß nicht, ob der Autor dieses Sutra wirklich an vergangene Leben glaubte. Vermutlich glaubte er nicht einmal an vergangene *Momente*. Vielleicht hat er von vergangenen Leben gesprochen, um zu veranschaulichen, dass einunddreißig Jahre zuvor, eine Milliarde Jahre zuvor und ein Augenblick zuvor gleichwertig und gleichermaßen unreal sind, da die Vergangenheit einfach ein Gedanke der Gegenwart ist – ebenso wie die Gegenwart selbst.

Buddha möchte damit sagen, dass selbst jemand, der sich voll und ganz der Praxis der Erleuchtung widmet und sich Millionen von Leben nur dem Bewusstsein hingibt, rein gar nichts erlangt. Du kannst nichts erlangen, das du nicht bereits hast. Es gibt nichts, was sogar das erleuchtetste Wesen des Universums hat, das du selbst nicht auch hättest – jetzt. Ist das nicht erstaunlich?!

Die Weisheit der letzten Milliarden von Äonen verändert sich nicht. Da Buddha die Untersuchung lebt, kann ihm nichts anhaften; es gibt keinen Gedanken, an den er sich binden könnte. Er prüft und erkennt sich dabei immer selbst. Die Menschen sagen, es gebe tibetische Lamas, die sich an ihre früheren Inkarnationen erinnern. Aber wie trägt eine derartige Geschichte zur Beendigung menschlichen Leidens bei? Ist das nicht nur eine weitere Identität – oder gar eine ganze Reihe von Identitäten? Was bringt mir das Wissen über ein früheres Leben als Kleopatra, Marie-Antoinette oder als Bettler in den Slums von Kalkutta? Es ist nur Futter für das Ego. Es ist egal, was du hinterfragst – ob du nun auf die gestrige Geschichte zurückgreifst oder auf die Geschichte darüber, wer du vor deiner Geburt warst. Es sind alles Geschichten, und keine der Geschichten ist tiefgründiger als die andere. Stell dir vor, du bist ein Hellseher und hast die Vision von einer Kiste, die neben einem Baum in einem von dir noch nie zuvor besuchten Land vergraben ist. Jemand findet den Baum, man gräbt und siehe da, man findet dort die Kiste! Du kannst nun berühmt werden und jedem alles darüber in der »Tonight Show« erzählen. Aber was beweist das? Ärgerst du dich immer noch, wenn du, nachdem all das vorbei ist, einen Strafzettel an deiner Windschutzscheibe vorfindest?

Bleiben wir im Hier und Jetzt und untersuchen, wie der Verstand funktioniert. Was du in der Welt siehst, ist eine Spiegelung deiner Sichtweise. Wenn deine Welt hässlich oder unfair ist, dann deshalb, weil du die sie so darstellenden Gedanken noch nicht überprüft hast. Wenn dein Verstand klarer und freundlicher wird, wird deine Welt klarer und freundlicher. Wenn dein Verstand schön wird, wird deine Welt schön. Dabei erschaffst du nicht bewusst eine schöne Welt, sondern alles, was du siehst, kann gar nicht anders als schön sein, da du dich nur selbst im Spiegel siehst. Da du gelernt hast, deine Urteile zu überprüfen, bindest du dich nicht an Kategorien wie »schön« und »hässlich«, denn du vergleichst das eine nicht mit dem anderen. Dein Verstand hat aufgehört, sich selbst auszutricksen.

Erst wenn du alles hinterfragst, was du zu wissen glaubst, erkennst du dein wahres Gesicht. Es gibt nichts Schöneres als das; es ist die Schönheit selbst, unbeschreiblich. Manchmal, wenn ich an einem Spiegel vorbeigehe und darin zufällig »mein« Gesicht sehe, kommt der Gedanke auf: »Was ist das für eine wunderschöne Frau!« Und dann erkenne ich, dass ich das bin – was die Leute als »mich« bezeichnen – und ich lächle. So geht es mir jedoch mit allen. Ich bin noch nie jemandem begegnet, der mir nicht schön erschien. Es spielt keine Rolle, ob ein Gesicht oder ein Körper dem entspricht, was die Leute als attraktiv bezeichnen. Hin und wieder zeigt Stephen mir, was für ihn eine besonders schöne Frau oder ein gutaussehender Mann ist. Ich habe dazu jedoch keinen Bezug. Manchmal setze ich mich auf den Gehsteig zu Obdachlosen. Das kann dann eine fettleibige, schmutzige Frau sein, die in sich hineinmurmelt: Sie ist für mich genauso schön wie ein kleines Kind. Ich streichle ihr über den Kopf und umarme sie, wenn sie es mir erlaubt.

Meiner Erfahrung nach ist alles gut und auf seine eigene Weise schön. Warum ich das weiß? Wenn ich etwas als weniger schön ansehen würde, würde sich das in mir nicht richtig anfühlen. Nur die Wahrheit befreit uns, und wenn ich den Gedanken, dass etwas weniger als schön ist, hinterfragte, würde die gesamte Welt genauso schön aussehen wie der Himmel. Ich habe erkannt, dass es nichts Inakzeptables gibt. Das ist für einige von uns sehr schwer zu begreifen, denn um dies zu verstehen, müssen wir unsere gesamte Welt verlieren. Wir haben Angst, die Welt der Gegensätze zu verlieren. Wir sind von ihr abhängig, denn nur so können wir unsere kostbare Identität als rechtmäßig Leidende aufrechterhalten. Einige von uns möchten lieber recht haben als frei sein.

Buddha sagt, jeder, der frei von Leiden sein wolle, solle einen reinen, leuchtenden Verstand entwickeln, der von keinem Anblick, keinem Klang, keiner Berührung, keinem Geschmack, keinem Geruch oder von keinem in ihm aufkommenden Gedanken abhänge. Meiner Erfahrung nach ist das absolut zutreffend und könnte klarer nicht ausgedrückt werden. Was du siehst, hörst, berührst, riechst, schmeckst, fühlst oder denkst, ist alles nicht so.

Der Verstand existiert bereits vor jeglicher Wahrnehmung. Er ist rein und leuchtend und ist vollkommen offen für alles: für das scheinbar Hässliche genauso wie für das scheinbar Schöne, für Zurückweisung genauso wie für die Akzeptanz, für das Desaster genauso wie für den Erfolg. Er weiß, er ist immer sicher. Er erlebt das Leben als einen ewig strömenden Fluss. Er legt nirgendwo an, weil das nicht notwendig ist; irgendwo anzulegen wäre zudem eine Limitierung. Er nimmt jeden Gedanken wahr, aber er glaubt keinen davon. Er erkennt, dass es niemals festen Boden unter seinen Füßen geben wird. Aus dieser Erkenntnis fließt die Freiheit. Er steht da, wo man nicht stehen kann; das ist ein Hochgenuss für ihn. Wenn du die Untersuchung lebst, enden alle deine Gedanken mit einem Fragezeichen und nicht mit einem Punkt. Das ist das Ende des Leidens.

**

Wie können wir »einen Verstand entwickeln, der nirgendwo verweilt«?

Der Verstand muss existieren, bevor er irgendetwas festhalten kann. Wenn man erkennt, dass der Verstand nicht existiert, erkennt man, dass er auch nirgendwo verweilen kann. Mir hat es genügt, in den Fragen zu bleiben.

Hält dein Verstand an irgendetwas fest?

Er würde, wenn er könnte.

Warum denken die Menschen, Erleuchtung bedeute, man habe etwas erlangt?

Ich weiß es nicht. Genau genommen bedeutet Erleuchtung, alles zu verlieren.

Was ist damit gemeint, einen reinen, leuchtenden Verstand zu entwickeln, der von keinem Anblick, keinem Klang, keiner Berührung, keinem Geschmack, keinem Geruch und von keinem anderen aufkommenden Gedanken abhängt?

Ein Anblick, Klänge und so weiter entstehen alle im Verstand. Der Verstand erschafft sie, aber davon werden sie nicht real. Wenn du verstehst, dass sie alle erträumt sind, dann verstehst du, dass der Träumer ebenfalls erträumt ist.

Wenn du die Untersuchung lebst, enden alle deine Gedanken mit einem Fragezeichen und nicht mit einem Punkt. Das ist das Ende des Leidens.

11 Kritik als Geschenk

Buddha sagte: »Subhuti, wenn jedes Sandkorn im Ganges ein eigener Ganges wäre, wäre die Anzahl der Sandkörner in all jenen Ganges-Flüssen dann unzählbar?«

Subhuti antwortete: »Ja, Herr. Wenn die Zahl der Ganges-Flüsse selbst unzählbar wäre, wären seine Sandkörner es umso mehr!«

»Nun sage mir Folgendes: Wenn ein guter Mann oder eine gute Frau so viele Welten wie die Sandkörner all jener Ganges-Flüsse mit Schätzen füllen und sie alle wohltätigen Zwecken spenden würde, wäre das Verdienst dieser Person nicht groß?«

»Es wäre unermesslich groß, Herr.«

Buddha sagte: »Ich versichere dir, Subhuti, wenn eine aufgeschlossene Person, die dieses Sutra hört, seine Lehre wahrhaftig erkennen, sie verinnerlichen und lieben könnte, so wäre das Verdienst dieser Person weit größer.«

Wenn du erkennst, dass es so etwas wie ein Selbst und einen anderen nicht gibt, erkennst du auch den Wert der Kritik. Da du jeder bist, kommt Kritik immer aus deinem Innersten. Du sprichst mit dir. Kritik ist das größtmögliche Geschenk, wenn du zur Selbsterkenntnis gelangen möchtest. Durch sie wird dir gezeigt, was bis jetzt noch nicht ersichtlich für dich war. Was gäbe es über mich zu sagen, das ich nicht bestätigen könnte? Wenn jemand behauptet, ich sei unfreundlich, würde ich in die Stille gehen, mich nach innen wenden und dies innerhalb von ungefähr drei Sekunden herausfinden – wenn nicht in der gegenwärtigen Situation, dann irgendwann in der scheinbaren Vergangenheit. Wenn irgendjemand behauptet, ich sei eine Lügnerin, wäre mein Gedanke: »Was denn sonst?!«, da es einfach ist, dem beizupflichten. Es wäre auch möglich zu fragen: »Was denkst du, wo habe ich gelogen? Ich möchte das wirklich wissen.« Es geht hier um Selbsterkenntnis und nicht ums Rechthaben. In mir ist alles zu finden, egal, als was man mich bezeichnet. Meine Aufgabe ist es, verbunden zu bleiben. Das Einzige, was mir wehtut, ist, wenn ich mich verteidige oder verleugne. »Oh nein, du meinst sicher nicht *mich* – *das* bin ich nicht!« Ja, doch, das bin ich. Ich bin auch das. Ich bin all das, was du dir vorstellen kannst. Greif mich ruhig weiter an. Zeig mir, was ich noch nicht erkannt habe.

Wenn der Verstand sich immer wieder untersucht, lernt er als sein eigener Schüler, dass alles *für* ihn geschieht. Alles trägt etwas bei, erleuchtet ihn, nährt ihn, offenbart etwas. Nichts ist oder war jemals gegen ihn. Dies ist ein Verstand, der über die Gegensätze hinausgewachsen ist. Er ist nicht mehr gespalten. Er öffnet sich immer mehr, da er aus einer furchtlosen Nicht-Verteidigung heraus lebt und sehr wissbegierig ist. Er erkennt, dass er alles ist, daher lernt er, nichts auszuschließen und alles willkommen zu heißen. Es gibt nichts Sanfteres als Aufgeschlossenheit. Da ich mich nichts entgegenstelle, ist es nicht möglich, dass jemand sich mir entgegenstellt. Die Menschen können sich nur ihrem eigenen Denken entgegenstellen. Wenn es nirgends Ablehnung gibt, hört sich der chaotische Verstand selbst. Er nimmt wahr, dass der einzige Widerstand, den es gibt, sein eigener ist.

Es gibt nichts, das man über mich sagen könnte, was nicht in irgendeiner Weise wahr wäre. Obwohl ich als dieser Körper erscheine – die perfekte Größe, das perfekte Gewicht, das perfekte Alter –, haben manche Menschen vielleicht einen anderen Eindruck. Vor einigen Jahren schlug mir ein Produzent eine Serienproduktion für das Fernsehen mit dem Namen »Die Byron-Katie-Show« vor, in der ich The Work jede Woche mit unterschiedlichen Leuten machen sollte. Ich war begeistert. Ich wusste, es würde bedeuten, dass ich sehr viel Zeit in einem Studio in Los Angeles würde verbringen müssen, aber ich dachte, dies wäre eine wunderbare Möglichkeit, die Selbst-Untersuchung hinaus in die Welt zu tragen. Also drehten wir ein paar Probevideos, und er nahm sie mit zum Vorstand des Senders. Eine Woche später kam er mit enttäuschtem Gesicht zurück. Sein Chef habe gesagt, ich sei zu alt und zu dick fürs Fernsehen. Ich war begeistert. Ich dachte: »Er könnte recht haben. Der Mann arbeitet professionell. Außerdem spart mir das eine Menge Zeit. Welch ein Segen!«

Selbst wenn mich jemand als Mörderin bezeichnete, könnte ich eine Wahrheit darin erkennen. Ich kann mich an eine Zeit in meinem Leben erinnern, in der ich so verwirrt war, dass ich mir wünschte, eine Person solle tot umfallen. Ich habe Mäuse getötet und das Leben von Hunderten von Ameisen ausgelöscht, wenn sie in mein Haus eingedrungen sind. Ich könnte noch mehr aufzählen. Wenn man mich einsperren würde für den Mord an jemandem, den ich nicht umgebracht habe, würde ich ins Gefängnis oder sogar in den Tod gehen in dem Wissen, dass ich endlich geschnappt worden bin – im falschen Körper, aber für die richtige Tat. Nicht dass ich mir nicht den besten für mich bezahlbaren Verteidiger nehmen würde, aber wenn man mich schuldig spräche, so wäre ich damit im Frieden. Wenn ich dann wegen einer von mir nicht begangenen Tat im Gefängnis säße, würde ich überprüfen, wo ich immer noch mit der Realität im Widerspruch läge – falls überhaupt. Empfände ich etwas anderes als Dankbarkeit, hätte ich die

Gelegenheit, die Gedanken, die mir Unbehagen bereiten, zu hinterfragen. Das Schlimmste, was passieren kann, ist zum Schluss immer das Beste, was passieren kann.

***

Worin liegt die Verbindung zwischen Glück und der Erkenntnis, dass es kein Selbst und keinen anderen gibt? Warum ist das ein freudiges Erlebnis?

Die Erkenntnis, dass alles, was nicht ist, nicht ist, ist eine Freude. Es ist eine Freude zu erkennen, dass nichts real ist – ausnahmslos. Damit bleibt dir ein Verstand, der in seinem wahren Wesen erwacht ist, ein Verstand, der in sich wohnt, der *in* sich selbst lebt. Das ist eine erstaunliche Gnade!

Könntest du mehr über Glück sagen?

Ich verwende das Wort, wenn ich einen natürlichen Zustand des Friedens und der Klarheit meine. Es ist ein Zustand, der frei von Traurigkeit, Wut, Angst und anderen stressigen Gefühlen ist. Glück ist das, was bleibt, wenn wir unserem Verstand mit Verständnis begegnen. Genau das hält The Work für uns bereit.

Der einzige Ort, an dem wir glücklich sein können, ist genau hier, genau jetzt – nicht morgen, nicht in zehn Minuten. Glück kann nicht *errungen* werden. Es ist nicht durch Geld, Sex, Ruhm, Anerkennung oder durch irgendetwas von außen zu bekommen. Glück ist nur in uns zu finden: unveränderlich, unerschütterlich, allgegenwärtig, immer wartend. Wenn wir ihm hinterherlaufen, rennt es davon. Wenn wir aufhören, ihm hinterherzulaufen und stattdessen unseren Verstand untersuchen, verschwindet die Ursache für den Stress. Sobald unser Verstand klar ist, sind wir bereits im Glück. Wenn der Verstand vollkommen klar ist, wollen wir das, was ist. Wir sind glücklich mit allem, was das Leben uns bringt. Das ist genug, sogar mehr als genug.

Das Fazit daraus ist: Leiden ist eine freiwillige Angelegenheit. Wenn du lieber leiden willst, glaube weiterhin deine stressigen Gedanken. Wenn du aber lieber glücklich sein willst, hinterfrage sie.

Wie können wir Kritik nicht persönlich nehmen, besonders wenn sie von den Menschen kommt, die uns nahestehen?

Sieh dir einfach das Leiden an, das du schaffst, wenn du deren Gedanken über dich und im Gegenzug deine Gedanken über sie glaubst. Es ist enorm, und es wächst ständig. Das »Wie« ist einfach: Hinterfrage die aufkommenden Gedanken, wenn deine Mutter, dein Vater, dein Ehemann, deine Ehefrau oder dein scheinbarer Feind dich kritisieren. Andere Menschen können keine verletzten Gefühle oder ein wie auch immer geartetes Unbehagen in dir verursachen. Niemand außer dir kann dich verletzen. Das ist nicht möglich. Du kannst nur verletzt werden, wenn du eine Geschichte über andere glaubst. Daher bist du der Mensch, der sich verletzt. Das sind gute Nachrichten, denn das bedeutet, dass du niemanden dazu bringen musst, dir nicht mehr wehzutun oder sich in irgendeiner Form zu verändern. Du bist die Person, die aufhören kann, sich zu verletzen. Du bist die Einzige.

Kritik ist das größtmögliche Geschenk, wenn du zur Selbsterkenntnis gelangen möchtest.

12 Wie man einer Katze das Bellen beibringt

Buddha: »Ferner, Subhuti, wenn eine aufgeschlossene Person beim Hören dieses Sutra dessen Lehre wahrlich erkennen, sie verinnerlichen und leben könnte, dann würde jene Person ein Buddha werden, die den höchsten Respekt aller Lebewesen dieses Universums verdient hätte. Selbst ein flüchtiger Einblick in eine Einsicht verdient Respekt; um wie viel wertvoller ist da ein Leben, das durch Einsichten vollkommen transformiert und in perfekter Klarheit gelebt wird. Überall dort, wo dieses Sutra verinnerlicht und gelebt wird, ist auch Buddha präsent.«

The Work befasst sich ausschließlich mit der Realität. Alles in der Welt tut, was es zu tun hat. Die Decke sitzt auf den Wänden, die Wände stehen auf dem Boden, die Vorhänge hängen vor den Fenstern. Sie alle erfüllen ihren Zweck. Wenn du dir jedoch eine Geschichte darüber erzählst, wie die Realität *auszusehen hat*, widersetzt du dich letztlich der Decke oder der Wand, und das ist hoffnungslos. Das ist, als ob du einer Katze das Bellen beibringen wolltest. Die Katze wird da niemals mitmachen. Vielleicht sagst du zu ihr: »Nein, nein, du verstehst nicht. Du solltest bellen. Es wäre viel besser für dich, wenn du bellen würdest. Außerdem *brauche* ich von dir, dass du bellst. Ich werde den Rest meines Lebens der Aufgabe verschreiben, dir das Bellen beizubringen.« Und nach unzähligen Jahren der Aufopferung und Hingabe schaut dich die Katze an und sagt: »Miau.«

Der Versuch, Menschen zu ändern, treibt dich in die Hoffnungslosigkeit, da das schlicht nicht möglich ist. Das liebe ich an der Realität: Sie ist, was sie ist. Sie wird sich dir nicht anpassen, egal, wie sehr du versuchst, sie umzumodeln, sie zu zwingen, sie auszutricksen oder sie dir schönzudenken. Oft sage ich, wenn du mit der Realität im Widerspruch stehst, verlierst du – doch nur in hundert Prozent der Fälle. Menschen ändern sich oder sie ändern sich nicht. Das ist nicht deine Angelegenheit. Deine Angelegenheit ist, deinen eigenen Verstand zu verstehen. Wenn du deine Gedanken verstehst, spürst du Dankbarkeit, wenn sie sich ändern, und Dankbarkeit, wenn sie sich nicht ändern. Du kannst entweder mit der Realität streiten – egal weswegen – oder du kannst das so lange sein lassen, bis du sie verstehst und frei bist. Du findest für dich selbst heraus, was wahr ist – genau darin liegt die Freiheit; sie hat nichts mit irgendeiner anderen Person in deinem Leben zu tun. Deine Mitmenschen werden so lange deine Knöpfe drücken, bis du verstehst. Ist das nicht wunderbar? Das ist der Weg zur vollkommenen Erleuchtung – solange du willens bist, deine Gedanken zu überprüfen. Ich nenne es »Schachmatt«.

Buddha sagt, dass sogar der flüchtige Einblick in die Wahrheit unseren höchsten Respekt verdient. Die grundsätzliche Erkenntnis, dass andere Menschen unmöglich dein Problem sein können, sondern deine *Gedanken* über sie, ist etwas Gewaltiges. Sie bringt deine gesamte Welt von Grund auf zum Erschüttern. Und wenn du dann konkret deine Gedanken über Mutter, Vater, Schwester, Bruder, Ehemann, Ehefrau, Chef, Kollegen, Kind hinterfragst, siehst du, wie sich deine Identität auflöst. Der Verlust dessen, was du über dein »Ich« geglaubt hast, ist nicht beängstigend, sondern aufregend. Er ist faszinierend. Wer bist du in Wirklichkeit hinter all den Fassaden?

Buddha spricht von einem durch Einsicht vollkommen

transformierten und in vollkommener Klarheit gelebten Leben. Das mag sich vielleicht übertrieben oder idealistisch anhören, doch es ist die Wahrheit. Es ist tatsächlich möglich, ein Leben ohne ein einziges Problem und in vollkommener Klarheit zu leben. Man braucht nur die Bereitschaft, alle im Verstand aufkommenden stressigen Gedanken infrage zu stellen: »Ich will«, »Ich brauche«, »Er sollte«, »Sie sollte nicht« – das sind der Realität entgegenstehende und das gesamte Leiden in unserem Leben verursachende, nicht untersuchte Gedanken. Sobald man das Wesen des Verstandes versteht, gibt es kein Leiden mehr. Gefühle wie Traurigkeit, Wut und Verbitterung sind die Auswirkungen, wenn wir unseren stressigen Gedanken glauben. Wenn wir lernen, diese Gedanken zu hinterfragen, verlieren sie ihre Macht über uns. Wenn dann ein stressiger Gedanke aufkommt, kommen im selben Moment die Fragen hinzu, und der Gedanke löst sich auf, bevor er eine Wirkung zeigen kann. Damit bleibt dir nichts als Frieden. Frieden und eine Menge stilles Lachen.

Menschen mit hinterfragtem Verstand können unmöglich Kummer empfinden. Kummer ist eine Form des Leidens und Leiden kann nur durch einen verwirrten Verstand entstehen, der eine unfreundliche Welt entwirft und an die Realität dieser Projektion glaubt. Ursache dieses Kummers ist also die vom Verstand nicht hinterfragte Geschichte. Der hinterfragte Verstand ist in die Realität verliebt. Er liebt alles, was er denkt, und daher liebt er auch alles, was er sieht. Er kann keine verwirrte Welt abbilden. Da er nur die Realität sieht, ist kein Kummer mehr möglich.

Wenn du dich an eine Identität bindest, leidest du. Nur der nicht identifizierte Verstand ist frei. Wenn ein Buddha denkt, er sei ein Buddha, ist er keiner. Was ihn zum Buddha macht, ist, dass er weder eine Vorstellung von Buddhas noch von Nicht-Buddhas hat. Für ihn gibt es keine Trennung. Alle Wesen sind erleuchtet, auch wenn sie sich dessen noch nicht bewusst sind. Der Buddha-Verstand ist frei von Identität. Er ist die Erweiterung der Liebe, der in sich erwachte Verstand, der sich hinterfragt, der auf sich selbst aus seiner reinen Intelligenz heraus reagiert, der mit sich selbst tanzt, der durch sein eigenes grenzenloses Kontinuum reist, ohne die Spur einer Existenz und ohne Beweis, überhaupt jemals gereist zu sein. Er fließt frei, mühelos, ohne Unterbrechung, ohne Gegensätze, und es gibt keine Identität, die verlockend genug wäre, um sein Fließen zu unterbrechen. Und selbst wenn dieses Fließen kurz unterbrochen wird, erkennt das Bewusstsein sofort die Identifikation und löst sie in seiner kontinuierlichen, freudvollen Schöpfung auf, sodass nur ein Dankesgeflüster übrig bleibt.

Die gesamte Welt ist eine Spiegelung des Verstandes. Der Verstand muss schließlich zu sich selbst zurückkommen, da das aus ihm Herausfließende nicht die Kraft seines eigentlichen Ursprungs hat. So wie die Strömung ins Meer zurückfließt, so fließt der Verstand in seine konzeptlose Quelle zurück. Egal, wie genial der Verstand ist, egal, wie groß das an seiner Identität festhaltende Ego ist: Wenn der Verstand erkennt, dass er nichts weiß, kehrt er in aller Bescheidenheit an den Anfang zurück und trifft sich selbst als eigentliche Ursache, noch vor jeglicher Existenz.

Du kannst Menschen nicht zum Schweigen bringen, sie nicht kontrollieren und nicht über sie bestimmen. Du kannst ihnen nur zuhören und dich in ihre Lage versetzen – und nicht einfach in ihre Lage, sondern in die geringste Lage, die du finden kannst. Wenn du die Wahrheit für dich selbst erkennst, fließt dir alles zu, was dir scheinbar überlegen ist, wie Ströme, die ins Meer fließen; denn nun bist du ein Beispiel für das, was wahr, demütig und weise ist. Buddha – das erkannte Selbst, das Selbst, das kein Selbst und keinen anderen sieht – ist Meister über niemanden und nichts, nicht einmal über den Verstand. Er ist einfach ein Meister des Verstehens. Wenn der Verstand sich selbst versteht, ist er nicht mehr der Feind und steht nicht mehr im Widerspruch zu sich selbst. In seiner bescheidensten Haltung findet er Frieden. Hierin nimmt alles Kreative seinen Ursprung.

***

»Gefühle wie Trauer, Wut und Verbitterung sind die Auswirkungen, die es hat, wenn wir unsere stressigen Gedanken glauben.« Heißt das, dass es falsch ist, traurig oder wütend zu sein? Sind das nicht natürliche, menschliche Gefühle?

Nein, das bedeutet nicht, dass es falsch ist, traurig oder wütend zu sein. Und ja, für den nicht hinterfragten Verstand sind diese Gefühle natürlich. Sie und alle anderen Leidensformen sind immer die Folgen davon, dass wir unwahre Gedanken glauben. Sie stehen deiner Natur entgegen. Gedanken sind die Ursache und Gefühle die Auswirkungen. In der dritten Frage der Work: »Wie reagierst du, was passiert, wenn du diesen Gedanken glaubst?« ermutige ich die Menschen, diese Auswirkungen ganz genau zu ermitteln und zu erleben. Auf diese Weise kann man präzise erkennen, wann und inwiefern man nicht bei klarem Verstand ist.

Bist du sicher, dass Gefühle die Auswirkungen von Gedanken sind? Ich habe gelesen, Neugeborene und Kinder zeigen Anzeichen von Gefühlen wie Trauer und Wut.

Wir können nicht wissen, ob Babys oder Tiere so etwas wie Gedanken haben. Babys und Tiere tun, was sie tun, und wir stülpen ihnen über, was wir über ihre Bewegungen und über die Töne, die sie von sich geben, glauben. Wir schreiben auf, was wir beobachten und beurteilen es mit demselben identifizierten Verstand, mit dem wir auch unsere Geschichten erschaffen.

Wenn ich glaube, mein schreiendes Baby sei traurig oder wütend, bin ich es, die Leiden in es hineinglaubt. Wer wäre ich ohne diesen Glauben? Ich würde es einfach tragen, seine Windeln wechseln, es füttern und alles tun, was ich aus Liebe tun kann. Auch wäre ich dankbar dafür, mein Baby wie auch mich selbst als die Mutter in mein Leben geglaubt zu haben – als die Liebe selbst, strahlend, ohne Trauer, Wut oder Sorgen.

Du sagst, Menschen mit hinterfragtem Verstand wäre es nicht möglich, Gefühle wie Wut oder Kummer zu empfinden. Hast du manchmal Gefühle wie Wut oder Kummer?

Nein, schon lange nicht mehr. Ich hatte aber ein interessantes Erlebnis, als meine Mutter an Bauchspeicheldrüsenkrebs starb. Sie starb Weihnachten 2003 in ihrem Apartment in Big Bear in Kalifornien. Ich wohnte einen Monat lang bei ihr. Im Normalfall verbrachte ich dreiundzwanzig Stunden pro Tag mit ihr (Stephen schaute mindestens einmal am Tag vorbei, um morgens mit mir spazieren zu gehen und Kaffee zu trinken). Ich kümmerte mich um sie, badete sie und zog sie an, half den Hospizschwestern, verabreichte ihr Schmerzmittel und schlief neben ihr im Bett. Ich liebte sie von ganzem Herzen und fühlte nicht einen Moment lang irgendwelchen Kummer. Sie musste starke Medikamente nehmen, und wenn sie gerade nicht schlief, unterhielten wir uns oder ich pflegte ihre Nägel oder duschte sie. Unsere gemeinsame Zeit verbrachten wir unbeschwert und voller Vertrautheit. Das änderte sich vollkommen, wenn meine Schwester oder eines ihrer Kinder das Zimmer betrat. Sie betrachteten sie als Opfer und jede Menge Mitleid kam auf: »arme Mama«, »arme Oma«. Meine Mutter stimmte sofort mit ein und wurde zum Opfer ihres eigenen Verstandes. Sie wurde ebenfalls weinerlich, und das Zimmer wurde zum Krankenzimmer. Kaum waren sie weg, kam sie wieder in meine Welt zurück und begann zu lächeln.

Am Tag, als sie starb, schneite es. Nachdem sie aufgehört hatte zu atmen, wurde ein Bestattungsinstitut gerufen. Ich wusch sie, legte ihr ihre Lieblingsohrringe an und kämmte ihr das Haar. Ich stand in keinem Widerspruch zur Realität. Da war nur Liebe, Dankbarkeit und Verbundenheit. Es war wunderbar. Dann kamen die Bestatter, legten ihren Körper auf eine Bahre und deckten ihn mit einer flauschigen Samtdecke aus tiefem Königsblau zu. Irgendwo im Hintergrund lief das Radio eines ihrer Enkelkinder. Als die Bestatter sie aus dem Zimmer schoben, hörte ich Elvis Presley singen: »I'll have a Blue Christmas Without You« [Anm. d. Übers.: »Ohne dich werde ich an Weihnachten »blau« = »traurig« sein]. Meine Mutter war nicht traurig, sondern einfach in blaue Farbe gehüllt. Sie war ein Fan von Willie Nelson. Elvis mochte sie zwar nicht besonders, aber sie hätte es herrlich gefunden, so zu gehen. Das Leben – was für eine Reise, wenn du es verstehst! Was für eine erstaunliche Reise! Wenn du bei klarem Verstand bist, nimmst du es mit Humor, egal, wie herzzerreißend die Dinge zu sein scheinen.

Danach versammelten wir uns alle in ihrem Wohnzimmer. Menschen schwelgten in Erinnerungen und weinten. Es flossen viele Tränen. Ich war voller Liebe und Verbundenheit.

Mein Herz war übervoll, es zersprang fast. Irgendwann näherte sich mein Sohn Ross meinem Stuhl. Ich stand auf und fiel ihm um den Hals. Als ich so dastand, kam ein Wimmern in mir auf. Ich hatte kurz den Gedanken, es könne die Kinder verstören, wollte es jedoch nicht unterdrücken. Daher entwich mir dieses laute Wimmern. Es fühlte sich nicht wie Kummer an. Es war viel elementarer und so »Nicht-Ich«, dass ich genauso gut dort hätte stehen und wimmernd meine Nägel feilen können. Es dauerte vielleicht dreißig Sekunden, und wenn es ewig gedauert hätte, hätte ich auch das zugelassen. Ich liebe die Realität, egal, wie sie sich zeigt. Ich wollte mich nicht um diesen Laut betrügen. Jedes aufkommende Gefühl hat ein Recht auf Leben.

Sobald man das Wesen des Verstandes verstanden hat, gibt es kein Leiden mehr.

THE WORK IN AKTION:
»Meine Mutter greift mich an.«

ARTHUR *[hat sein Arbeitsblatt vor sich und liest]: Ich bin wütend
auf meine Mutter, weil sie mich angreift, verurteilt und denkt,
ich sei nicht gut genug.*

KATIE: Ok, hier können wir drei Dinge untersuchen. Das erste: »Sie greift mich an.« Das zweite: »Sie verurteilt mich.«
Das dritte: »Sie denkt, ich sei nicht gut genug.« Das sind
drei separate Untersuchungen. Wir können aber auch alle
auf einmal durchgehen. Wenn du dein Arbeitsblatt ausgefüllt hast, lade ich dich ein, deine belastendste Aussage
herauszufinden, zu prüfen und dann mit dieser zu beginnen. Alle deine Aussagen sind in Ordnung. Man könnte
auch alle drei gleichzeitig hinterfragen, doch ich will mehr
wissen und die Wirkung erfahren, die jede einzelne Vorstellung auf mein Leben hat. Ich möchte nicht auf die Freiheit warten. Ich beantworte zu jeder einzelnen Vorstellung
alle vier Fragen und kehre sie anschließend um. Danach
hinterfrage ich die anderen beiden Aussagen separat. Ich
gebe dir hier Hinweise. Sei dir gleichzeitig einfach bewusst,
dass du nichts falsch machen kannst. Ich werde dir einfach
aus meiner Erfahrung heraus – aus jeder Menge Erfahrung
heraus – demonstrieren, wie du am wirkungsvollsten zum
Kern gelangst und bekommst, was du willst. Lies es also
noch einmal.

ARTHUR: *Ich bin wütend auf meine Mutter, weil sie mich angreift,
verurteilt und denkt, ich sei nicht gut genug.*

KATIE: Wir werden den Teil »Ich bin wütend auf meine Mutter« nicht hinterfragen, sondern die Ursache deiner Wut. Lies diese drei Aussagen also noch einmal.

ARTHUR: *Sie greift mich an, sie verurteilt mich und denkt, ich sei nicht gut genug.*

KATIE: Ok. Sie greift dich also an. Das ist die erste. Gehen wir zu dieser Aussage. Deine Mutter hat dich in jener Situation angegriffen – ist das wahr? *[zum Publikum]* Wie viele von euch haben eben vor ihrem inneren Auge gesehen, wie dieser Mann von seiner Mutter angegriffen wird? *[Viele geben Handzeichen.]* *[an Arthur gewandt]* Und dabei haben wir deine Mutter noch nie getroffen.

ARTHUR: Ihr Glücklichen! *[Publikum lacht.]*

KATIE: Deine Mutter hat dich also angegriffen – ist das wahr? Wie wirst du diese Frage nun beantworten? Wirst du raten oder wirst du über jenen Zeitpunkt meditieren und die Antwort kommen *lassen*? The Work ist Meditation. Geh in Stille in dich und sieh dir die Situation eingehend an, betrachte dich und deine Mutter gemeinsam wie auf Bildern. Die Bilder können auch verschwommen sein. Bleibe dort, bis du siehst, ob sie dich angegriffen hat oder nicht. *[zum Publikum]* Als Begleiterin weiß ich nicht, ob er von einem physischen oder einem verbalen Angriff spricht oder ob sie ihn nur mit einem entsprechenden Blick bedacht hat. Aus diesem Grund gebe ich ihm einfach Raum und beobachte ihn, so gut ich kann. *[an Arthur]* Also, die Antwort auf die ersten beiden Fragen hat eine Silbe, sie lautet entweder »Ja« oder »Nein«. Nun beobachte, wie dein Verstand hinzufügt: »Na ja, nicht wirklich, aber, ok, ja, sie hat mich wirklich angegriffen.« So funktioniert es nicht. Du brauchst Stille dazu, und dann erscheint die Antwort klar in Form eines

»Ja« oder »Nein«. Deine Mutter hat dich angegriffen – ist das wahr?

ARTHUR: Nein.

KATIE *[ans Publikum]*: Da er jetzt mit »Nein« geantwortet hat, lassen wir die zweite Frage aus und gehen zur dritten über. Ich werde ihn dabei immer wieder an diesen Einzeiler erinnern. Deine Mutter hat dich angegriffen – wie reagierst du, was passiert, wenn du diesen Gedanken glaubst? Ein Grund, weshalb ich ihn immer wieder daran erinnere, ist, damit ich die Vorstellung in mir wachrufe, die wir gerade bearbeiten. Ich muss nicht wissen, was ich tue, und ich muss den Einzeiler nicht auswendig kennen. Ich kann ihn einfach aufschreiben. *[an Arthur]* Gehe jetzt zu der Situation, als du geglaubt hast, sie hätte dich angegriffen. Schau dir nun an, wie du reagiert hast. Hast du sie auch angegriffen? Hast du geschmollt? Warst du kalt? Nimm deine Gefühle wahr. Beobachte einfach und berichte mir davon. Berichte, während du die Situation betrachtest, wie du reagiert hast. Wir gehen mit dem, was wir über unsere Mütter erkannt haben, durchs Leben. Wir wissen, was sie getan haben. Uns selbst erkennen wir jedoch nicht. Wir sind so sehr mit der Verurteilung anderer Menschen beschäftigt, dass die Erkenntnis unserer selbst hinter unseren Urteilen verborgen bleibt. Geh daher in die Stille. Beobachte, wie du in dieser Situation reagierst, wenn du den Gedanken »sie greift mich an« glaubst.

ARTHUR: Ich gehe auf sie los. Ich schreie sie an. Ich fühle mich gefangen. Ich bin wütend. Ich habe das Gefühl, nichts tun zu können. Ich bin machtlos.

KATIE *[nach einer Pause ans Publikum]*: Da ich das Gefühl habe, dass er sich nun ausgesprochen hat und für den nächsten

Schritt bereit ist, gehen wir zur vierten Frage. Er hat alles vorgebracht, was für ihn zur Beantwortung der dritten Frage wichtig war. Ich habe ihm dafür den notwendigen Raum gegeben. *[an Arthur]* Wer wärest du also in der Situation ohne den Gedanken »meine Mutter hat mich angegriffen«?

ARTHUR: Ähm … Ich wäre … ich wäre im Frieden. Ich wäre …

KATIE: Beobachte einfach diese Situation ohne deine Geschichte, dass sie dich angegriffen hat. Lass deine Urteile fallen und beobachte sie und dich ohne all diese auf dir lastenden Gedanken. Wer oder was wärest du ohne den Gedanken »sie hat dich angegriffen«?

ARTHUR: Ich wäre einfach jemand, der in einer Küche steht und telefoniert.

KATIE: Dann geh mal zu diesem Bild. »Ich …«

ARTHUR: Ich stehe in einer Küche, höre meiner Mutter zu, bin offen für das, was sie sagt, ich bin für sie da, ich bin für mich da – vermute ich.

KATIE: Ok. Ich möchte, dass du weiter als »vermute ich« vordringst.

ARTHUR: Ja.

KATIE: Viel weiter. Manchmal kommst du nicht weiter als »ich vermute« und das ist auch in Ordnung. Wir gehen hier jedoch richtig zur Sache. Niemand kann das für dich tun. Du hast es bereits in dir. Du kannst es sehen. Es war schon hier, und nun lässt du deine Geschichte so lange weg, bis du etwas anderes siehst. Was sagt deine Mutter? Hör hin.

ARTHUR: Sie sagte … Sie sagte mir … Sie fragte, ob sie willkommen wäre und mich besuchen kommen könnte. Sie hatte mich das schon so oft gefragt, und ich hatte ihr immer ein »Ja« zur Antwort gegeben.

KATIE: Anders ausgedrückt hat sie gefragt: »Kann ich mal wie-

der zu dir kommen?« Und du hast eine Geschichte drauf-
gepackt.

ARTHUR: Ja.

KATIE: Wer wärest du also ohne den Gedanken: »Sie hat mich
angegriffen«? Wer wärest du, wenn du einfach ihre Frage
beantworten würdest?

ARTHUR: Nun ja. Ich habe mit »Ja« geantwortet und dann bin ich
ausgerastet. Aber ich hätte einfach nur »Ja« sagen können.

KATIE: Oder »nein«.

ARTHUR: Oder »nein«? *[schaut erstaunt]* Wow! Ich hätte
»Nein« sagen können! Das wäre genau genommen viel ehrlicher gewesen. »Es wäre mir lieber, wenn du nicht kommen würdest.« *[Das Publikum lacht.]* Wow! Es ist mir nie in
den Sinn gekommen, dass ich »Nein« hätte sagen können.
Ok. Ja! *[Gelächter]* »Mama, eigentlich nicht.« Oh, wow!
Ok. Wow!

KATIE: Wir denken über eine bestimmte Situation nach und
erlauben ihr, dich zu erleuchten. »Deine Mutter hat dich
angegriffen« – kehre das um.

ARTHUR: Ich habe meine Mutter angegriffen.

KATIE: Nenne mir ein Beispiel, wie du in dieser Situation am
Telefon deine Mutter angegriffen hast.

ARTHUR: Nun, ja, ich habe sie in der Tat ziemlich heftig angegriffen. Ich habe sie angeschrien. Ich habe ihr gesagt, sie sei
unmöglich. Ich sagte ihr …

KATIE: Ganz langsam. Schließ deine Augen und sag mir, was
du siehst.

ARTHUR: Ich habe ihr viele schmerzliche Dinge gesagt. Ich sagte, egal, wie sehr ich etwas versuchen würde, ich sei in ihren
Augen nie gut, und sie sei unmöglich. Ich haben sie angeschrien.

KATIE [ans Publikum]: Nun beobachtet er die Situation vor seinem geistigen Auge und sieht, dass in Wirklichkeit er sie angegriffen hat. Er geht in sich, damit er erkennen kann, inwiefern diese Umkehrung wahr ist und welche Bedeutung sie für ihn hat. Man braucht aus den Umkehrungen nichts Kompliziertes zu machen oder besser gesagt: Behaupte nichts, was nicht wirklich deiner Erinnerung entspricht und was du nicht wirklich siehst. Erlaube dir die Betrachtung dessen, was sich dir in der Stille zeigt, und erlebe die dabei entstehenden Gefühle. [zu Arthur] Findest du eine weitere Umkehrung für »Meine Mutter hat mich angegriffen?« Was wäre ein weiteres Gegenteil?

ARTHUR: Ich habe mich angegriffen.

KATIE: Ja. Wo hast du dich selbst in dieser Situation angegriffen, wenn du darauf zurückblickst?

ARTHUR: Ich habe mich angegriffen … [weint] Ich habe mich angegriffen, weil … ich … ich habe … Der Grund, ähm, weshalb ich mich wegen meiner Mutter so gefühlt habe war, weil ich – und ich könnte das hinterfragen – ich hatte den Eindruck, dass sie nicht akzeptiert hat – nicht akzeptiert –, dass ich schwul bin. Ich war nicht für mich da, denn ich habe mich selbst nicht unterstützt, und ich habe mir nicht bewusst gemacht, dass es ok ist, der zu sein, der ich bin. Und wenn meine Mutter etwas anderes glaubt, ist das nicht mein Problem, sondern ihres. Ich hatte jedoch das Gefühl, dass es wahr sei. Daher habe ich mich selbst angegriffen, denn ich glaubte, ich sei nicht gut genug.

KATIE: Ja. Deine eigene Angst. Deine eigene Homophobie.

ARTHUR: Ja.

KATIE: Du hast deine Homophobie auf deine Mutter projiziert und dabei hat sie nur gefragt, ob sie dich besuchen kommen könnte. Für mich hört es sich nicht so an, als ob sie wirklich homophob wäre. *[Gelächter]*

ARTHUR: Nein, nicht in diesem Augenblick. Aber ja.

KATIE: Wer weiß? Nach diesem Arbeitsblatt könntest du bei ihr anrufen und sie fragen: »Mama, hast du bei diesem Telefongespräch (mit Betonung auf »diesem« Telefongespräch) gewusst, dass ich schwul bin?«

ARTHUR: Ja.

KATIE: Wir glauben unsere Gedanken über die Menschen und bestrafen und greifen sie dessentwegen an, was wir glauben. Wir glauben unsere Gedanken so sehr, dass die Leute keine Chance bei uns haben. Manche halten an diesen Gedanken sogar bis zu ihrem Tod fest. Daher ist das jetzt wie eine »Coming-out-Party«. Ok. Ich habe meine Mutter angegriffen. Ich hab ein weiteres Beispiel. Möchtest du es hören?

ARTHUR: Ja, bitte.

KATIE: Du hast deine Mutter angelogen. In dieser Situation.

ARTHUR: Das stimmt, ja. Das habe ich getan.

KATIE: Du sagtest »Ja«, obwohl deine ehrliche Antwort »Nein« gewesen wäre. Damit hast du dich selbst angegriffen.

ARTHUR: Ja. Ich war nicht ehrlich in Bezug auf das, womit ich mich wohlfühle.

KATIE: Also erkennst du das Muster?

ARTHUR: Es ist mir niemals in den Sinn gekommen, dass ich »Nein« hätte sagen können. Vielleicht wäre das liebevoller gewesen.

KATIE: Ich würde das »vielleicht« weglassen. Du hast sie angegriffen!

ARTHUR: Ja. Das habe ich getan. Ja, ja. Das ist wahr. Das habe ich getan.

KATIE: Einerseits versuchst du, sie zu schonen, und andererseits greifst du sie an.

ARTHUR: Ja.

KATIE: Ok, Liebling. Siehst du eine weitere Umkehrung? Wir haben »Ich habe meine Mutter angegriffen« und »Ich habe mich selbst angegriffen« bearbeitet. »Meine Mutter hat mich angegriffen« – was wäre eine weitere Umkehrung?

ARTHUR: Meine Mutter hat mich nicht angriffen. Sie hat ... In Wirklichkeit hat sie ... In Wirklichkeit fühlte sie sich von mir zurückgestoßen – vermute ich. Nun wird mir klar, sie hat mich nicht angegriffen. Sie mich etwas gefragt und versucht, auf mich zuzugehen. In Wirklichkeit hat sie versucht, eine Verbindung zu mir aufzubauen, wo für sie nichts mehr zu spüren war.

KATIE: »Meine Mutter hat mich nicht angegriffen.« Findest du eine weitere Umkehrung? Was ist das Gegenteil von *angreifen*?

ARTHUR: Meine Mutter ist auf mich zugegangen. Ja. Das war ihre Art, auf mich zuzugehen.

KATIE: Wie ist deine Mutter genau auf dich zugegangen? Sie hat angerufen. Sie hat gefragt, ob sie dich besuchen kommen könnte.

ARTHUR: Mich besuchen kommen, ja. »Sind wir willkommen?« Ja. Und ich hätte »Nein« sagen können. Dabei hat sie in Wirklichkeit versucht, auf mich zuzugehen.

KATIE: Meine Mutter ist auf mich zugegangen. Findest du ein weiteres Beispiel dafür in diesem Telefonat?

ARTHUR: Dass sie auf mich zugegangen ist?

KATIE: M-mh.

ARTHUR: Ja. Sie ... Eigentlich wollte sie, dass ich öfter nach Hause komme.

KATIE: Ich habe eins. Möchtest du es hören?

ARTHUR: Sicher. Klar doch.

KATIE: Hat sie aufgelegt, als du sie angegriffen hast?

ARTHUR: Nein.

KATIE: Sie ist drangeblieben und auf dich zugegangen.

ARTHUR: Sie ist drangeblieben und hat mir in der Tat weiter zugehört, ja.

KATIE: Ok. Nun zu Aussage 2: »Ich will …« in der Situation mit deiner Mutter am Telefon … Lies einfach, was du geschrieben hast.

ARTHUR: *Ich will, dass meine Mutter aufhört, mich anzugreifen. Ich will, dass sie mich akzeptiert, mich liebt und erkennt, dass ich gut genug für sie bin.*

KATIE: Du willst also, »dass deine Mutter aufhört, dich anzugreifen« – ist das wahr? Sieh dir all das an, was wir in Aussage 1 hinterfragt haben. Hast du irgendeinen Punkt gefunden, an dem sie dich angegriffen hat?

ARTHUR: Nein.

KATIE: Siehst du nun, wie deine Antwort sich damit verändert?

ARTHUR: Ich habe mit meiner Mutter seit zwölf Jahren nicht mehr gesprochen, und das war unser letztes Gespräch. Ich habe diese Geschichte die ganze Zeit über geglaubt.

KATIE: Das hat dich deine Mutter gekostet.

ARTHUR: Ja.

KATIE: Du warst mutterlos, weil du diese Gedanken geglaubt hast.

ARTHUR: Ja, das stimmt.

KATIE: Du hast seit zwölf Jahren nicht mit ihr gesprochen.

ARTHUR: Na ja, so wie ich es sehe, will *sie* nicht mit *mir* sprechen. Aber eigentlich ist das egal.

KATIE: Lass uns das mal anschauen. Du willst, dass deine Mutter aufhört, dich anzugreifen – ist das wahr? Öffne dich. Für diese Work brauchst du einen weit geöffneten Verstand. Wie kann sie aufhören, dich anzugreifen, wenn sie niemals damit angefangen hat? Willst du das überhaupt?

ARTHUR: Nein.

KATIE: Und wie reagierst du am Telefon, wenn du den Gedanken glaubst »Ich will, dass meine Mutter aufhört, mich anzugreifen«?

ARTHUR: Ich werde richtig wütend, ich verteidige mich und werde beleidigend.

KATIE: Siehst du dich vor deinem geistigen Auge dort am Telefon?

ARTHUR: Ja, und das sieht nicht gut aus.

KATIE: So reagierst du, wenn du von einer Person etwas willst, das sie nicht geben kann, oder wenn du willst, dass sie mit etwas aufhört, was sie gar nicht tut. Lass uns mal schauen, wer du ohne den Gedanken wärest. Wer wärest du in dieser Situation ohne den Gedanken »Ich will, dass sie aufhört, mich anzugreifen«?

ARTHUR: Ich wäre entspannt. Ich würde ihr zuhören. Ich wäre im Frieden. Ich wäre … ich würde ihre Fragen klar hören, und meine Antworten wären mir ebenfalls klar. Das absolut Verrückte an der Sache ist, dass ich das Ganze mehr als zehn Jahre lang geistig immer wieder durchgegangen bin und mir nie in den Sinn gekommen ist, ihre Frage: »Sind wir willkommen?« mit »Nein« zu beantworten. Meine Antwort hätte »Ich bin schwul, und ich möchte nicht, dass ihr euch nicht wohlfühlt.« sein können. Das ist mir jedoch nie in den Sinn gekommen.

KATIE: Du willst, dass deine Mutter aufhört, dich anzugreifen – kehre es um.

ARTHUR: Ich will, dass ich aufhöre, mich anzugreifen. Ja. Das ist wirklich wahr.

KATIE: Kannst du eine weitere Umkehrung finden?

ARTHUR: Ich will, dass ich aufhöre, meine Mutter anzugreifen. Das will ich. Gedanklich und in echt.

KATIE: Und du hast keinen einzigen Angriff ihrerseits ausfindig machen können.

ARTHUR: Ja, das ist wahr. Sie hat mich nur etwas gefragt.

KATIE: Es sei denn, dir fällt noch ein Moment in dem Telefongespräch ein, in dem sie dich angegriffen hat.

ARTHUR: Es gibt keinen Augenblick, in dem sie nicht auf mich zugegangen wäre.

KATIE: Also gut. Siehst du eine weitere Umkehrung? »Ich will, dass meine Mutter aufhört, mich anzugreifen« wird in der Umkehrung zu: »Ich will, dass meine Mutter mich weiterhin angreift.«

ARTHUR: Hmm.

KATIE: Schau einfach, was passt und was nicht. Nimm dabei auch die Sichtweise des Egos ein: Ich will, dass meine Mutter mich weiterhin angreift. Wie sonst wärest du im Recht? Sie ist ein Monster, du bist vollkommen unschuldig und dein Angriff ist gerechtfertigt.

ARTHUR: Bähm!

KATIE: Es war sehr wichtig für dich und dein Leben, die ganze Zeit über zu glauben, sie hätte dich angegriffen, obwohl es nicht so war.

ARTHUR: Es ist nur ... ich habe das wirklich so lange geglaubt. Ich meine, es geschahen danach noch andere Dinge, bla, bla, bla. Ich habe eine ausgeprägte Identität als ein Mensch entwickelt, der von seinen Eltern verstoßen wurde, weil er schwul ist. Dabei war das Bild meiner Mutter als Monster für mich sehr wichtig. Ich merke, dass ich ohne dieses Bild denken würde, ich wäre nicht in Ordnung, weil ich schwul bin. Das eine hat jedoch mit dem anderen gar nichts zu tun. Sie braucht für mich kein Monster zu sein, nur damit ich glauben kann, ich sei in Ordnung. Wow! *[weint]* Das war mir nicht klar. Ich dachte, solange ich glaube, mit ihr stimme etwas nicht, wäre ich in Ordnung. Dabei hat es nichts mit ihren Gefühlen zu tun, ob ich in Ordnung bin oder nicht. Ich bin nun schon so lange wütend auf sie, ohne zu erkennen, dass ich einfach hätte sagen können: »Nein, es geht mir gut.« Ihre Gefühle ändern nichts daran, wie es mir mit mir oder mit meinem Leben geht. Ich habe sogar nicht einmal mehr geglaubt, dass ich sie noch liebe. Und nun empfinde ich … ich empfinde nur noch Liebe für sie, da es für sie ziemlich traurig sein muss, sich so zu fühlen. Ich habe ganz einfach nicht erkannt, dass es mir gut geht. Ich habe geglaubt, es ginge mir gut, wenn sie anders wäre. Aber das ist nicht wahr.

KATIE: Du verstehst, dass sie dich während des Telefongesprächs ganz und gar nicht angegriffen hat. Sie hat einfach versucht, auf dich zuzugehen, ihren Sohn zu sehen und ihn öfter zu sich nach Hause einzuladen. Alles andere war deins.

ARTHUR: Ja. Und es war … Wenn ich mit mir selbst im Reinen gewesen wäre, hätte sie mir alles Mögliche sagen können; es hätte mir nichts ausgemacht. Es war nur, weil ich geglaubt habe, ich wäre so, wie ich bin, nicht in Ordnung.

KATIE: Und das hast du auf sie projiziert.

ARTHUR: Ja-ah.

KATIE: Und du weißt es immer noch nicht.

ARTHUR: Nein, im Augenblick nicht, nein. Ich weiß es nicht. Ich kann es gar nicht wissen.

KATIE: Du kannst nicht wissen, ob sie weiß, dass du schwul bist oder …

ARTHUR: Doch, ich weiß, dass sie es weiß.

KATIE: Na ja, du kannst nicht wissen, ob sie damit einverstanden ist oder nicht.

ARTHUR: Nein, im Augenblick nicht, nein.

KATIE: Ich habe bis jetzt noch nichts darüber gehört. Sie hat dich nicht angegriffen.

ARTHUR: Na ja, ich meine, sie hat mich später mit E-Mails zum Thema »Homosexualität ist eine heilbare Krankheit« überflutet. Aber …

KATIE: Nun, das ist ihre Welt. Sie hat ihren Sohn als krank betrachtet und versucht, ihn zu heilen.

ARTHUR: Ja.

KATIE: Sag das mal zu mir so, wie ich es gerade gesagt habe.

ARTHUR: Dass sie mir eine E-Mail geschrieben hat? In der E-Mail stand: »Mein liebster Arthur.« Na ja, als sie herausfand, dass ich einen Partner habe, von dem sie nichts wusste, hat sie mich zuerst angerufen und gefragt: »Möchtest du deinen Vater weinen hören? Das wolltest du, oder? Du hast eine Beziehung mit einem Mann.«

KATIE: In Ordnung. Das war eine Frage. Möchtest du deinen Vater weinen hören? *[Gelächter]* Sie ist auf dich zugegangen.

ARTHUR: Wollte ich meinen Vater weinen hören? Nein, bestimmt nicht.

KATIE: Nun ja, denk darüber nach.

ARTHUR: Wollte ich meinen Vater weinen hören? Nein.

KATIE: Hast du jemals wirklich zugehört, wenn dein Vater geweint hat?

ARTHUR: Nein. Nein, das habe ich nicht.

KATIE: Nun, dann ist dies deine Antwort. Wenn du ihn weinen hören möchtest, dann lautet die Antwort »Ja«.

ARTHUR: Ja. Vielleicht möchte ich es sogar.

KATIE: Es ist gut, für Menschen da zu sein, wenn sie weinen.

ARTHUR: Ja, das ist wahr.

KATIE: Das ist freundlich und liebevoll. Aber nur wer mit sich selbst im Reinen ist, kann das von Herzen tun.

ARTHUR: Ja. Und sie hat mir eine E-Mail geschickt, in der stand: »Mein liebster Arthur«, und dann in Großbuchstaben »DU BIST NICHT SCHWUL. Lies diese Artikel über Heilmethoden. Und du weißt, wir lieben dich, wie du wirklich bist.« Das ist jedoch nur ein Problem für mich, wenn ich ihr zustimme. Denn ansonsten …

KATIE: Sie ist einfach eine Mutter, die versucht, mit ein paar Gegenmitteln auf dich zuzugehen – nur für den Fall, dass du dir nicht sicher bist. Sie ist eine Mutter, die sich Sorgen um ihren Sohn macht.

ARTHUR: Ja, und damit sie hatte womöglich recht, denn als ich das letzte Mal mit ihr gesprochen habe, habe ich tatsächlich wie ein Verrückter geklungen. *[Gelächter]* Danach habe ich ihre E-Mails geblockt. Das habe ich tatsächlich getan. Aber genau das ist es, denn … ich dachte, wenn ich sie auf mich zugehen lasse, heißt das, schwul sein sei nicht in Ordnung. Aber das eine hat überhaupt nichts mit dem anderen zu tun. Es hat rein gar nichts miteinander zu tun. Meine Antwort könnte sein: »Ich danke dir, Mama, und nein, ich werde diese Dinge nicht lesen.«

KATIE: Ganz genau, oder: »Ich danke dir, Mama. Sollte ich jemals ein Problem damit haben, schaue ich mir das an. Ich schätze deine Besorgnis sehr.«

ARTHUR: Ja. Bis jetzt mache ich mich aber recht gut. *[Gelächter]*

KATIE: Ja, das tust du. *[Gelächter]*

ARTHUR: Wow! Gut.

KATIE: Die Menschen müssen nicht mit mir klarkommen. Die wichtige Frage lautet: Komme ich mit ihnen klar? Die Menschen müssen mich nicht verstehen. Aber verstehe ich mich selbst? Und verstehe ich sie? Wenn ich mich verstehe, verstehe ich jeden. Solange ich mir selbst ein Rätsel bin, sind mir die Menschen ein Rätsel. Wenn ich mich nicht mag, mag ich dich nicht.

ARTHUR: Ja.

KATIE: Kehre nun all diese »Ich will«-Aussagen um. In der Situation mit meiner Mutter will ich, dass ich …

ARTHUR: Ich will, dass ich aufhöre, mich anzugreifen. Ich will, dass ich mich akzeptiere, mich liebe, und dass ich erkenne, dass ich gut genug für mich bin.

KATIE: Ok. So solltest du also leben. Das ist, was du willst. Wenn du das Wollen, das Sollen und das Brauchen, d. h. die Aussagen 2, 3 und 4 des »Urteile über deinen Nächsten«-Arbeitsblatts umkehrst, gelangst du zu deinem Rat an dich. So siehst du, wie du zu einem glücklichen Leben kommst. Die Welt sagt dir nicht, was du willst. Niemand sagt es dir. Es steht hier. Du hast es aufgeschrieben. Ich nenne es das Rezept zum Glücklichsein. Es kommt aus deinem Innersten. Kehre nun die Aussage zu deiner Mutter um.

ARTHUR: Ich will, dass ich aufhöre, meine Mutter anzugreifen. Ich will, dass ich sie akzeptiere, sie liebe und erkenne, dass sie gut genug für mich ist.

KATIE: Ja, mein Lieber. Das ist dein Rezept zum Glücklichsein. Das ist das, was du in dieser Situation willst. Und genau das stand dir nicht zur Verfügung.

ARTHUR: Ja.

KATIE: Aber jetzt schon. Jetzt steht es dir zur Verfügung.

ARTHUR: Ich möchte, dass ich sie akzeptiere. Wow! Wow! Der Punkt ist: Das will ich wirklich.

KATIE: Du hast es ja auch so aufgeschrieben. Durch die Untersuchung kommt das ganz von allein zum Vorschein. Ich liebe das.

ARTHUR: Früher wollte ich das nie und jetzt will ich es. Ich will es. Ich will sie akzeptieren, sie lieben und sie annehmen und das hat nichts damit zu tun, wie ich lebe.

KATIE: Ja. Jetzt lies die Aussage nochmals und kehre sie ins Gegenteil um. Ich will nicht, dass sie …

ARTHUR: Ich will nicht, dass sie aufhört, mich anzugreifen. Ich will nicht, dass sie mich akzeptiert, mich liebt und erkennt, dass ich gut genug für sie bin. Na ja, warum sollte sie?

KATIE: Und wenn du mal schaust, wie du dich während des Telefonats benommen hast, wie könnte sie?

ARTHUR: Oh, widerlich. Ja, stimmt.

KATIE: Bleib in der Situation, sonst fängst du an zu verallgemeinern, bürdest es dir auf und fühlst dich schuldig. »In dieser Situation will ich in Anbetracht meines Verhaltens nicht, dass sie all diese Dinge tut.«

ARTHUR: Warum sollte sie? Ja, das ist wahr.

KATIE: Und du hast ihr dabei keinen großen Spielraum gelassen.

ARTHUR: Nein, ich habe ihr überhaupt keinen Spielraum gelassen.

KATIE: Lass uns Aussage 3 anschauen. Das ist der Rat an deine Mutter.

ARTHUR: *Meine Mutter sollte nicht wütend auf mich sein. Sie sollte mich bedingungslos lieben und mir nicht das Gefühl geben, zurückgewiesen zu werden und allein zu sein. Sie sollte eine liebevolle, respektvolle Mutter sein.*

KATIE: »Sie sollte in dieser Situation nicht wütend auf dich sein« – ist es wahr?

ARTHUR: Nein.

KATIE: Ziemlich klar, oder?

ARTHUR: Ja.

KATIE: Und wie reagierst du, wenn du diesen Gedanken glaubst, dass sie nicht wütend auf dich sein sollte? Was passiert mit dir in dieser Unterhaltung?

ARTHUR: Na ja, ich werde wütend auf sie. Ich will ihr nicht zuhören. Ich schließe sie aus. Ich verteidige mich.

KATIE: Und du lügst.

ARTHUR: Und ich lüge. Stimmt. Ja, da sind so einige Lügen. Sie hat mich früher immer beschuldigt ... ich sage »beschuldigt«. Sie sagte früher häufig: »Du hast mich zurückgewiesen.«

KATIE: Sie ist eine weise Frau.

ARTHUR: Sie hatte recht. Sie hat den Nagel auf den Kopf getroffen. *[Gelächter]* Das habe ich getan.

KATIE: In dieser Hinsicht hat sie dich lange vor dir durchschaut.

ARTHUR: Ja.

KATIE: Deshalb wurdest du wütend und hast sie angelogen, denn du wolltest verhindern, dass sie wütend wird.

ARTHUR: Ja.

KATIE: Deshalb hast du auch nicht gesagt: »Mama, ich bin schwul, und es geht mir gut damit.« Du wolltest nicht, dass sie wütend wird.

ARTHUR: Ja.

KATIE: Du wolltest auch nicht hören, wie dein Vater weint, weil du immer auf Liebe, Anerkennung und Wertschätzung aus warst.

ARTHUR: Ja.

KATIE: Wer wärest du ohne den Gedanken »Sie sollte nicht wütend auf mich sein«?

ARTHUR: Es würde mir gut gehen, denn ich könnte dann so was wie »Ich verstehe. Mach, wonach dir ist. Alles ist gut.« sagen.

KATIE: Lass uns das umkehren. »Sie sollte nicht wütend sein.«

ARTHUR: Sie *sollte* wütend auf mich sein.

KATIE: Sie sollte also in dieser Situation wütend auf dich sein. Nenne mir Beispiele. Was bedeutet es für dich, wenn du auf diese Situation zurückblickst?

ARTHUR: Sie sollte wütend auf mich sein, da ich sie zurückgewiesen habe. Sie sollte wütend auf mich sein, weil sie mich zu Recht beschuldigt, dass ich sie ausgeschlossen hätte. Sie sollte wütend auf mich sein, weil sie mir zu Recht vorwarf, ich hätte Geheimnisse vor ihr. Sie sollte wütend auf mich sein, weil sie richtigerweise gespürt hat, dass ich nicht Teil ihrer beider Leben sein wollte. Ja, sie hatte gute Gründe.

KATIE: Gut. Nun lies deine gesamte Liste vor.

ARTHUR: *Meine Mutter sollte nicht wütend auf mich sein. Sie sollte mich bedingungslos lieben und mir nicht das Gefühl geben, zurückgewiesen zu werden und allein zu sein. Sie sollte eine liebevolle, respektvolle Mutter sein.*

KATIE: Kehre es um. »Sie sollte …«

ARTHUR: Meine Mutter sollte wütend auf mich sein. Sie sollte mich nicht bedingungslos lieben, sie sollte mir das Gefühl geben, zurückgewiesen zu werden und allein zu sein. Sie sollte keine liebevolle, respektvolle Mutter sein.

KATIE: Ja. Wenn du deinen Teil betrachtest und das, was du gerade entdeckst, gibt es keinen besseren Weg zur Work als das. Was hätte deine Mutter Wirkungsvolleres tun können, um dich zur Selbsterkenntnis und zur Leidensfreiheit zu führen?

ARTHUR: Ja, das ist wahr.

KATIE: Wir haben alle die perfekten Eltern.

ARTHUR: Wow!

KATIE: Nun kommt, was du während dieses Telefongesprächs benötigst, um glücklich zu sein. Sieh dir deine Liste an und kehre alles zu dir selbst um. Das ist dein Rat an dich selbst. Ich sollte nicht …

ARTHUR: Ich sollte nicht wütend auf mich sein. Ich sollte mich bedingungslos lieben und mir nicht das Gefühl geben, zurückgewiesen zu werden und allein zu sein. Ich sollte ein liebevoller, respektvoller Sohn sein. Oh, ja. Ok.

KATIE: Das ist ein großartiger Rat.

ARTHUR: Ich sollte nicht wütend auf mich sein. Das stimmt!

KATIE: Das ist dein Rezept zum Glücklichsein.

ARTHUR: Weil es mir gut gehen würde. Weil ich für mich da wäre.

KATIE: Und Aussage 4?

ARTHUR: *Ich brauche von meiner Mutter, dass sie mir sagt, ich sei in Ordnung, wenn ich schwul bin, dass sie meine Wahl respektiert, dass sie mich nicht angreift oder mich verurteilt und dass sie nicht mehr in meine Privatsphäre eindringt.*

KATIE: »Du brauchst von deiner Mutter, dass sie sagt, du seiest in Ordnung, wenn du schwul bist« – ist das wahr? In diesem Telefongespräch?

ARTHUR: Nein. Nein, das brauche ich nicht.

KATIE: Nimm wahr, wie du reagierst, wenn du diesen Gedanken glaubst?

ARTHUR: Wenn sie nicht sagt, dass es in Ordnung ist? Um ehrlich zu sein, verliere ich den Boden unter den Füßen.

KATIE: Und du greifst einen Menschen an.

ARTHUR: Ja.

KATIE: Wie können wir von Ländern erwarten, dass sie aufhören, sich zu bekriegen, wenn wir dies in unserem eigenen Leben nicht mit unserem Nächsten hinbekommen?

ARTHUR: Das stimmt.

KATIE: Das ist, als ob du einfach mit Vernichtungswaffen auf sie losgegangen wärest, und damit bist du auch auf dich selbst mit Vernichtungswaffen losgegangen.

ARTHUR: Das ist wirklich wahr.

KATIE: Ja, aber nur zwölf Jahre lang.

ARTHUR: Und ich bin mental in vernichtender Weise auf mich selbst losgegangen. Wie damals, Jahre später, in Venedig; ich werde das nie vergessen, ich war allein, an diesem wunderschönen Ort, und habe immer wieder über die Unterhaltung nachgedacht und mir dadurch die Laune verdorben.

KATIE: Und Venedig war dahin.

ARTHUR: Die Kanäle waren dahin.

KATIE: Also nochmals: »Ich brauche …«

ARTHUR: Ich brauche von meiner Mutter, dass sie mir sagt, ich sei in Ordnung, wenn ich schwul bin.

KATIE: Wer wärest du in dem Telefongespräch ohne diesen Gedanken?

ARTHUR: Es würde mir gut gehen, weil ich dann wirklich vollkommen präsent sein könnte und, weil … Na ja, das Wort, das mir in den Sinn kommt, ist: »frei«.

KATIE: Nun kehre es um. So kannst du während des Telefongesprächs, in der Situation und in deinem Leben glücklich sein. »Ich brauche …«

ARTHUR: Ich brauche von mir, dass ich mir sage, es sei in Ordnung, schwul zu sein.

KATIE: Ja, und weiter: »Ich brauche von mir, ...«

ARTHUR: Ich brauche von mir, dass ich meine Wahl respektiere.

KATIE: Ja.

ARTHUR: Ich brauche von mir, dass ich mich nicht angreife oder verurteile.

KATIE: Oder sie.

ARTHUR: Oder sie. Ich brauche von mir, dass ich sie nicht angreife. Ich brauche von mir, dass ich sie nicht verurteile und nicht mehr in ihre Privatsphäre eindringe.

KATIE: Ja. Hör auf, in ihre Privatsphäre einzudringen.

ARTHUR: Denn sie hat das Recht zu denken, was sie denkt.

KATIE: Genau wie du.

ARTHUR: Ja, das stimmt.

KATIE: Zwei Welten. Und es ist so wunderbar, sie zu teilen. Wenn du deine Welt mit mir teilst, hat das keinen Einfluss auf meine Welt. Jetzt habe ich zwei Welten, die ich schätzen kann.

ARTHUR: Also, ich ... Wow! Ok.

KATIE: Zwei Planeten. Zwei Sonnensysteme.

ARTHUR: Es ist einfach ... *[lacht]*

KATIE: In ihrer Welt ist es nicht in Ordnung, schwul zu sein. In deiner Welt ist es ok.

ARTHUR: Ja.

KATIE: Und warum müssen wir gegen diese Welten mit ihren unterschiedlichen Traditionen, unterschiedlichen Vorstellungen und unterschiedlichen Lebensweisen kämpfen?

ARTHUR: Das ist wahr, ja.

KATIE: Nun zur nächsten Aussage, Aussage 5, in der du auflistest, was du von ihr denkst.

ARTHUR: Oh Gott. Ähm. Du hast uns aufgefordert, uns beim Ausfüllen dieser Aussage gehen zu lassen. *Meine Mutter ist*

ein verurteilendes Miststück, die nicht zuhört und grausam wird,
wenn es nicht nach ihrem Kopf geht. Oh-oh, ich sehe schon,
wohin das führt. *[Gelächter]*

KATIE: Hier ist es nun wirklich wichtig, in der Situation zu bleiben, denn das hier ist keine Definition von dir als Mensch. So bist du nur in dieser speziellen Situation am Telefon. Prüfe das jetzt und schau mal, wie das passt – das ist, wie wenn du ein neues Paar Schuhe anprobierst. »In der Situation mit meiner Mutter bin ich ...«

ARTHUR: Das ist wahr. Ich bin ein verurteilendes Miststück, das nicht zuhört und grausam ist, wenn es nicht nach seinem Kopf geht.

KATIE: Und es ist so schön, wenn man so was über sich selbst erfährt. »Wenn es nicht nach meinem Kopf geht ...«

ARTHUR: Ja, ich bin ein scheußliches Miststück, wenn es nicht nach meinem Kopf geht.

KATIE: Du bist alles, was du deiner Mutter vorgeworfen hast.

ARTHUR: Ich kann das nicht leugnen.

KATIE: Na ja, du erwachst in der Realität. Verleugnung ist jetzt etwas Interessantes. Wir können nicht ändern, was uns nicht bewusst ist. Das ist nicht möglich. Mit The Work kannst du dich dir selbst zu erkennen geben. Alles beginnt sich zu verändern, da du dir immer mehr der verborgenen Dinge bewusst wirst. Das ist Aufwachen in der Realität.

ARTHUR: Das ist wahr.

KATIE: Kehr jetzt die Liste ins Gegenteil um. »Während des Telefongesprächs war meine Mutter ...«

ARTHUR: Sie war ... Kehre ich es jetzt zu meiner Mutter um?

KATIE: Schau einfach, welche Gegenteile es passend zu jedem Urteil gibt. Was ist das Gegenteil von »verurteilendem Miststück«?

ARTHUR: Sie war …

KATIE: Eine verständnisvolle Mutter?

ARTHUR: Eine verständnisvolle Mutter, ja. »Die nicht zuhört …«

KATIE: Die zuhört.

ARTHUR: Die zuhört. Und die freundlich ist, wenn es nicht nach ihrem Kopf geht.

KATIE: Betrachte diese Aussagen einfach. Versuche sie anzuwenden. Es bedeutet nicht, dass die Umkehrung wahr ist. Bleib so lange bei diesem Telefongespräch, bis du siehst, inwiefern diese Umkehrung wahr ist, auch wenn sie zunächst als unwahr erscheint. Gehe in dich. Prüfe. Konzentriere dich darauf. Das ist wirklich wichtig, wenn du frei von Leiden sein willst.

ARTHUR: Sie war nicht grausam. Ja, nun … Sie hat mich wirklich, wirklich wie verrückt geliebt und wollte, dass ich gemäß ihrer speziellen Definition glücklich bin, und jeder hat immer nur seine eigene Definition.

KATIE: Lass uns weiter zu deiner letzten Aussage gehen. Was möchtest du nie wieder erleben?

ARTHUR: *Ich möchte mich nie wieder von meiner Mutter verurteilt, ungeliebt, angegriffen oder zurückgewiesen fühlen.*

KATIE: »Ich bin bereit …«

ARTHUR: Oh, wow! Ok.

KATIE: »Ich bin bereit …«

ARTHUR: Ich bin bereit … mich von meiner Mutter verurteilt, ungeliebt, angegriffen und zurückgewiesen zu fühlen.

KATIE: Verstehst du das?

ARTHUR: Nun ja, das ist wohl die Nagelprobe dafür, wie wenig homophob ich selbst bin.

KATIE: Ja, und sie zeigt, wo du noch im Widerspruch zu dir selbst und demzufolge zu anderen um dich herum stehst.

Sie zeigt dir, was mit einem weiteren Arbeitsblatt zu hinterfragen ist.

ARTHUR: Denn sie kann alles sagen, und ich sage einfach …

KATIE: Spuck's aus.

ARTHUR: Ja, genau.

KATIE: Spuck's aus, und wenn du dich mit deiner Mutter nicht verbunden fühlst, bedeutet das nur, dass du ein weiteres Arbeitsblatt benötigst. Also: »Ich freue mich …«

ARTHUR: Ich freue mich darauf, mich von meiner Mutter verurteilt, ungeliebt, angegriffen und zurückgewiesen zu fühlen. Was schnell passieren kann, wenn ich sie anrufe.

KATIE: Wenn du sie anrufst, und du empfindest wieder so, dann ist es Zeit für ein weiteres Arbeitsblatt. Wenn du feststellst, dass du sie angreifst, ist es Zeit für ein Arbeitsblatt. Immer wenn du jemanden angreifst – einschließlich dir selbst –, wendest du dich gegen das, was du willst, und gegen das, was du für dein Glück brauchst. Du wendest du dich gegen dein Glück. Diese Untersuchung hat das sehr klar hervorgebracht.

ARTHUR: Das hat sie in der Tat.

KATIE: Also sei mal deine Mutter am Telefon und greif mich an.

ARTHUR: Ähm. Oh Gott. Ich kann doch nicht … »Möchtest du hören, wie dein Vater weint? Das wolltest du, oder nicht? Du führst eine homosexuelle Beziehung.«

KATIE: »Ja, ich führe eine homosexuelle Beziehung und nein, ich wollte nicht, dass Papa weint. Ich mag nicht, wenn er leidet, und ich mag auch nicht, wenn du leidest.«

ARTHUR: »Also, warum machst du das dann?«

KATIE: »Ich wurde so geboren. Ich kann weder für dich noch für mich anders sein.«

ARTHUR: »Nein, das stimmt nicht. Das ist nicht wahr. Du kannst dich ändern.«

KATIE: »Ich schau mir das mal an, Mama. Ich bin offen dafür.«

ARTHUR: »Du sollst nicht mit dem Mann zusammenwohnen, mit dem du eine Beziehung hast.«

KATIE: »Nun, um ehrlich zu sein, ich liebe ihn abgöttisch. Möchtest du ihn kennenlernen?

ARTHUR: »Das ist ekelhaft.«

KATIE: »Oh, gut, dann vielleicht jetzt noch nicht. Aber sobald du dazu bereit bist. *[Gelächter]* Wenn du jemals dazu bereit bist, ihn kennenzulernen, freue ich mich auf deinen Besuch.«

ARTHUR: »Ich möchte deine Schwuchtelfreunde nicht kennenlernen.«

KATIE: »Gut, das verstehe ich.«

ARTHUR: Wow! Ok. Oh … Ich weiß nicht. Ich weiß nicht, was sie sagen würde. Ähm.

KATIE: Was, fürchtest du, könnte sie sagen?

ARTHUR: »Du hast mein Leben ruiniert.«

KATIE: »Was kann ich tun, um es wiedergutzumachen?«

ARTHUR: »Du kannst aufhören, schwul zu sein.«

KATIE: »Nun, Mama, das ist etwas, das ich nicht für dich tun kann.«

ARTHUR: »Aber warum nicht?«

KATIE: »Weil ich schwul bin.« *[Gelächter]*

ARTHUR: Dann würde sie vermutlich sagen: »Nein, das bist du nicht.«

KATIE: Und ich würde ihrer Welt lauschen, ihrem Leiden, ihrer Glaubensstruktur und darauf, was wir gemeinsam haben und was nicht.

ARTHUR: Ja, verstehe.

KATIE: »Ich weiß, dass das hart für dich ist, Mama, auch für mich war das eine gewisse Zeit wirklich hart. Ich verstehe wirklich, warum Papa geweint hat, und ich bin jederzeit da, falls du reden möchtest.«

ARTHUR: Das ist wirklich lieb.

KATIE: Nun, das habe ich aus deinem Arbeitsblatt gelernt.

ARTHUR: Vielen Dank.

KATIE: Wenn wir den Inhalt unseres Verstandes auf ein Arbeitsblatt schreiben und ihn hinterfragen, bringt uns das in die Realität und zeigt uns, wie wir in Liebe statt in Angst und Verwirrung leben können. Gute Arbeit, mein Lieber. Gute Arbeit. Ich danke dir. Dich zu begleiten, ist ein Privileg für mich.

ARTHUR: Vielen, vielen Dank, Katie.

KATIE: Danke gleichfalls. *[Applaus], [ans Publikum]*: Und für diejenigen unter euch, deren Mutter gestorben ist: Ihr könnt über sie worken, auch wenn sie bereits tot ist. Es ist niemals zu spät. Sie muss nicht leben, damit ihr das machen und eine noch nie dagewesene Beziehung zu ihr haben könnt. Und das trifft nicht nur auf Mütter zu, sondern auf alle Lebewesen und Dinge, denen ihr noch nicht vergeben habt – auf jeden Menschen, jede Katze, jeden Hund, jeden Baum, jedes Ding. Wenn ihr von irgendjemandem oder von irgendetwas getrennt seid, seid ihr nicht im Einklang mit eurem Herzen. Die Menschen oder Dinge sind nur dann nicht in Ordnung, wenn ihr glaubt, sie seien nicht in Ordnung. Daher lade ich euch immer wieder ein, eure Überzeugungen über sie aufzuschreiben. Die Untersuchung eurer Überzeugungen ist ein faszinierendes Geschenk an euch selbst, und es steht euch euer Leben lang täglich zur Verfügung. Alle Antworten sind stets in eurem Inneren und warten nur darauf, gehört zu werden. The Work ist keine Philosophie. Sie ist nichts. Sie besteht einfach aus vier Fragen und den Umkehrungen. Alles, was es dafür braucht, ist mentale Offenheit.

13 Die Welt jenseits der Namen

Dann sagte Subhuti: »Herr, wie sollen wir dieses Sutra nennen, und wie sollen wir es verinnerlichen und leben?«
Buddha sagte: »Dieses Sutra wird ›Die Diamant spaltende Transzendenz der Weisheit‹ genannt, weil es jegliche Form der Ignoranz oder Täuschung durchtrennen kann. Du solltest es unter diesem Namen geistig verinnerlichen und es leben. Aber sag, Subhuti: Bietet Buddha [den Menschen] eine Lehre an?«
»Nein, Herr. Buddha bietet [den Menschen] keine Lehre an.«
»Wie viele Atome gibt es in einem aus einer Milliarde von Welten bestehenden Weltensystem?«
»Das sind unvorstellbar viele.«
»Buddha lehrt, Atome seien keine Atome, sie würden nur ›Atome‹ genannt.« Buddha lehrt, Welten seien keine Welten, sie würden nur ›Welten‹ genannt. Subhuti, wenn ein guter Mann oder eine gute Frau so viele seiner oder ihrer Leben wie Sandkörner in einem Fluss wohltätigen Zwecken widmete und eine andere Person dieses Sutra hören und dabei seine Lehre wahrlich erkennen würde, sie dann verinnerlichen und leben würde, wäre das Verdienst der zweiten Person um Längen größer.

In der gleichen Weise, wie ein Diamant sämtliche Materialien zerschneiden kann, kann die Untersuchung alle stressigen Gedanken, Blindheit und Irrglauben zerschneiden. Mit der Untersuchung lassen sich Täuschungen zuverlässig durchtrennen. Die Selbsterkenntnis strömt von Buddha aus in Buddha hinein. Sie ist in dir bereits gegenwärtig, doch du weißt das erst, wenn du sie empfangen, gehört und still verstanden hast.

Buddha hat in Wahrheit nichts zu lehren: Er lebt als die beantwortete Frage in Selbsterkenntnis und ohne ein Selbst. Er handelt, ohne etwas zu tun. Er lehrt, ohne etwas zu sagen. Alles Gesagte kann nur in der von uns als Vergangenheit bezeichneten Welt der Illusionen existieren. Würde Buddha lehren, könnte er nur lehren, was nicht ist, und wäre somit kein Buddha. All seine Lehren erfolgen in der Stille.

Sowohl in diesem als auch in vorausgehenden Kapiteln sagt Buddha, Namen seien nicht real. Daher seien auch »Atome« und »Welten« nicht real. Es sind einfach Spielereien des Verstandes des scheinbaren *Nicht-Jetzt* und demzufolge des *Nichts*: Obwohl sie in der Traumwelt »Welten« und »Atome« bilden, sind sie *nichts* in der Welt der wahren Betrachtungen. Deine Bezeichnung für den Gegenstand Ding ist nicht der Gegenstand selbst. Der Name erschafft den Gegenstand erst. Auf diese Weise kommt es zur Trennung des Grenzenlosen – als ob es Stücke gäbe, als ob nicht jedes Stück bereits das Ganze wäre.

Der höchste Wunsch ist der Wunsch, nicht zu existieren. Dieser Wunsch ist für den Verstand der Weg zurück in sein wahres Selbst, das Selbst vor den Namen, dort, wo es kein Selbst und keine anderen gibt. Der Verstand hat Angst, es gäbe nichts, wenn da kein Etwas ist. Wie kann das aber sein? *Nichts* ist lediglich ein anderes Wort für ein Etwas. Wenn der Verstand glaubt, er existiere, glaubt er auch, er könne ausgelöscht werden, und diese Gegensätzlichkeit ist Unsinn! Der Weiß-nicht-Verstand hat keine Bezeichnungen, keine Angst, keinen Wunsch nach Kontrolle oder Vorausschau; er bewegt sich am Rande des Augenblicks und befindet sich im vollkommenen Vertrauen auf das Ankommen des nächsten Schrittes im Irgendwo und des folgenden Schrittes an einer anderen Stelle sowie darauf, dass unsere Füße uns dorthin bringen, wo wir hinmüssen. Wenn man Worten nicht glaubt, gibt es nichts zu fürchten. Angst entsteht durch den Glauben an Worte, und das, was jene Worte glaubt, ist eine Mischung aus zuvor geglaubten Worten. Wer hat all die Verwirrung in Gang gesetzt? Das warst du. Wer kann sie beenden? Nur du.

***

Wie zerschneidet die Untersuchung eine Täuschung?

Durch die Untersuchung wird das Leiden von seiner Wurzel getrennt und gleichzeitig beendet. Kein stressiger Gedanke kann einer aufrichtigen Untersuchung standhalten. Selbst Menschen mit starken gedanklichen Bindungen und die, welche die zweite Frage von The Work (»Kannst du absolut sicher wissen, dass das wahr ist?«) mit einem entschiedenen »Ja« beantworten, können in ihrer Betrachtung tiefer gehen, wenn sie sich in die dann folgenden zwei Fragen versenken. Beim Beantworten der dritten Frage (»Wie reagierst du, was passiert, wenn du diesen Gedanken glaubst?«) erkennen sie sehr genau, wie der Gedanke Leiden verursacht, und bei der Antwort auf die vierte Frage (»Wer wärest du ohne den Gedanken?«) sehen sie, wie die Welt aussehen würde, wenn sie diesen Gedanken nicht glauben würden, wenn sie nicht einmal die Fähigkeit besäßen, den Gedanken zu denken. Wenn sie für den ursprünglichen Gedanken anschließend Umkehrungen finden, erleben sie, dass dessen Gegensätze genauso wahr oder vielleicht noch wahrer sind. Wenn ein Gedanke auf diese Weise eingehend hinterfragt wird, verliert er die Kraft, Leiden zu verursachen.

Du sagst, der höchste Wunsch sei der Wunsch danach, nicht zu existieren. Bedeutet das, die Sehnsucht nach Spiritualität ist eine Art Selbstmord?

Ja, für das Ego schon; für das »Du«, das du zu sein glaubst. Menschen identifizieren sich für gewöhnlich mit einem bestimmten Körper. Sie schauen in den Spiegel und sagen: »Das bin ich.« Nur wenige Menschen gelangen zu der Überzeugung, dass sie nicht ihr Körper sind. Wer davor keine Angst hat, möchte vielleicht auch herausfinden, wer er wirklich ist. Daher ist der Wunsch, nicht als separates Ego zu existieren, gleichbedeutend mit dem Wunsch nach Freiheit von falscher Identität. Dies ist die Sehnsucht nach dem Verschwinden der Traumwelt. Physischer Selbstmord, das Töten des Körpers, löst die Angelegenheit nicht, da du noch nie dein Körper warst. Du tötest dein Ego nicht, indem du die Fortbewegung eines bestimmten Objektes beendest. Der klare Verstand sieht, dass er selbst, auch wenn der Körper nicht mehr da ist, nicht endet. Somit bleibt genug Arbeit, bis es keine mehr gibt.

Kein stressiger Gedanke kann einer aufrichtigen Untersuchung standhalten.

14 Es gehört uns nichts

Als Subhuti diese Worte hörte, war er zu Tränen gerührt. Er sagte zu Buddha: »Die Darbietung dieser Lehre, Herr, ist ein seltenes Privileg. Seit dem Augenblick, vor langer Zeit, als Verständnis einkehrte, habe ich keine so tiefgründige und so direkte Lehre mehr gehört. Herr, wenn eine Person fähig ist, diese Lehre mit offenem Verstand zu hören, wird diese mit Sicherheit die Realität erblicken und die Dinge jenseits aller Konzepte so sehen, wie sie sind. Eine solche Person verdient höchsten Respekt. Ich habe deine Lehre verstanden und bin tief von ihr bewegt. Aber wenn in einigen Jahrtausenden eine aufgeschlossene Person dieses Sutra hört und wahrlich seine Lehre erkennt, sie dann verinnerlicht und lebt, wird dies eine außergewöhnliche Person sein. Er oder sie werden frei von den nicht realen Vorstellungen vom ›Selbst‹ und ›anderen‹ sein. Jene, die sich von allen Vorstellungen befreit haben, werden ›Buddhas‹ genannt.«

Buddha sagte: »Ja, Subhuti, ganz genau. Wenn jemand dieses Sutra hört, seine Lehre nicht fürchtet und durch sie nicht erschüttert wird, so ist dies tatsächlich eine außergewöhnliche Person.

Subhuti, was Buddha als die höchsten spirituellen Qualitäten bezeichnet, sind in Wirklichkeit nicht die höchsten spirituellen Qualitäten. Sie werden nur als die ›höchsten spirituellen Qualitäten‹ bezeichnet. Zum Beispiel ist die von mir gelehrte Qualität der Geduld in Wirklichkeit keine Geduld. Als mein Körper in einem früheren Leben von König Kalinga[7] zerstückelt wurde, war ich nicht an

---

7 In einer Legende über eine frühere Inkarnation Buddhas ging der König von Kalinga eines Tages mit seinen Konkubinen, die im Wald

Vorstellungen über das ›Selbst‹ und ›andere‹ gebunden. Daher brauchte ich nicht geduldig zu sein oder zu vergeben. Wenn ich während der Zerstückelung meines Körpers an die Vorstellungen von einem ›Selbst‹ und ›anderen‹ gebunden gewesen wäre, wären in mir Wut und Hass auf den König hochgekommen. In meinen fünfhundert Leben als Geduld praktizierender Asket wurde ich von den Vorstellungen von einem ›Selbst‹ und ›anderen‹ frei. Daher brauchte ich keine Geduld.

Bodhisattvas müssen sich einzig von allen Vorstellungen befreien und dem Ruf der Freiheit folgen. Sie sollten dem Verstand nicht erlauben, auf den auf der Wahrnehmung von jeglichen Dingen beruhenden Vorstellungen zu verharren – Anblick, Klang, Geruch, Geschmack, Berührung und andere Eigenschaften. Der Verstand sollte von allen in ihm aufkommenden Gedanken unabhängig bleiben. Wenn der Verstand von irgendetwas abhängig ist, bietet er keine sichere Zuflucht.

Subhuti, wenn Bodhisattvas zum Vorteil aller fühlenden Wesen großzügig sein wollen, sollten sie wissen, dass Großzügigkeit in Wirklichkeit keine Großzügigkeit ist und dass fühlende Wesen in Wirklichkeit keine fühlenden Wesen sind. Wenn Bodhisattvas dies erkennen, werden sie zum Vorteil aller fühlenden Wesen großzügig sein können. Du solltest verstehen: Meine Lehre ist wahr, sie ist zuver-

---

verschwanden, auf die Jagd. Dort fanden sie den Asketen Kshanti (der später als Buddha wiedergeboren wurde) meditierend vor. Sie waren so bezaubert von seiner Gelassenheit, dass sie ihm Blumen zu Füßen legten. Daraufhin fing er an, ihnen Lehren über Geduld vorzutragen. Als der König sie dort fand, glühte er vor Eifersucht. Dann stellte er Kshantis Geduld auf die Probe, indem er ihm Hände und Füße abhackte. Dann Beine, Ohren und Nase. Während dieser Folter blieb Kshanti regungslos. Keine Spur von Wut stieg in seinem Herzen auf. Als dem König dies klar wurde, bekam er ein schlechtes Gewissen und bat Kshanti, ihm zu vergeben.

lässig und sie zeigt auf, wie die Dinge sind. Diese Lehre ist genau, und es stecken keine Sehnsüchte dahinter. Du solltest weiterhin verstehen, dass die von mir erkannte Wahrheit weder wahr noch falsch ist.

Subhuti, wenn Bodhisattvas großzügig sein möchten, während sie gleichzeitig an Vorstellungen gebunden sind, sind sie wie in vollkommener Dunkelheit wandernde Menschen. Wenn Bodhisattvas großzügig und frei von Vorstellungen sind, sind sie wie mit weit geöffneten Augen im Tageslicht wandernde Menschen, die alles so klar sehen, wie es ist.

Wenn aufgeschlossene Männer und Frauen in künftigen Zeiten dieses Sutra hören und wahrhaft seine Lehre erkennen, sie dann verinnerlichen und sie leben, werde ich mir dieser Menschen absolut bewusst sein und jeden einzelnen von ihnen erkennen und jeder wird höchsten Respekt verdient haben.«

Dieses Kapitel beinhaltet eine Variante der von Buddha in Kapitel 10 genannten Wahrheit »Ein Bodhisattva sollte einen Verstand entwickeln, der nirgendwo verweilt.« Hier sagt er: »Der Verstand sollte von allen in ihm aufkommenden Gedanken unabhängig bleiben. Wenn der Verstand von etwas abhängig ist, bietet er keine sichere Zuflucht.« Wenn du die Dinge genau so sehen möchtest, wie sie sind, dürftest du nur »Gedanken der ersten Generation« denken, das heißt einzelne Substantive ohne weitere damit verbundene Worte wie zum Beispiel: »Baum«, »Himmel«, »Tisch«, »Stuhl«. Aber sogar Baum, Himmel, Tisch und Stuhl müssen hinterfragt werden, da jegliche Referenz auf vollkommener Einbildung beruht. Demzufolge ist ein Tisch kein Tisch, auch wenn du ihn als solchen bezeichnest. Ein Baum ist kein Baum, auch wenn du ihn als Baum bezeichnest. Die Bezeichnung macht aus ihm nicht das, als was du es bezeichnest.

Nichts ist letztlich wahr. Es gibt nichts, das nicht hinterfragt werden kann. Die ultimative Realität lautet »Es gibt keine Realität« und ich lade dich ein, sogar darüber hinauszugehen. Dort findest du keinen Anker, keine Identität und kein Selbst, sondern Sicherheit. Dort ist der sichere Zufluchtsort.

Wenn der Verstand von etwas abhängig ist, hat er sich zu einem »Ich-weiß-Verstand« entwickelt, zu einem Ego, das in der scheinbaren Zeit und im scheinbaren Raum herumstrampelt und dabei fortwährend versucht, sich selbst zu definieren und die Richtigkeit seiner Urteile und die Echtheit der Welt zu beweisen. Der einzige Ausweg für den Verstand besteht darin, in sich zu gehen: wenn der Verstand in sich selbst ruht und der Buddha-Verstand auf die Illusion des Selbst eingeht. Sobald die Täuschung hinterfragt ist, existiert sie nicht mehr. Sie erscheint irrelevant, komisch und völlig verrückt.

In Buddhas Geschichte in diesem Kapitel über seine Folterung war er in der Tatsache erwacht, dass Hände, Füße, Ohren und Nase, die ihm abgehackt wurden, nicht seine waren. Es handelte sich nicht um seinen Körper. Es war der Körper von niemandem. Er erkannte, dass alles eingebildet war und aus diesem Grund waren Hass oder Wut erzeugende Gedanken für ihn nicht möglich.

Ich bin nicht gefoltert worden. Ich wurde jedoch einige Male von gewalttätigen Menschen bedroht und weiß, dass es auch in augenscheinlichen Gefahrensituationen möglich ist, in der Realität verwurzelt zu bleiben. Meinem Verständnis nach braucht es hierfür keine Geduld, sondern ein Wahrnehmen, ein Beobachten und die Aufrechterhaltung der Verbindung mit der Realität.

Ein Beispiel: Irgendwann in den Anfängen, im Jahr 1986 oder 1987, machte ich mit einer Frau aus Kansas City die Work. Sie wohnte für ein paar Tage bei mir. Sie sagte, sie leide unter chronischen Schmerzen. Als sie wieder abreiste, umarmte ich sie zum Abschied. Laut ihrer eigenen Aussage durchfuhr sie ein Schock. Sie sagte: »Oh mein Gott, die Schmerzen sind weg!« Sie brach in Tränen aus und meinte, ich sei eine großartige Heilerin. Ich entgegnete ihr, alles Geschehene sei das Ergebnis davon, dass sie diese Rolle auf mich projiziert habe. In Wahrheit war sie selbst es gewesen. *Sie* hat sich selbst geheilt. Sie kehrte immer wieder nach Barstow zurück, wohnte bei mir und verbrachte so viel Zeit mit mir, wie sie nur konnte. Das ging über mehrere Monate so.

Dann stand eines Tages ihr Ehemann erbost vor der Tür. Ich lud ihn ein hereinzukommen. Im Wohnzimmer fing er an, mir Vorwürfe zu machen, und schrie sich dabei fast die Lunge aus dem Leib. Er sagte, er habe seiner Frau verboten, noch einmal mein Haus zu betreten; ihre Besessenheit von mir steigere sich immer mehr. Irgendwie müsse ich wohl ihren Verstand kontrollieren. Sie höre nicht mehr auf ihn und liebe ihn nicht so, wie sie mich liebe. Dann fing er an, im Wohnzimmer auf und ab zu gehen. Er war ein großer Mann, und wie er da so schreiend mit den Armen herumfuchtelte, sah er aus wie eine Figur aus einem Zeichentrickfilm. Manchmal kam er mir so nahe, dass sein Gesicht nur noch wenige Millimeter von meinem entfernt war, und ich konnte seinen Atem spüren, wenn er mich mit seinen Vorwürfen überschüttete. Ich sah einen Mann, der fürchtete, die Kontrolle über seine Frau zu verlieren, einen Mann, der sich selbst aus Angst verrückt machte. Ich sagte, ich verstände seine Angst, doch ich würde weder seine Frau noch irgendjemand anderen abweisen, der zu mir komme.

An dieser Stelle drohte er, mich umzubringen, wenn ich nicht aufhören sollte, mich mit seiner Frau zu treffen. Ich hörte ihm sehr ruhig zu. Ein identifizierter Verstand würde diesen Wutausbruch für gefährlich halten. Wenn man den Inhalt aber wegnahm, glich er einem Baum im tosenden Wind, dessen Zweige sich geschmeidig, stark und wunderbar wiegten. Der Vorgang in der Realität bestand lediglich darin, dass ein Mann seine Ängste einer fürsorglichen Zuhörerin mitteilte. Er sagte, dass er Polizist in Kansas City sei und wisse, wie er mit jemandem wie mir umzugehen habe. Wenn er mich nicht jetzt umbringen würde, dann später. »Ich verstehe«, gab ich zurück. Das machte ihn noch wütender. Er sagte, er werde mein Haus mit mir und meinen Kindern darin niederbrennen und es wie einen Unfall aussehen lassen. Ich würde niemals wissen, wann das passieren würde, und es gebe für mich keine Möglichkeit, dies zu verhindern. Seine große Verwirrung war offensichtlich, und ebenso offensichtlich war, wie stark er litt. Ich konnte nur weiterhin versuchen, auf einem sehr tiefen Level mit ihm in Verbindung zu treten, denn es war ja mein eigenes Selbst, zu dem ich Kontakt aufnahm. Während er mir drohte, spürte ich, wie sich die Liebe in mir ausbreitete. Es gab kein »ihn« da draußen. Es gab nur mich. »Ich verstehe das wirklich«, antwortete ich. Dieses Mal schaute er mich an und sein gesamter Ausdruck wurde weich, sein Körper fing an zu zittern, und er fiel mir schluchzend um den Hals. Ich hielt ihn eine Weile im Arm und brachte anschließend beide zur Tür. Weder er noch sie kam jemals wieder.

Ein Beobachter würde bestimmt sagen, ich sei geduldig gewesen. In Wirklichkeit war mir jedoch vollkommen bewusst, dass der Person »Katie«, die der Mann bedrohte, überhaupt kein Schaden zugefügt werden konnte. Die ganze Zeit über beobachtete ich seine Unzufriedenheit, Verwirrung und Wut bei der Konfrontation mit etwas Unerschütterlichem. Ich hörte nur auf eine einzige Sache: seinen Verstand, der Teil meines eigenen Verstandes, der nicht von ihm getrennt war. Ungeduld mit seinem Verstand wäre dasselbe wie Ungeduld mit meinem eigenen Verstand gewesen.

Aus diesem Grund sind besonders für Anfänger Meditation und Stille so wichtig, wenn es um die vier Fragen geht. Wenn du in der Lage bist, die Work in Zeitlupe zu machen, und du über eine Situation, in der du aufgebracht oder wütend warst, fünf oder zehn Minuten zu jeder Frage in dich gehst, entwickelt dein Verstand daraus ein Muster und eine natürliche Form des Zuhörens. Die Untersuchung deckt alles auf, was nicht deiner Wahrheit und einem klaren Verstand entspricht. Gewahrsein ist weder ein Trick noch eine spezielle Denkweise, sondern einfach ein entwirrtes Ego.

***

Warum sollte jemand die Lehre des Diamant-Sutra fürchten oder von ihr erschüttert werden?

Das Ego kämpft immer um sein Leben. Du bekommst vielleicht Angst, und es könnte dich erschüttern zu erfahren, dass du als »Ich« nicht existierst und dass deine gesamte Identität, für die du dich so sehr engagierst, eine Illusion ist. Das ist der Untergang der Welt, wie du sie bisher verstanden hast, das Ende der Zeit und der Identität des physischen Körpers. Solange etwas anderes als die Wahrheit einen höheren Wert für dich besitzt, wird dich das Ego natürlich immer wieder in seine Fantasiewelt zurückholen. Hast du das Ego jedoch verstanden, kann es sich nicht mehr in die augenscheinliche Existenz zurückglauben. Dann macht dir weder die Wahrheit noch die Unwahrheit Angst oder erschüttert dich.

Nicht jeder hat beim Worken riesige Durchbrüche. Wie wichtig ist Geduld?

Die Work ist Übungssache. Ich empfehle den Menschen sie morgens zum Frühstück zu machen. Selbst wenn du mit tiefer Erleuchtung gesegnet bist, ist es weiterhin erforderlich, die eigene Bewusstheit zu trainieren, da alte Gedanken aufkommen und dich vereinnahmen können, wenn du sie nicht hinterfragst, egal, wie erleuchtet du bist. Mein Hauptgedanke war: »Meine Mutter liebt mich nicht.« Ich habe ihn ein ganzes Jahr lang täglich und in Dutzenden von Varianten geworkt. Ich schrieb die Gedanken so auf, wie sie mir in den Sinn kamen und meditierte mit den vier Fragen und Umkehrungen der Work stunden-, ja manchmal tagelang. Ich wusste, es ging nicht um Personen, sondern um Vorstellungen, und mit der Untersuchung dieser Vorstellungen über meine Mutter löste ich sämtliche Vorstellungen über alles und jeden.

Man braucht tatsächlich Geduld, wenn man The Work täglich oder zumindest regelmäßig anwenden will. Menschen, die nicht mehr leiden möchten, sind in der Lage, diese Geduld aufzubringen. Manchmal ist es schwierig, stressige Gedanken zu überprüfen, aber es ist noch viel schwieriger, wenn du sie *nicht* hinterfragst. Menschen, die an der Work interessiert sind, merken, dass sie anfangs manchmal worken und manchmal nicht. Wenn du dich jedoch darauf einlässt, die Work täglich zum Frühstück zu machen, erwacht sie langsam in dir. Dann kommst du dahin, dass nicht mehr du workst, sondern *es* workt *dich*. Es wird zu einer Selbstverständlichkeit, passiert von allein, wie das Atmen.

Die Work ist eine Möglichkeit, sich in den Raum zwischen dem *Denken* eines Gedankens und dem *Glauben* eines Gedankens zu begeben. Wenn du einen stressigen Gedanken workst, wird dir auf erstaunliche Weise klar, dass er ganz einfach nicht wahr ist. Wenn du dich – und oft auch deinen Partner – einer falschen Überzeugung verschrieben hast, wird dir anhand des Ursache-Wirkung-Prinzips des Gedankens ziemlich genau klar, welche Macht der Gedanke über dich hat und wie er dein Leiden verursacht. Und nicht nur das: Indem du die Work über einen Gedanken machst, gelangst du zu einer tiefen Erkenntnis, wer du ohne ihn wärest – wer du ohne ihn *bist*. Dann kann eine augenblickliche Umkehr stattfinden. Ich begegne immer wieder Menschen, die ihr Leben, ihre Beziehungen, ihre Gesundheit, ihre Finanzen innerhalb fünf, zehn oder fünfzehn Minuten ändern, weil sie zu der einfachen Erkenntnis gelangt sind, dass das, was sie jahrelang geglaubt haben, nicht wahr ist. Jeder aufgeschlossene Mensch kann zu dieser Einsicht gelangen. Sie geht mit einem unglaublichen Gefühl der Freiheit einher. Sollte das nicht unmittelbar so sein – sollten zur Lösung mehr Anläufe und Untersuchungen notwendig werden –, dann *soll* es so sein und das ist wunderbar.

Wie bringen wir The Work in unseren Alltag?

Indem wir worken.

Aber unser Leben ist voll schwieriger Beziehungen und Momente. Wie führen wir ein Leben in der Untersuchung?

182

Du machst die Work, und deine Wahrnehmung verändert sich ganz natürlich und ohne, dass sie gesteuert werden muss. Wenn sich dein Verstand verändert, verändert sich auch die von dir wahrgenommene Welt, da die Welt deine Projektion ist. Immer wenn du deine stressigen Gedanken hinterfragst, wirst du ein klarerer, freundlicherer Mensch. Vielleicht bemerkst du das nicht einmal, aber das Leben wird über die Monate und Jahre einfacher, und es kehrt ein noch nie dagewesener Frieden in deinen Gedanken ein. Deine Beziehungen werden einfacher und glücklicher. Dir wird klar, dass deine Feinde in Wirklichkeit deine Freunde sind und dass die schwierigen Menschen in deinem Leben nicht wirklich schwierig sind: Dein Verstand erschafft die Schwierigkeiten. Je klarer dein Verstand wird, umso klarer entwirft er ein freundliches Universum, und irgendwann merkst du, dass du schon lange kein Problem mehr gehabt hast.

Wie lange hast du Arbeitsblätter über deine Mutter geschrieben? Wann hast du das letzte Mal ein Arbeitsblatt ausgefüllt und stressige Gedanken hinterfragt?

Ich weiß nicht mehr genau, wie lange ich über meine Mutter geworkt habe. Ich vermute, ungefähr ein Jahr lang. Seither habe ich kein Arbeitsblatt mehr ausgefüllt, da ich kein Problem mehr hatte. Ich erinnere mich nicht mehr daran, ob in den darauffolgenden Jahren noch stressige Gedanken aufgekommen sind. Falls dem so war, haben sie sich im Glanz der wortlosen, in mir lebendigen Untersuchung aufgelöst. In ihrer Entstehung sind sie den Fragen begegnet, wurden so augenblicklich als das erkannt, was sie waren, und durch diese Erkenntnis außer Kraft gesetzt. Wenn ich heute ein Problem hätte, würde ich es, ohne zu zögern, zu Papier bringen und über die dabei im Verstand entstehende, hervorragende Illusion des Lebens meditieren. Der Verstand ist keine Gefahr. Nur wenn wir uns mit ihm identifizieren, tritt die falsche Welt des Leidens in Erscheinung.

Der einzige Ausweg für den Verstand besteht darin, in sich zu gehen.

15 Die Heimkehr

Buddha sagte: »Subhuti, stell dir einen guten Mann oder eine gute Frau vor, der oder die am Morgen so viele wohltätige Dinge tut, wie es Sandkörner im Ganges gibt, und am Nachmittag ebenso viele wohltätige Dinge und am Abend noch einmal und dies Abermillionen und -milliarden von Äonen lang. Nun stell dir vor, jemand hört dieses Sutra in aufgeschlossener Weise und lässt es in sein Herz vordringen. Das Verdienst der zweiten Person wäre bei weitem größer als das Verdienst der ersten. Um wie viel größer ist das Verdienst von jemandem, der dieses Sutra von ganzem Herzen verinnerlicht und lebt!

Wir können es so zusammenfassen: Dieses Sutra ist von unvorstellbarem, unschätzbarem, von grenzenlosem Wert und Buddha lehrt es jene, die reif genug sind, es zu verstehen. Wer in der Lage ist zu erkennen, was seine Lehre ist, diese dann verinnerlicht und lebt, ist in derselben Position wie Buddha und trägt seine Erleuchtung überall mit sich. Er oder sie hat den höchsten Respekt aller Wesen des Universums verdient.«

Jeder Gedanke führt an den Anfang des Denkens zurück. Der Gedanke als solcher ist unerheblich. Egal, wie irreführend er ist, Buddha erkennt ihn und führt ihn zur Untersuchung, so als ob er ihn einem breiten Trichter zuführen würde, wo er dann hinunterwirbeln, als einfaches Element ankommen und sich schließlich auflösen würde.

Dabei wiederholt sich Buddha immer wieder. Er muss sich wiederholen. Solange es irgendein scheinbares Leid auf der

Welt gibt, hilft er den Menschen nach Kräften bei der Auflösung. Durch Leiden werden Buddhas geschaffen. Wo kein Leiden, da kein Buddha; weil es dann keinen Grund für die Existenz eines Buddhas gibt. Seinem Verständnis nach existiert Buddha auch gar nicht. Der Buddha-Verstand ist einfach der Verstand, der auf sich selbst zurückgefallen ist. Dieser Verstand hat sich selbst in sein wahres Wesen zurückgerufen.

In den Abschnitten, in denen Buddha sich wiederholt, ist er mit einer Mutter zu vergleichen, die vor dem Haus steht und ihr Kind zum Abendessen nach Hause ruft. »Komm heim! Zeit fürs Abendessen! Auf geht's, komm rein!« Das Kind ist draußen auf der Straße, abgelenkt, vielleicht ist es hingefallen, hat sich das Knie aufgeschlagen, ist in eine Prügelei verwickelt. Oder hat sich in der Dunkelheit verirrt und ist verängstigt. Dann hört es auf einmal aus der Ferne die Stimme seiner Mutter, wie sie seinen Namen ruft, und es weiß, wohin es gehen muss. Buddha ist wie diese Mutter, die für ihr Kind dasteht und immer wieder seinen Namen ruft. Er erinnert sich daran, wie er selbst in der Dunkelheit umherirrte, und er ist unerschütterlich in seinem Verständnis dafür, was es heißt, verloren zu sein und gefunden zu werden. Der Ruf gilt immer nur dem, der ihn hört. Buddha würde tausend Jahre auf ein verlorenes Kind warten.

Das Wesen des hinterfragten Verstandes ist Freundlichkeit, und er hat absolut nichts an sich auszusetzen. Wenn etwas auftaucht, das nicht seinem Wesen entspricht – eine negative Vorstellung, ein Gedanke der Verteidigung, eine Zurückweisung oder ein Widerstand –, trennt sich der Verstand von seinem erleuchteten Selbst. Dann hat er sich mit etwas identifiziert, das ihm nicht entspricht und bemüht sich beständig darum, etwas zu sein, was er niemals sein kann. In dem Augenblick, in dem er sich mit etwas anderem als sich selbst identifiziert, sitzt er als ein Etwas, als ein Körper, als ein »Ich« fest. Wenn er sein wahres Wesen versteht, entwickelt er sich zu einem unendlichen Fluss der Freude. Dann ist er Beobachter seiner augenscheinlichen Schöpfungen und identifiziert sich dabei nicht als diese Schöpfung. Ihm ist klar, dass er nichts haben oder sein kann. Schließlich erkennt er, dass er den Anfang und das Ende darstellt, dass er niemals geboren wurde und niemals sterben kann.

Frieden kommt nur auf eine Einladung hin – wenn du ihn einlädst. Wenn der Frieden dein Ziel ist, dann sei herzlich willkommen zur Untersuchung. Die großen spirituellen Texte beschreiben das *Was* – was es bedeutet, frei zu sein. The Work ist das *Wie*. Sie ermöglicht dir einen direkten Zugang zum erwachten Verstand. Manche Menschen verbringen Jahre damit herauszufinden, was mit ihnen nicht stimmt. Mit The Work brauchst du danach nicht zu suchen. Du weißt bereits, was mit dir los ist: Du glaubst stressige Gedanken, und du musst nicht einmal wissen, um *welche* Gedanken es sich dabei handelt. Du nimmst einfach den ersten, der kommt, und *das ist* das, was mit dir nicht stimmt. Nach der Untersuchung deiner Gedanken stellt sich das, was mit dir nicht stimmte, als nichtig heraus.

***

Du sagst: »Buddha ist unerschütterlich in seinem Verständnis dafür, was es heißt, verloren zu sein und gefunden zu werden.« Du fühltest dich über Jahre hinweg verloren. Wer hat dich gefunden?

»Ich« habe mich gefunden. Anschließend hinterfragte ich auch das.

Du sagst: »Das Wesen des hinterfragten Verstandes ist Freundlich-keit.« Wie unterscheidest du zwischen der Freundlichkeit dir selbst und der Freundlichkeit anderen gegenüber?

Wenn ich freundlich zu dir bin, bin ich freundlich zu mir und wenn ich freundlich zu mir bin, bin ich freundlich zu dir, auch wenn du das nicht erkennst.

Die großen spirituellen Texte beschreiben das *Was*. The Work ist das *Wie*. Sie ermöglicht dir einen direkten Zugang zum erwachten Verstand.

16 Alles geschieht für dich, nicht gegen dich

Buddha sagte: »Ferner, Subhuti, wenn gute Männer und Frauen dieses Sutra hören und dabei seine Lehre wirklich erkennen und sie diese dann verinnerlichen und leben, wird sie nichts auf der Welt mehr aus der Fassung bringen. Feinde mögen sie verleumden, Freunde mögen sich distanzieren und sich von ihnen abwenden, doch ihr Verstand wird davon immer unberührt bleiben. Sie können nichts persönlich nehmen, da sie keine Vorstellung vom ›Selbst‹ und von den ›anderen‹ mehr haben. Daher ist ihr Verstand frei.

Milliarden von Zeitalter, noch vor der Zeit des Buddha Dipankara, diente ich vierundachtzigtausend Millionen und Milliarden Buddhas, und ich diente ihnen hingebungsvoll und von ganzem Herzen. Aber wenn jemand in den nächsten Jahrtausenden dieses Sutra hört und seine Lehre wahrhaftig erkennt und diese dann verinnerlicht und lebt, wird der Verdienst jener Person hunderttausend Milliarden mal größer sein als der Verdienst, den ich erwarb, als ich all jenen Buddhas diente. In der Tat könnte keine Zahl ausdrücken, um wie viel ihr Verdienst höher wäre.

Müsste ich genaue Angaben über das Verdienst machen, den sich gute Männer und Frauen in den nächsten Jahrtausenden erwerben, wenn sie dieses Sutra hören und seine Lehre wahrhaftig erkennen und diese dann verinnerlichen und leben, so würde mir keiner glauben. Du solltest wissen, dass der Wert dieser Lehre jegliche Vorstellung übersteigt und auch ihr Lohn jegliche Vorstellung übersteigt.«

Die Realität entfaltet sich auf vollkommene Weise. Ganz gleich, was geschieht, es ist gut. Ich sehe Menschen und Dinge, und wenn es mir einfällt, auf sie zuzugehen oder mich von ihnen zu entfernen, so tue ich das widerspruchslos, denn ich habe keine glaubhafte Geschichte, warum ich es nicht tun sollte. Es ist immer perfekt. Eine Entscheidung würde mir weniger geben. Das ist immer so. Daher trifft »es« seine eigene Entscheidung und ich befolge sie. Was ich daran liebe, ist, dass »es« immer freundlich ist. Wenn ich dieser Erfahrung einen Namen geben müsste, würde ich sie als Dankbarkeit bezeichnen. Lebendige, atmende Dankbarkeit. Ich bin ein Empfänger. Ich kann nicht verhindern, dass ich Gnade empfange.

Es ist persönlich und zugleich nicht persönlich. Es ist persönlich insofern, als ich die ganze Welt bin – ein Spiegelbild dessen, was ich bin und liebe. Ohne sie bin ich körperlos. Ich bräuchte nicht hinzuschauen, aber das Hinschauen bereitet mir so viel Freude. Andererseits ist es nicht persönlich, da ich lediglich ein Spiegelbild sehe. Jede Bewegung, jeder Klang, jeder Atemzug, jedes Molekül, jedes Atom ist nichts anderes als ein Spiegelbild. Deshalb bewege ich mich auch nicht, sondern ich werde bewegt. Ich mache nichts, ich werde gemacht, ich atme nicht, ich werde geatmet; ich denke nicht, ich werde gedacht. Es gibt kein Ich. Es gibt nichts Reales daran.

Wenn du erkennst, dass es so etwas wie ein Selbst oder einen anderen nicht gibt, wird dir klar, dass alle menschlichen Beziehungen Spiegelungen sind. Nicht du wirst von den Menschen gemocht oder nicht, es sind deren *Geschichten* über dich, die gemocht werden oder nicht. Sie beschimpfen oder verlassen nicht dich, sondern den, *für den sie dich halten*. Was hat all das mit dir zu tun? Du bist ihre Projektion, so wie sie deine sind. Wenn du das erkennst, ist es leichter, sich nicht von Lob oder Vorwürfen treffen zu lassen.

Ich liebe es, wenn Menschen mir Vorwürfe machen. Ich lerne so gut ich kann aus ihrer Kritik, aber ich kann sie niemals persönlich nehmen. Ich liebe es auch, wenn sie mich loben, obwohl ich weiß, dass sie nur die Person loben, für die sie mich halten. Aber Lob kommt unserer wahren Natur am nächsten. Vorwürfe verletzen den, der sie ausspricht. Wenn Menschen mich loben, freue ich mich für sie. Sie sagen: »Oh, Katie, du hast mein Leben verändert. Ich bin dir so dankbar.« Ich höre dies als eine Umkehrung: *Sie* hat ihr Leben verändert, oder *er* hat sein Leben verändert. Sie schreiben es mir zu, dabei haben sie es sich selbst zuzuschreiben. Zu meinen, dass irgendetwas davon mit mir zu tun habe, bedeutet Verwirrung. Ihre Dankbarkeit ist an das Ich gerichtet, für das sie mich halten. Doch mit der Zeit, wenn sie sich das Untersuchen immer mehr zu eigen machen, richtet sie sich an sie selbst und am Ende richtet sie sich nirgendwo mehr hin. Sie wird zu reiner Dankbarkeit ohne Ausrichtung.

Wenn dich jemand zurückweist, so ist das nur möglich, weil du seiner Vorstellung, wie er die Welt haben möchte, nicht entsprichst. Nur ein aufgeblasenes Ego könnte sagen, dass du damit irgendetwas zu tun hast. Angenommen, deine Hand bewegt sich grundlos, und dieser Mensch findet das inakzeptabel – wäre es nicht offensichtlich, dass das ausschließlich mit ihm zu tun hat? Wenn du seine Kritik persönlich nimmst, bist *du* derjenige, der sich verletzt. Das Leiden beginnt mit der Geschichte, die du auf seiner Kritik aufbaust. Du lehnst dich gegen die Realität auf und verlierst dabei.

Meine Liebe ist meine Angelegenheit. Deine Liebe ist die deine. Du erzählst die Geschichte, ich sei dies oder jenes, und verliebst dich in deine Geschichte. Was habe ich damit zu tun? Ich diene deiner Projektion. Da habe ich keine Wahl. Ich bin deine Geschichte, nicht mehr und nicht weniger. Du bist mir niemals begegnet. Niemand ist jemals irgendjemandem begegnet.

Wenn dir innere Arbeit gefällt, freust du dich auf das Schlimmste, das passieren kann, denn du wirst kein Problem finden, das nicht aus dem Inneren heraus gelöst werden könnte. Es ist die perfekte Ausgangslage für das Ende des Leidens. Und es wird dir ein Rätsel, warum du jemals dachtest, es gebe ein Problem in deinem Leben. Du erkennst allmählich, dass es keine Fehler gibt und dass das, was du brauchst, das ist, was du bekommst. Dann hast du das Paradies gefunden. Alles, was du brauchst, und sogar mehr als das, wird dir immer im Überfluss zuteil.

Selbst der geringste Ärger ist eine Form des Leidens. Er fühlt sich nicht natürlich an. Menschen mit Verständnis zu begegnen, entspricht dir mehr. Wenn also ein ärgerlicher oder wütender Gedanke auftaucht, kannst du ihm dann mit Verständnis begegnen, indem du ihn untersuchst? Wenn du lernst, deinen Gedanken mit Verständnis zu begegnen, dann kannst du *uns* mit Verständnis begegnen. Was könnte jemand über dich sagen, das du nicht selbst schon gedacht hast? Es gibt keine neuen stressigen Gedanken – sie sind alle recycelt. Wir begegnen nichts anderem als Gedanken. Das Äußere ist eine nach außen projizierte Vorstellung des Inneren. Dein Denken und mein Denken sind dasselbe. Lass uns ihm mit Verständnis begegnen. Nur die Liebe hat die Kraft zu heilen.

Warum regst du dich über Menschen auf, wenn du weißt, dass sie Projektionen deines eigenen Verstandes sind, egal, was sie sagen oder tun? Sobald der Verstand das erkannt hat, gibt es nichts mehr, das *auf etwas* projiziert werden kann. Selbst der Verstand ist die Theorie seiner selbst. Da ist niemand, der ärgerlich *sein* kann. Da ist nur der Verstand, der in seiner eigenen scheinbaren Welt spielt. Der Buddha-Verstand kann niemals in der nicht existenten Vergangenheit oder Zukunft stecken bleiben. Also kann er gar nie etwas anderes als die diesem Verständnis entspringende Freude erleben.

Tatsache ist, dass du noch nie auf jemand anderen reagiert hast. Du projizierst Bedeutung auf nichts und reagierst auf die von dir selbst geschaffene Bedeutung. Einsamkeit entspringt aus einer wahren Quelle: Du bist der Einzige hier. Es gibt keine Menschen. Du bist sie. Auch diese Welt existiert nicht. Wenn du deine Gedanken hinterfragst, wirst du das erkennen. Das ist der Weltuntergang. Der freudvolle Untergang einer Welt, die von vornherein nie existiert hat.

***

Du hast gesagt: »Das entscheidende Anzeichen für Selbsterkenntnis ist der anhaltende Zustand von Dankbarkeit.« Hast du jemals Dankbarkeit vor deinem Erwachen erlebt?

An einem Tag im Februar 1986, kurz bevor ich ins Rehazentrum ging, litt ich so sehr, dass ich glaubte, keinen weiteren Atemzug mehr ertragen zu können. Da kamen mir einige Dinge in den Sinn. Ohne besonderen Grund begann ich zu schreien und konnte nicht wieder aufhören. Paul, mein damaliger Ehemann, und einer meiner Söhne kamen und hielten mich fest, damit ich mich nicht selbst verletzte. Ich konnte nicht aufhören zu schreien und auf dem Bett um mich zu schlagen. Der emotionale Schmerz wurde immer stärker. Er überstieg alles, was ein Mensch meiner Meinung nach ertragen konnte.

Sie hielten mich fest, und ich hatte große Angst. Sie auch. Sie waren in Panik. Einer von beiden telefonierte herum, um einen Arzt zu finden, der bereit war, am Telefon mit mir zu sprechen. Sie riefen bei verschiedenen Krankenhäusern und Ärzten an: »Was können wir tun? Werden Sie mit ihr sprechen? Gibt es irgendjemanden, der mit ihr sprechen kann?« Sie waren verzweifelt. Endlich fanden sie irgendwo in Amerika, in irgendeinem Staat, in irgendeiner Stadt, irgendwo jemanden, der sich bereit erklärte, mit mir zu reden. Er war Psychologe in einer Psychiatrie. Er nahm sich Zeit, um sich mit mir zu unterhalten.

Sie hielten mir den Hörer ans Ohr, und ich spürte, wie Liebe aus seiner Stimme sprach. Ich fühlte, dass er mich aufrichtig liebte, und es interessierte mich, was er zu sagen hatte. Meine Schreie wurden leiser, und ich konnte ihn hören. Ich erinnere mich nicht mehr an seine Worte. Es war wahrscheinlich so etwas wie: »Ich verstehe. Ich höre Sie. Sie müssen wohl sehr stark leiden.« Alles, was er sagte, ergab für mich einen Sinn. Entscheidend war, woher seine Freundlichkeit kam. Ich wusste: Er konnte nichts von mir wollen; er kannte mich nicht, es waren keine Bedingungen daran geknüpft, daher vertraute ich seinen Worten. Er sagte, ich bräuchte Hilfe, und die Qualen ließen etwas nach.

Das war das erste Mal in meinem Leben, dass ich Liebe erfuhr. Ich konnte sie weder von meinen Eltern, noch von meinem ersten oder zweiten Ehemann, noch von meinen Kindern bekommen; ich spürte sie durch diese einfache Freundlichkeit. Heute gebe ich anderen, was dieser Mann mir gegeben hat, und jedes Mal empfange ich das ursprüngliche Geschenk aufs Neue.

Wenn ich diese Geschichte erzähle, fließen oft Tränen aus meinen Augen. Dann erlebe ich diese Dankbarkeit noch einmal. Wenn irgendjemand so leidet, wie ich seinerzeit gelitten habe, weiß ich, wie einfach es ist, aus dem Ganzen auszusteigen. Und ich weiß, dass du das bist, was von mir übrig ist. Wenn du sagst: »Hilf mir«, dann muss ich tun, was dieser freundliche Mann tat. Er hat mir gezeigt, wer ich bin – wer wir alle sind.

»Nicht du wirst von den Menschen gemocht oder nicht, sondern ihre Geschichten über dich.« Kann diese Einsicht nicht zu einer Ausrede dafür werden, dass du dich selbst nicht anschaust? Jemand könnte sagen: »Oh, sie bezeichnet mich als selbstsüchtig.« »Na ja, das bin nicht ich, das ist ihre Geschichte über mich. Also muss ich nicht hinsehen oder etwas unternehmen.«

Alles kann zur Ausrede für den Zustand des Schlafens werden. Wenn jemand etwas glaubt, nur weil es in einem Buch steht oder scheinbar wahr ist oder aus einem anderen Grund, als den, dass er es tatsächlich selbst erkannt hat, so ist es keine Erkenntnis, sondern nur eine weitere Verteidigung. Du weißt ganz genau, wann du etwas abwehrst. Durch die fehlende Verbundenheit wird es offensichtlich. Wenn jemand sagt, er mag mich nicht, möchte ich ehrlich wissen, warum, denn mir ist klar, dass er mich unter bestimmten Gesichtspunkten klarer sieht als ich mich selbst – mit anderen Worten: Seine Geschichte über mich könnte treffender sein als meine Geschichte über mich. Seine Haltung könnte mir zu Wachstum verhelfen. Ich erfahre, warum sie die Katie, für die sie mich halten, nicht mögen, und dadurch komme ich ihnen nah. Wenn ich nicht verbunden und dankbar bin, dann bin ich diejenige, die danebenliegt.

Du sagst, die Erkenntnis, dass wir eine Projektion der Menschen sei-
en, mache es uns einfacher, von Lob oder Vorwürfen nicht berührt
zu werden. Aber ist es nicht menschlich, von Lob berührt zu wer-
den? Warum sollten wir das nicht einfach genießen?

Ich freue mich über Lob genauso wie über Vorwürfe. Vorwürfe
geben mir etwas zum Nachdenken. Könnten die anderen recht
haben? Im Zuge meiner stetigen Wachsamkeit überprüfe ich,
was ich sie sagen hörte.

Was Lob angeht: Wenn ich etwas lobe, zeige ich Respekt,
eine gewisse Dankbarkeit, dass das, was ich am scheinbar
anderen lobe, derart sichtbar ist. Ich erlebe dabei Verbundenheit und zeige der Person, die ich lobe, gern meine Anerkennung. Wenn mich also Menschen loben, erkenne ich ihre
Geisteshaltung an, und ich liebe es, dass sie in dem, was sie in
mir zu sehen glauben, etwas gesehen haben, das lobenswert
ist. Aber ich kann mir ihr Lob nicht zuschreiben, selbst wenn
es mit dem übereinstimmt, was ich an mir beobachte.

Wenn dir innere Arbeit gefällt, freust du dich auf das
Schlimmste, das passieren kann, denn du wirst kein Problem finden, das nicht aus dem Inneren heraus gelöst
werden könnte.

17 Ein Leben ohne Trennung

Dann sagte Subhuti: »Ich frage dich noch einmal, Herr: Was sollten aufrichtige Männer und Frauen auf der Suche nach Erleuchtung tun, und wie sollten sie ihren Verstand kontrollieren?«

Buddha antwortete: »Wenn aufrichtige Männer und Frauen auf der Suche nach der Wahrheit sind, sollten sie ihren Verstand durch Konzentration auf einen einzigen Gedanken kontrollieren: ›Wenn ich die perfekte Weisheit erlangt habe, werde ich alle fühlenden Wesen befreien und ihnen erlauben, in den unendlichen Frieden des Nirwana einzutreten. Und dennoch – wenn unüberschaubar, unzählig, undenkbar viele Myriaden von Wesen befreit werden, wird in Wirklichkeit kein Wesen befreit sein. Warum? Weil kein wahrer Bodhisattva eine Vorstellung von einem ›Selbst‹ und einem ›anderen‹ hegt.

Erlaube mir, dir eine Frage zu stellen, Subhuti. Als Buddha bei Buddha Dipankara zu Besuch war, kam er dort zur Erleuchtung?‹«

»Nein, Herr. Wenn ich deine Lehre richtig verstanden habe, bist du während deines Besuchs bei Buddha Dipankara nicht zur sogenannten Erleuchtung gekommen.«

»Das ist richtig. In Wirklichkeit gibt es nämlich so etwas wie Erleuchtung nicht. Einen derartigen Geisteszustand hat Buddha nicht erlangt. Gäbe es etwas Derartiges, hätte Buddha Dipankara nicht vorhergesagt: ›Künftig wirst du ein Buddha namens Shakyamuni sein‹. Nur weil es so etwas wie Erleuchtung nicht gibt, konnte Buddha Dipankara diese Voraussage machen.

Subhuti, wer sagt, Buddha sei zur Erleuchtung gelangt, hat

sich geirrt. Die von Buddha erlangte Erleuchtung ist weder real noch irreal. Deshalb sagte Buddha, alle Dinge seien ›Buddha-Dinge‹. Aber ›alle Dinge‹ sind in Wahrheit nicht alle Dinge. Sie werden nur ›alle Dinge‹ genannt.

Wenn ein Bodhisattva sagt: ›Ich werde alle fühlenden Wesen befreien‹, so ist er oder sie kein wahrer Bodhisattva. In Wirklichkeit gibt es kein separates Wesen, das als Bodhisattva bezeichnet werden kann. Es gibt nirgendwo im Universum etwas, worin du ein Selbst finden kannst. Wenn also ein Bodhisattva sagt: ›Ich werde aus der Welt einen schönen Ort machen‹, so ist er oder sie kein wahrer Bodhisattva. In Wirklichkeit gibt es keine separate Welt, aus der irgendetwas gemacht werden kann. Buddha nennt diese Person einen wahren Bodhisattva nur, wenn sie erkennt, dass es kein Selbst und keinen anderen gibt.«

Hier wiederholt Buddha Aussagen aus vorherigen Kapiteln. Diese Kapitel enthalten wichtige Botschaften, die der Wiederholung wert sind: Der Fokus eines Bodhisattva liege auf dem selbstlosen Dienst an anderen, es gebe keine andere und es gebe so etwas wie Erleuchtung nicht. Wenn du diese drei Aussagen verstehst, verstehst du alles. Wenn du nur eine dieser Aussagen verstehst, verstehst du alles. Jede Aussage ist ein anderer Aspekt derselben Wahrheit.

Was Buddha sagt, mag verwirrend erscheinen, aber nur, weil er so klar ist. Wie kann man Worte verwenden, die ein Etwas sind, um nichts zu beschreiben? Wie kann man die Welt der scheinbaren Dinge beschreiben, wenn man versteht, dass sie nicht wirklich existiert? Es geht nicht. Man kann nur von jeglichen Vorstellungen wegweisen, an die der Verstand sich gerne binden würde. Jede Lehre ist eine Irrlehre, da es in Wirklichkeit nichts zu lehren gibt. Bei der Deutung auf eine augenscheinliche Wahrheit, deutet man auf etwas hin, das es nicht gibt. Wenn man jedoch von etwas, das es nicht gibt, wegzeigt, deutet man in die Richtung »Lieben, was ist« und das führt ins Nichts zurück.

Vielleicht ist für dich die Erkenntnis, dass nichts existiert, deprimierend. In Wirklichkeit ist das Gegenteil der Fall: Es ist aufregend. Es gibt keine Trennung mehr. Man kann von nichts mehr getrennt sein. Da ist nur noch Dankbarkeit und Lachen.

Anfangs, als ich The Work entdeckte, wollte ich die unaufhörlich vom Verstand generierten Gedanken möglichst gut verstehen – die einzige Möglichkeit, den unkontrollierbaren Verstand zu kontrollieren. Ich nahm mich dieser Gedanken in Stille an. Ich begegnete ihnen, wie eine Mutter ihrem verwirrten Kind nach einem Albtraum begegnet. Ihr ist klar, dass es in Wirklichkeit sicher ist. Es ist nur in einem furchterregenden Traum gefangen. Ich lauschte also jedem Gedanken und liebte ihn wie mein eigenes Kind. Ich schrieb alles auf, was das Kind von dem Albtraum erzählte, und hinterfragte es. Ich hinterfragte die Stichhaltigkeit jedes niedergeschriebenen Gedankens – Gedanken für geliebten Gedanken. Begegnet es den Gedanken in der Untersuchung mit Verständnis, sieht das Kind dasselbe wie die Mutter: Es ist nur ein Traum. Nach dem anschließenden Erwachen wird klar: Es gibt keinen Traum – es gibt nicht einmal einen Träumer.

Wenn in diesen frühen Tagen eine Überzeugung aufkam – wobei die bedeutendste »Meine Mutter liebt mich nicht« war –, war es, als ob in meinem Körper eine Atombombe explodierte. Ich nahm ein Zittern, eine Kontraktion und eine scheinbare Vernichtung des Friedens wahr. Die Überzeugung wurde stellenweise von Tränen und einer Versteifung des Körpers begleitet. Für einen Außenstehenden hat es womöglich so ausgesehen, als ob ich sehr aufgebracht und voller Trauer gewesen wäre. In Wirklichkeit befand ich mich jedoch immer in derselben fortwährenden Klarheit, in dem Frieden und in der Freude, die auf dem Fußboden des Reha-Zentrums entstanden war, als ich ohne »Ich« und ohne Welt mit einem aus mir heraussprudelnden Lachen erwachte. Die aufgekommene Überzeugung lies nach und löste sich im Licht der Wahrheit auf. Der Körper wurde lediglich von einem Rest der Überzeugung erschüttert, was sich in Form eines unbehaglichen Gefühls zeigte. Durch dieses Unbehagen war mir sofort klar, dass der Glaube nicht wahr war. Nichts war wahr. Dieses Bewusstsein äußerte sich in einem wunderbaren Humor – in einer herrlichen, stürmischen Freude.

Ich hatte erkannt, dass alles rückständig war, dass sich mein Denken allem Realen widersetzte. Ich litt häufig unter Gedanken wie »Paul sollte netter zu mir sein« oder »Die Kinder sollten auf mich hören«. Nach dem Untersuchen dieser Überzeugungen wurde mir klar, dass das Gegenteil der Fall war. Paul sollte *nicht* netter zu mir sein. Die Kinder sollten *nicht* auf mich hören. Es war alles so einfach: Er war in Wahrheit so nett, wie es ihm in Anbetracht seiner Gedanken möglich war, und die Kinder hörten auf mich so gut, wie sie dazu in der Lage waren.

Jegliches »sollte« war einfach ein Gedanke. Es hatte nichts mit der Realität zu tun. Alles war perfekt, genauso wie es war.

Ich wurde auf dem Boden des Reha-Zentrums augenblicklich zu einer, die liebt, was ist. Ich bemerkte, dass sich dies viel natürlicher und viel friedlicher anfühlte. Ich begriff, dass ich diejenige war, die netter sein und zuhören sollte. Aus dieser Erkenntnis heraus entwickelten sich später die Umkehrungen, wie ich sie nenne. Das ist eine stressfreie Lebensart. Wenn du das verstehst, hast du das Ende des Leidens erreicht. Der Traum wird schön.

In der Überzeugung »Meine Familie sollte mich lieben und verstehen« erkannte ich die Umkehrung »Ich sollte mich lieben und verstehen«. Wie konnte ich jemals glauben, es sei *deren* Aufgabe? Das war verrückt! *Ich* sollte damit beginnen! Solange ich noch nicht dazu in der Lage bin, sollte ich der Welt eine Pause gönnen. Als ich die Überzeugung ein weiteres Mal anschaute, entdeckte ich noch eine andere Umkehrung: »Ich sollte meine Familie lieben und verstehen.« Diese Erkenntnis führte zu Bescheidenheit. Mein ganzes Leben lang hatte ich Verständnis von meiner Familie und von meinen Freunden erwartet und es ihnen übel genommen, wenn ich es nicht erhalten hatte; ich war verletzt, wütend und irgendwie verunsichert gewesen. Ich hatte immer versucht, von meinem Umfeld Verständnis und Anerkennung zu kriegen. Nun erkannte ich, wie hoffnungslos dies war und wie leer und getrennt es sich anfühlte. Jetzt verstand ich, warum sie mich nicht liebten und nicht verstanden. Ich brauchte mir nur anzuschauen, wie ich mit ihnen umgegangen war!

Ich wachte »umgekehrt« auf. Ich war die wandelnde Umkehrung. Wenn der Gedanke »Es ist zu heiß« aufkam, reagierte ich mit »pfft!« Das ist nicht wahr. Es ist *nicht* zu heiß. Das muss wahrer sein, denn in Wirklichkeit ist es so heiß, wie es ist.« Durch den Glauben an einen unwahren Gedanken erlebte ich das Ursache-Wirkung-Prinzip. Da ich früher sehr verwirrt und hasserfüllt war, machte ich mit der Untersuchung der Gedanken aus meiner alten Welt sehr tiefgründige Erfahrungen. Nachdem ich sie überprüft hatte, erlebte ich jeweils ihr Gegenteil. »Die Welt ist ein schrecklicher Ort« wurde zum

Beispiel zu »Die Welt ist ein schöner Ort«. Die Richtigkeit dieser Umkehrungen lag so deutlich auf der Hand, dass sie des Öfteren schallendes Gelächter in mir auslöste. Ich musste die Welt überhaupt nicht schön machen. Sie war bereits so, wie ich sie schon immer haben wollte. Von mir war nichts gefordert, außer wahrzunehmen.

Es ist so wichtig, dies zu verstehen. Die Menschen denken, Erleuchtung müsse ein mystisches, transzendentales Ereignis sein. Aber das ist nicht so. Sie ist dir so nahe wie dein lästigster Gedanke. Wenn du einen der Realität entgegenstehenden Gedanken glaubst, bist du verwirrt. Wenn du diesen Gedanken hinterfragst und erkennst, dass er nicht wahr ist, bist du ihm gegenüber erleuchtet und von ihm befreit. In jenem Moment bist du so frei wie Buddha. Und dann kommt der nächste stressige Gedanke daher, und entweder glaubst du ihn oder du hinterfragst ihn. Das ist deine nächste Gelegenheit für eine Erleuchtung. Das Leben ist so einfach.

***

Warum sagst du, die Erkenntnis, nichts existiere, sei aufregend?

Es ist aufregend, dem Ego bei seinem Tanz zuzuschauen – links, rechts, auf, ab, im Kreis herum, egal, wie es verläuft, nichts ist gültig, nichts ist real. Es bleibt dir nur die Entzückung über seine Eskapaden und über seine genialen Versuche, etwas zu sein, was es niemals war, nicht ist und niemals sein wird.

Du sagst, anfangs seien Überzeugungen wie Atombomben in deinem Körper explodiert und du wärest dennoch weiterhin im Frieden gewesen. Hast du diese Explosionen aus dem Inneren deines

Körpers beobachtet? Oder von außen? Wo war der Frieden in diesem ganzen Tumult?

Es war, als ob ich Besuch aus einer vor Milliarden von Jahren vernichteten Welt bekommen hätte und ich eine ihrer alten Erschütterungen spürte. Ich bemerkte sie. Ich hieß sie willkommen. Sie war etwas/nichts Reales/Unwirkliches. Ich spürte sie weder aus dem Innern noch von außen. Es *gab* kein Innen oder Außen. Der Frieden stand im absoluten Mittelpunkt. Nicht einmal das Beobachtende konnte existieren. Ich war in einem Faszinationsrausch und liebte beständig, was war – sprich, ich liebte beständig, was nicht war.

Du lädst die Menschen ein zu erkennen, dass eine Umkehrung vielleicht genauso wahr oder wahrer als der ursprüngliche stressige Gedanke ist. An anderer Stelle sagst du jedoch, nichts sei wahr. Wenn eine Umkehrung letztlich nicht wahr ist, wozu ist dann die Erkenntnis gut, dass sie genauso wahr ist wie der Ursprungsgedanke?

Die Erkenntnis, dass eine Umkehrung mindestens genauso wahr ist wie der Leid auslösende Gedanke, befreit. Sie gibt dem Bewusstsein die Gelegenheit, sich auszudehnen, dadurch bleibt es nicht in einer einengenden Realität stecken. Das Wesen des Verstandes ist grenzenlos. Wenn der Verstand in der Ich-weiß-Position gefangen ist, ist das, als hätte ihn jemand in Ketten gelegt und die Schlüssel weggeworfen. Er steckt in der Illusion von Raum, Zeit und Leiden fest. Wenn du jedoch einen für deine Identität grundlegenden Gedanken hinterfragst und dadurch erkennst, dass sein Gegenteil mindestens genauso wahr ist wie der ursprüngliche Gedanke, kannst du aus diesem Gedanken heraustreten und dein Leben mit neuer Klarheit und Freiheit betrachten.

Du bist der Erleuchtung so nahe wie deinem quälendsten Gedanken.

18 Freiheit ist, wenn man Gedanken nicht glaubt

Buddha fragte: »Wenn jedes Sandkorn im Fluss Ganges jeweils ein eigener Fluss Ganges wäre und es für jedes der Sandkörner dieser ganzen Ganges-Flüsse jeweils eine Welt geben würde, gäbe es viele dieser Welten?«

»Sehr viele, Herr.«

Buddha sagte: »Egal, wie viele Wesen sich in all diesen Welten befänden, Subhuti, Buddha weiß, wie ihr Verstand funktioniert, und er kennt die Qualität ihrer Gedanken. Der Verstand ist jedoch in Wirklichkeit nicht der Verstand, er wird nur ›Verstand‹ genannt. Warum ist das so? Weil der vergangene Verstand unbegreiflich ist, weil der zukünftige Verstand unbegreiflich ist und weil der gegenwärtige Verstand unbegreiflich ist.«

Das Szenario, das du dir gerade vorstellst, ist deine momentane Welt, und in der Illusion der Zeit gibt es viele Welten – so viele Welten wie es im Ganges Sandkörner oder Sterne am Himmel gibt. Du glaubst, du wüsstest, was andere Menschen denken, doch das glaubst du nur. Selbst wenn sie dir erzählen, was sie gerade denken, bedeutet es nicht, dass es stimmt. Du hörst und siehst alles aus der Perspektive deiner eigenen Welt. Buddha weiß, wie der Verstand der Menschen funktioniert, weil er weiß, dass er überhaupt nicht funktioniert. Das ist Buddha-Bewusstsein.

Wenn ich mit den Menschen The Work mache, verhelfe ich ihnen mit meiner Erkenntnis, dass der Verstand und die Welt nicht existieren, zu Klarheit. Die ultimative Klarheit liegt in der

Erkenntnis dessen, dass die Gedanken nicht existieren und du nicht der Denkende bist.

Es ist einfach zu verstehen, wie der Verstand funktioniert: Kein Gedanke ist wahr. Aus diesem Grund ist es mir ein Leichtes, die dafür offenen Menschen ins Nichts zu begleiten. Sie sind ja schon dort. Ich begleite sie einfach beim Entwirren ihrer Gedanken. Ich mache dabei nichts; nur sie bewegen sich. Ich stelle Fragen und deute hin und wieder ins Nichts. Ich helfe ihnen dabei zu erkennen, dass die Gedanken und die Bilder ihres Verstandes ganz und gar eingebildet sind. Selbst sehr wesentlich scheinende Überzeugungen sind ohne Substanz, und ich deute in die Richtung dieser Nicht-Substanz. Die Versuchung, an einen Gedanken anzudocken, besteht nur, wenn der Verstand diesen Gedanken glaubt. Einen Gedanken glauben heißt, in einer imaginären Welt zu leben, auch wenn sie sehr real erscheint. Daher begleite ich die Menschen aus ihren imaginären Welten heraus in den Buddha-Verstand hinein – oder besser gesagt: ins Nichts. Man kann den Buddha-Verstand nicht beschreiben. Du kannst ihn nur mit Worten wie *gelassen, freudig, ganz* andeuten.

Manche Menschen vergleichen Gedanken mit Wolken, die am Himmel des Verstandes auftauchen und dann wieder verschwinden. Genau genommen taucht aber gar nichts auf und es verschwindet auch nichts. Damit etwas auftauchen und wieder verschwinden kann, müsste es existieren. Wenn man nicht erkennt, dass jeder Gedanke in der Vergangenheit liegt, erscheint die Aussage, dass die Gedanken nicht existieren, vielleicht radikal. Selbst der jetzige Augenblick liegt bereits – wenn du ihn bemerkst – in der Vergangenheit. Allen, die schon viel meditiert haben, ist das vollkommen klar. Wie sind Gedanken überhaupt möglich? Gar nicht. Der Glaube an die Existenz von Gedanken bedeutet nicht, dass sie existieren. Die Einbildung einer Vergangenheit ist der einzige Beweis überhaupt für die Existenz des »Ich«, das den Gedanken denkt.

Buddha beendet dieses Kapitel mit der Quintessenz: »Der vergangene Verstand ist unbegreiflich, der zukünftige Verstand ist unbegreiflich und der gegenwärtige Verstand ist unbegreiflich.« Das ist es. Punkt. Aus.

Ich liebe die Eleganz von Buddhas Aussage. Sie umfasst die ganze Wahrheit und ist die beste Nachricht überhaupt.

* * *

Du sagst, es existierten keine Gedanken. Meinst du damit, dass Gedanken so schnell sind, dass sie zu dem Zeitpunkt, wenn wir uns ihrer bewusst werden, bereits in der Vergangenheit liegen?

Wenn ich sage, Gedanken lägen bereits in der Vergangenheit, tue ich dies in dem grundlegenden Verständnis, dass es keine Vergangenheit gibt. Was ist Vergangenheit? Wo ist dein Beweis? Nur ein weiterer Gedanke.

Warum ist es die beste Nachricht überhaupt, dass der vergangene Verstand, der künftige Verstand und der gegenwärtige Verstand in Wahrheit unbegreiflich sind?

Weil dann der Verstand erkannt wurde. Der Verstand erfreut sich an sich selbst als Schöpfer von allem, was wiederum nichts ist. Er empfindet sich selbst als reines Bewusstsein mit nichts außerhalb von ihm, nichts in seinem Inneren und keinem »Es«, das Bewusstsein herstellt.

Einen Gedanken zu glauben bedeutet, in einer imaginären Welt zu leben, auch wenn sie sehr real erscheint.

THE WORK IN AKTION:
»Sophia hört nicht (auf mich).«

PHILLIPE: Hallo, Katie. Ich habe schon eine ganze Weile in der Überzeugung gelebt, dass ich meine Probleme selbst erschaffe. Aus diesem Grund fiel es mir auch schwer, andere zu verurteilen. Ich muss dazusagen, dass es nicht einfach war mit dieser Überzeugung zu leben. Nun habe ich ein »Urteile über deinen Nächsten«–Arbeitsblatt über meine Tochter ausgefüllt und bin beeindruckt, wie sehr es mich berührt hat. Könnte ich es wohl mit dir worken?

KATIE: Gut, mein Lieber. Worken wir.

PHILLIPE: Danke.

KATIE: Du bist also solange im vollkommenen Frieden, bis deine Tochter etwas von dir will. Dann regst du dich auf. Das ist ein Arbeitsblatt. Was sich nicht wie Frieden anfühlt, gehört auf ein Arbeitsblatt. Jeder Krieg gehört aufs Papier. Was hast du aufgeschrieben?

PHILLIPE *[hat sein Arbeitsblatt vor sich und liest]: Ich bin wütend auf Sophia – das ist meine Tochter – weil sie nicht auf mich hört und nicht tut, was ich ihr sage.*

KATIE: Wie sieht die Situation aus?

PHILLIPE: Ich hole sie von der Kindertagesstätte ab. Sie soll in ihren Kindersitz steigen, aber sie will nicht.

KATIE: Wie alt ist sie?

PHILLIPE: Fast zwei.

KATIE: »Sie hört nicht auf dich« – ist das wahr? *[zum Publikum]* Seht ihr alle Sophia vor eurem geistigen Auge? Er setzt sie in den Kindersitz. Wie viele von euch sehen das? *[Fast alle Leu-*

te im Publikum geben Handzeichen.] Ok, nun sind wir alle im selben Traum. Wir gehen jetzt zur Untersuchung über und schauen uns diesen Moment genau an. *[zu Phillipe]* »Sophia hört nicht auf dich« – ist das wahr? Kannst du absolut sicher sein, dass sie nicht auf dich hört?

PHILLIPE: Nein, das kann ich nicht.

KATIE: Die Antwort auf die ersten beiden Fragen besteht aus einer einzigen Silbe. Wir meditieren so lange über die ersten beiden Fragen, bis wir eine einsilbige Antwort erhalten, und das ist entweder ein »Ja« oder ein »Nein«.

PHILLIPE: Nein.

KATIE: »Nein.« Spürst du es? Diese Ein-Wort-Antworten sind problemlos auf einer tieferen Ebene zu spüren. Versetze dich einfach in die Frage und meditiere über diese Situation, bis ein »Ja« oder ein »Nein« zum Vorschein kommt. Es kommt in Form von Bildern. Alles, was du für die Wahrheitsfindung benötigst, kommt in der Stille zu dir.

PHILLIPE: Mit meinem Nein ist mir klar geworden, dass sie in Wirklichkeit auf mich hört. Ich bin befreit, da ich wirklich geglaubt habe, sie höre nicht auf mich. Sie steigt zwar nicht in ihren Kindersitz, aber sie hört zu.

KATIE: Das ist eine starke Einsicht.

PHILLIPE: Das *ist* stark. Ich habe nun fast zwei Jahre lang geglaubt, dass sie nie auf mich gehört hat.

KATIE: Jetzt zu Frage drei. Nimm wahr, wie du reagierst, wenn du den Gedanken »Sophia hört nicht auf mich« glaubst. Wie behandelst du sie, wie behandelst du dich, wenn du diesen Gedanken glaubst?

PHILLIPE: Mir kommt nun in den Sinn, dass sie in letzter Zeit oft geschrien und geheult hat.

KATIE: Sie hat zugehört. Aber auf was hört sie, wenn du

glaubst, sie hört nicht? Wie reagierst *du*? Wie behandelst du sie? Schließe deine Augen und beschreibe es. *[zum Publikum]* Und ihr beobachtet *eure* Reaktionen, wenn ihr glaubt, dass jemand nicht auf euch hört.

PHILLIPE: Ich bin total frustriert, und mein Magen ist angespannt. Ich fange an, Geschichten zu erfinden, warum es gut ist, nach Hause zu fahren. Ich lüge sie also an. Ich lüge sie buchstäblich an. Und wenn ich mich noch mehr aufrege, zwinge ich sie in den Kindersitz. Ich wende körperliche Kraft an und befördere sie in den Kindersitz.

KATIE: Wer wärest du in der Situation, in der du sie in den Kindersitz beförderst, ohne den Gedanken »Sie hört nicht auf mich«? Nimm dabei wahr, dass du sie nach wie vor in den Kindersitz setzt – jedoch ohne den Gedanken zu glauben.

PHILLIPE: Nun, ich stelle fest, dass sie einfach herumstromern will. Sie möchte an meine Hand und nicht ins Auto. Sie möchte ein bisschen vor ihrer Tagesstätte herumspazieren. Mehr will sie nicht.

KATIE: Und wer wärest du, wenn du den Gedanken »Sie hört nicht auf mich« nicht glauben könntest?

PHILLIPE: Ich wäre sanfter. Ich wäre geduldig. Ich würde in freundlichem Ton mit ihr sprechen und sie in den Kindersitz hieven.

KATIE: »Sophia hört nicht auf mich« – kehre es um »Ich ...«

PHILLIPE: Ich höre nicht auf Sophia.

KATIE: Doch jetzt hörst du. Dieses Bild sagt alles. Es macht dir nichts vor und verschleiert dir keine Tatsachen. Es führt dir vor, was du bislang vielleicht nicht gesehen hast.

PHILLIPE: Jetzt kann ich es nicht erwarten, sie wiederzusehen!

KATIE: Ja. Noch mal neu anzufangen, einer ganz anderen Tochter zuzuhören, deiner wirklichen Tochter, nicht der Tochter, wie du sie dir eingebildet hast, ist so aufregend. Ohne deine Geschichte, ohne die Lüge, dass sie nicht auf dich hört, fühlst du dich mit ihr verbunden. »Sie hört nicht auf mich« – findest du eine weitere Umkehrung?

PHILLIPE: Sie hört auf mich. Ja, sie hörte auf mich. Sie wollte nicht in den Kindersitz steigen. Sie hörte, was ich wollte, und sie gab mir zu verstehen, dass das nicht das war, was sie wollte.

KATIE: Und eine weitere Umkehrung?

PHILLIPE: Ich höre nicht auf mich selbst.

KATIE: Du hast deinen Gedanken geglaubt und hast dich selbst nicht gefragt: »Ist er wahr?« Du warst wie ein zweijähriges Kind, wie ein Baby. Du glaubtest deinen Gedanken und hast dabei die Kontrolle verloren – wie Sophia, die nicht in ihren Kindersitz steigen wollte. Anschließend hast du Zwang ausgeübt. Von klein auf sind wir die Lehrer unserer Kinder und wundern uns dann, warum sie uns so ähneln.

PHILLIPE: Ja, ich erlebe das bereits seit einer Weile, und es war mir klar, dass ich etwas unternehmen muss. Ich habe also nicht auf mich selbst gehört.

KATIE: Das ist ein gutes Beispiel. Gehen wir zum zweiten Teil deiner Aussage: »Sie macht nicht, was du ihr sagst« – ist das wahr? In dieser Situation?

PHILLIPE: Ja. In dieser Situation, ja.

KATIE: »Sie macht nicht, was ich ihr sage« – kannst du absolut sicher sein, dass das wahr ist?

PHILLIPE: Ja.

KATIE: Und wie reagierst du, was passiert, wenn du den Gedanken glaubst, dass sie nicht macht, was du ihr sagst?

PHILLIPE: Ich fühle mich kraftlos. Das ist witzig, denn wenn ich [auf andere] höre, habe ich das Gefühl, dass kein Mensch auf der ganzen Welt auf *mich* hört. Daher projiziere ich das auf sie und werde lauter. Ich schreie, damit ich ihre Aufmerksamkeit bekomme.

KATIE: Schließe deine Augen und beobachte diese Situation: Wer wärest du ohne den Gedanken »Sie macht nicht, was ich ihr sage«?

PHILLIPE: Es tut mir leid, ich stecke noch in der letzten [Aussage]. Ich selbst war das Baby – ein wirklich hilfsbedürftiges Baby. *[Pause]* Ok. Nun bin ich bereit.

KATIE: Ich liebe es, wie du dich selbst beobachtest. Als diese Work mich gefunden hatte, saß ich an einer Frage genau wie du. Manchmal saß ich tagelang an einer [Frage] und meine Tochter führte mir immer wieder vor, wie ich früher, vor der Work, reagierte, wenn ich einen Gedanken glaubte und wer ich ohne ihn war.

PHILLIPE: Ich erkenne nun die Geschenke, die ich vorher nicht bereit war zu empfangen – wenn sie weint, wenn sie schreit.

KATIE: Ja, sie ahmen nach, wie wir kommunizieren, um das zu erreichen, was sie wollen. »Sophia macht nicht, was ich ihr sage« – kehre es um.

PHILLIPE: Sophia macht, was ich ihr sage. *[Er schließt seine Augen, ist eine Minute lang still.]*

KATIE *[zum Publikum]*: Wenn diese Umkehrungen für euch keinen Sinn ergeben, denkt darüber nach, wie dieser Mann beispielhaft über die Situation meditiert hat und wie er erleuchtet wurde, als er sah, was wahr ist und was nicht, was Frieden und was Leid ist. Führt euch vor Augen, wie er in sich gegangen ist, um die Antwort zu empfangen. Wir meditieren über Umkehrungen, damit wir erkennen, was wir nicht sehen konnten, als wir in der Situation glaubten, was wir glaubten.

PHILLIPE *[öffnet seine Augen]*: Ich sage ihr häufig, wie stolz ich auf sie bin, weil sie sehr schwierige Anweisungen versteht und sie ausführen kann. Sie macht fast alles, worum ich sie bitte. Ich weiß nicht, ob das zu The Work gehört, aber das kommt mir gerade in den Sinn.

KATIE: Alles, worauf du in diesem meditativen Zustand stößt, ist ok. The Work besteht einfach aus den Fragen. Du kannst dir alles anschauen, was hochkommt. »Sophia macht, was ich ihr sage.« Nenn mir ein Beispiel, inwiefern das wahr sein kann.

PHILLIPE: Eigentlich macht sie immer, was ich ihr sage, außer, wenn es dumm ist, wenn es keinen Sinn ergibt. Dann macht sie es nicht – wie in ihren Kindersitz zu steigen.

KATIE: Mein Lieber, du verstehst das jetzt, wo sie noch so jung ist – wo du noch so jung bist. In der Situation gab es zwei Zweijährige. Wenn du das bemerkst, bemerkt auch sie es. Sie macht tatsächlich, was du ihr sagst. Wie schaffst du es, dass deine Tochter in den Kindersitz steigt? Am Ende stellst du vielleicht fest, dass du es wie dein Vater machst und die Dinge genau wie er erledigst. Das geht aber auch anders. Du kannst die Dinge entweder erzwingen oder bewusst handeln. Aus Wut oder in Frieden.

PHILLIPE: Ich denke häufig darüber nach, wie The Work das Ende des Krieges bedeuten kann. Und ich denke, da ich jetzt ein weiteres Mittel habe, sie in ihren Kindersitz zu bringen …

KATIE: Ein Mittel oder Klarheit?

PHILLIPE: Klarheit.

KATIE: Weisheit. Deine Weisheit.

PHILLIPE: Wenn die Menschen The Work machen, sind mehr Kinder in der Lage, sich in ihre Kindersitze zu setzen, und das kann ihre Rettung sein.

KATIE: Wir lernen durch dich entweder das alte oder das neue Beispiel, aus der Welt mit oder aus der Welt ohne Krieg. Es liegt an dir. Während sie heranwächst, gibt Sophia dir ausreichend Gelegenheit, damit du deinen Weg zum Frieden findest. Durch ihr Wachsen verhilft sie dir zu Wachstum. Deswegen ist Sophia da. Sie ist zu deiner Erleuchtung da. »Sophia macht nicht, was ich ihr sage.« Eine weitere Umkehrung? »Ich mache nicht ...«

PHILLIPE: Ich mache nicht, was Sophia mir sagt. Ich nehme sie nicht an der Hand und mache mit ihr keinen Spaziergang, bevor wir zum Auto gehen.

KATIE: In dieser Situation ...Schließ die Augen, mein Lieber. Jetzt, ohne deine Geschichte. Hieve sie in den Kindersitz, auch wenn sie nicht will. Geh eine echte Verbindung mit ihr ein. Sie will nicht rein. Halte die Verbindung aufrecht. Geh mit ihr zunächst herum, wenn dir danach ist. Setze sie in den Kindersitz. Sieh ihr in die Augen, in das kleine, süße Gesicht. Verliebe dich. Geht es dir gut ohne die Gedanken, die du gerade glaubst?

PHILLIPE: Ja.

KATIE: Geht es ihr ohne deine Gedanken gut?

PHILLIPE: Es geht uns beiden gut.

KATIE: Immer. Manchmal hast du Zeit für einen Spaziergang. Manchmal nicht. Egal wie, du bist aufgewacht. Du darfst jedoch nicht aus der Verbundenheit mit ihr heraustreten. Aber wenn du die Verbundenheit verlässt, weißt du, wie du die problemauslösenden Gedanken identifizieren und hinterfragen kannst. Sehen wir uns nun Aussage 2 an.

PHILLIPE: *Ich will, dass Sophia auf mich hört und glücklich ist.*

KATIE: Du willst, dass sie glücklich darüber ist, wenn sie dazu gezwungen wird, in den Kindersitz zu steigen, nachdem sie den ganzen Tag in der Kindertagesstätte war? Schau dir jetzt mal ihr kleines Gesicht an. Sieh sie dir an. Sie will aus ihrem Kindersitz heraus. Du möchtest, dass sie darin glücklich ist. Ist das überhaupt möglich?

PHILLIPE: Nein, und im Auto ist es viel zu heiß.

KATIE: Und wie reagierst du, wenn du den Gedanken »Ich will, dass sie über all das glücklich ist« glaubst?

PHILLIPE: Ich werde wütend auf sie. In Gedanken werfe ich ihr vor, ein Schreikind zu sein. Ich frage mich im Stillen, was mit ihr nicht stimmt.

KATIE: Damit bringst du ihr bei, dass mit ihr etwas nicht stimmt. Und wir wundern uns, warum Kinder glauben, dass mit ihnen etwas nicht stimme!

PHILLIPE: Ich vergleiche sie mit anderen Kindern – das bringe ich ihr bei.

KATIE: Das heißt, wenn du sie in den Kindersitz steckst, vergleichst du sie gedanklich mit anderen Kindern. Sind das reale Kinder oder sind sie Einbildung?

PHILLIPE: Ich habe einfach ein paar Mal Kinder in solchen Situationen gesehen, die nicht weinten.

KATIE: Und ist das Kind in deinen Gedanken real oder Einbildung?

PHILLIPE: Es ist Einbildung.

KATIE: Wenn es also eingebildet ist, handelt es sich in Wirklichkeit um nichts. Ich möchte nur, dass du erkennst, wie du dein Kind mit einem Gedankenbild, sprich, mit nichts vergleichst. Das ist die mächtige Ego-Traumwelt, gegen die du dich auflehnst. Also, »Du willst, dass sie glücklich ist«. Wer wärest du ohne den Gedanken »Ich will, dass sie glücklich ist«, wenn sie dazu gezwungen wird, in den Kindersitz eines heißen Autos zu steigen?

PHILLIPE: Ohne den Gedanken sehe ich, wie ich mich auf ihre Reaktion, auf das, was sie mag und was nicht, freue. Auf ihre Persönlichkeit, wer sie ist.

KATIE: Du wärest einfach mit ihr verbunden. Ohne Trennung und ohne dass du sie mit den von dir eingebildeten Gedanken-Traum-Kindern verwechselst. »Ich möchte, dass sie darüber glücklich ist« – kehre es um.

PHILLIPE: Ich will nicht, dass sie darüber glücklich ist, denn ich will gar nicht, dass sie sich daran gewöhnt, etwas zu tun, was sie nicht mag, wie z. B. die Sache mit dem heißen Auto.

KATIE: »Ich will nicht, dass sie darüber glücklich ist.« Gibt es noch weitere Beispiele, inwiefern das wahr ist?

PHILLIPE: Nun, in dieser Situation möchte ich nicht, dass sie darüber glücklich ist, denn die Alternative wäre, dass sie Hand in Hand mit mir spazieren geht, und das mache ich so gern mit ihr.

KATIE: Ich habe ein weiteres Beispiel. Möchtest du es hören?

PHILLIPE: Natürlich.

KATIE: Kannst du in dem Augenblick glücklich sein, in dem du nicht glücklich bist?

PHILLIPE: Nein.

KATIE: Genau das erwartest du von ihr.

PHILLIPE: Ja, stimmt. Ich erwarte von ihr, dass sie aus ihrem Weinen heraus ins Glück übergeht und erwidert: »Ja, Papa, ich mach das sofort.«

KATIE: »Gute Idee, Papa. Ich bin so glücklich.« Unmöglich. Und wie reagierst du, wenn du den Gedanken »Ich will, dass sie darüber glücklich ist« glaubst? Nochmals: Wir bringen ihnen bei, dass etwas mit ihnen nicht stimmt, wenn sie nicht glücklich sind. Anschließend lernen sie, so zu tun als ob. Sie lernen Glück vorzuspielen, und irgendwann sehen wir unsere Töchter dann nicht mehr, obwohl wir gemeinsam unter einem Dach wohnen. Sie denken: »Da ist Papa. Er wird sauer, wenn ich nicht glücklich bin.«

PHILLIPE: Das ist wie: Es ist in Ordnung, in den Kindersitz zu steigen, obwohl man nicht will. Aber: Es ist nicht in Ordnung, wenn man mit seinem Papa spazieren gehen will. Das klingt schrecklich in meinen Ohren.

KATIE: Es macht keinen Spaß, mit Papa spazieren zu gehen, wenn man dabei nicht glücklich ist. Das färbt auf sämtliche Beziehungen ab, oder nicht? Das verankert sich tief.

PHILLIPE: Ich kann kaum glauben, wie all das aus nur einem Gedanken über einen Kindersitz kommen kann.

KATIE: Es ist sehr weitreichend. Genau wie bei deiner Tochter glaubst du auch bei deiner unglücklichen Frau den Gedanken »Sie sollte glücklich sein«. Er reicht von deiner Tochter über deine Frau über deine Eltern in die Welt. Wenn die Untersuchung deiner Gedanken irgendwann zur Gewohnheit wird, erwartest du von niemandem mehr, glücklich zu sein und bist damit glücklich. Dein Glück hängt nicht von anderen ab. Außerdem können wir uns in deiner Anwesenheit erlauben, authentisch zu sein, da es bei dir unbedenklich ist. Gehen wir zu Aussage 3.

PHILLIPE: *Sophia sollte über die Bedürfnisse der Familie nachdenken.*

KATIE *[zum Publikum]*: Wie viele von euch haben das ihren Kleinkindern schon auferlegt? *[Viele geben Handzeichen.]* So was macht der Verstand – manchmal. Nicht unsere Kinder verursachen unsere Reaktionen, sondern das, was wir über unsere Kinder glauben; und wir fühlen uns dabei auch noch im Recht. Darin zeigt sich die Macht der Traumwelt, der Ego-Welt. Wenn wir unsere Gedanken glauben, sind wir selbst auf unschuldige Kinder wütend. Anschließend ärgern wir uns über uns selbst, weil wir auf ein kleines Kind wütend sind. An alle, die wütend werden: Dies ist absolut grundlegend: Krieg kann durch nichts anderes als durch ein Ego gerechtfertigt werden. Das Ego hängt von dieser Illusion ab. »Sie sollte über die Bedürfnisse der Familie nachdenken.« – Wie reagierst du, wenn du diesen Gedanken glaubst?

PHILLIPE: Ich behandle sie, als ob sie selbstsüchtig wäre, und ich denke wirklich, das würde sich nie ändern.

KATIE: Und wie reagieren andere Eltern, wenn sie diesen Gedanken glauben? Manche Menschen entwickeln sich zu Kinderschändern. Wir schlagen Babys. Wir sperren sie in den Schrank. Wir tun schreckliche Dinge und hassen uns selbst. Wie reagieren wir also, wenn wir solche Gedanken glauben? Es beginnt bei geringfügigen Irritationen und reicht bis zu Gewalttätigkeiten. Darauf folgen fast immer Schuldgefühle. Sieh dir nun das kleine Mäuschen an ohne den Glauben: »Sie soll über die Bedürfnisse der Familie nachdenken.« Wer wärest du ohne diesen Gedanken?

PHILLIPE: Ich würde begreifen, dass sie ein kleines Kind ist. Sie tut, was sie tun sollte. Manchmal ist sie glücklich und manchmal nicht.

KATIE: Und du weißt nicht einmal, ob sie unglücklich ist. Du weißt nicht einmal, ob sie eine Identität besitzt oder nicht.

PHILLIPE: Ich weiß nichts darüber.

KATIE: Du bist ihr noch gar nicht begegnet, aber du begegnest ihr jetzt nach und nach.

PHILLIPE: Ein kleines bisschen.

KATIE: So, nun zur nächsten: Aussage 4.

PHILLIPE: *Ich brauche von Sophia, dass sie entspannter ist und mit-macht.*

KATIE: Hast du das auch schon mal über deine Frau oder über jemanden gedacht, mit dem du zusammengelebt hast?

PHILLIPE: Bei fast allen, denen ich bisher begegnet bin.

KATIE: »Ich brauche von Sophia, dass sie entspannt ist und mitmacht.« – ist das wahr?

PHILLIPE: Nein.

KATIE *[nimmt mit den Händen Maß]*: Sie ist so groß, und du bist *so* groß. Du kannst sie glücklich in den Kindersitz setzen. Übrigens, bei deiner zweiten Aussage: »Ich will, dass sie glücklich ist« – haben wir die Umkehrung »Ich will, dass ich glücklich bin« nicht angeschaut. Ich will von *mir*, dass ich in der Situation mit Sophia auf mich selbst höre und darüber glücklich bin. Stimmt's? So einfach ist das gar nicht.

PHILLIPE: Das ist allerdings wahr.

KATIE: Du warst damals ein Glaubender, und jetzt hast du deinen Verstand etwas mehr hinterfragt. So wirst du mit jedem Gedanken glücklich – mit jedem Gedanken, der Krieg in dein Leben bringt. »Ich brauche von Sophia, dass sie entspannter ist und mitmacht« – kehre es um.

PHILLIPE: Ich brauche von mir, dass ich entspannter bin und mitmache. Natürlich.

KATIE: Und da ist noch eine weitere Umkehrung – eine Umkehrung ins exakte Gegenteil. Findest du sie?

PHILLIPE: Ich *brauche nicht* von ihr, dass sie entspannter ist und mitmacht.

KATIE: Wie könnte sie auch?

PHILLIPE: Ja, ist klar. Sie lernt alles von mir.

KATIE: Sie ist ein Spiegelbild deiner Sichtweise auf das Leben. Gehen wir zu Aussage 5.

PHILLIPE: *Sophia ist ein dummes Kind, unvernünftig, launisch und eine Prinzessin.*

KATIE: Kehre das um: »In diesem Moment bin ich …«

PHILLIPE: In diesem Moment bin ich ein dummes Kind, unvernünftig, launisch und eine Prinzessin. Ich sehe vor allem Letzteres. Ich bin wie eine Prinzessin, die sagt: »Ok, jetzt machst du dies und nun machst du das. Steig in deinen Kindersitz. Sei glücklich.« So lauten meine Befehle.

KATIE: Ein Diktator. Kannst du die Umkehrung ins Gegenteil sehen? »Sophia ist …« Was ist das Gegenteil von dumm?

PHILLIP: Ein fantastisches Kind.

KATIE: Das Gegenteil von unvernünftig?

PHILLIPE: Klug.

KATIE: Wie wäre es mit vernünftig?

PHILLIPE: Vernünftig.

KATIE: In dieser Situation ist sie vernünftig.

PHILLIPE: Ich danke dir dafür.

KATIE: Kommen wir nun zu Aussage 6.

PHILLIPE: *Ich möchte nie wieder die Geduld verlieren oder den Wunsch verspüren, ihr eine zu kleben.*

KATIE: »Ich bin bereit dafür …«

PHILLIPE: Ich bin bereit dafür, die Geduld zu verlieren und den Wunsch zu verspüren, ihr eine zu kleben.

KATIE: Ja, mein Lieber. Das kann wieder passieren. In deinem Kopf sind Gedanken, und wenn du sie glaubst, rufst du Gewalt hervor. Selbst, wenn du nur die Stimme einem geliebten Menschen gegenüber erhebst, spürst du in deinem Inneren die Gewalt. Daher: »Ich freue mich …«

PHILLIPE: Ich freue mich darauf, die Geduld zu verlieren und den Wunsch zu verspüren, ihr eine zu kleben.

KATIE: Du kannst dich darauf freuen, denn diese Art von

Wunsch ist so verrückt, dass du damit aus deiner illusionären Haltung geweckt wirst. The Work ist Präventivmedizin. Und ich freue mich sehr, dass du sie gefunden hast.

PHILLIPE: Vielen, vielen Dank.

KATIE: Gern geschehen.

19 Unvorstellbarer Reichtum

Buddha sagte: »Erlaube mir, dir eine Frage zu stellen, Subhuti. Wenn jemand eine Milliarde Welten mit unvorstellbarem Reichtum anfüllen und zu wohltätigen Zwecken spenden würde, wäre das durch diese Person gewonnene Verdienst groß?«

»Extrem groß, Herr.«

Buddha sagte: »Das wäre tatsächlich so. Wenn dieses Verdienst jedoch real wäre, würde Buddha es nicht als ›groß‹ bezeichnen. Gerade weil dieses Verdienst nicht existiert, nennt Buddha es ›groß‹.«

Immer wenn ich etwas hergebe, erhalte ich Freiheit zurück. Ich gestatte jedem Zutritt zu dem Raum, der voll von meinem Besitz ist. Als ich Besitz verschenkte, gewann ich die ganze Welt. Ich sah, dass es von vornherein nichts zu besitzen gab, und aus diesem Grund war alles meins. Auch wenn es so aussieht, als ob ich heute Dinge besäße, ist das niemals möglich. Besitztum ist ein mentaler Zustand. Du brauchst nur ein Gebäude brennen zu sehen oder auf der Beerdigung eines geliebten Menschen zu sein, um das zu verstehen. Und sobald du es verstehst, wird dir klar, dass dir alles gehört und dass das schon immer so war. Wenn ich durchs Viertel fahre und sehe, wie ein Mann seinen Rasen bewässert, weiß ich: Das ist mein Rasen, mein Haus, mein Freund – auch wenn wir uns noch nie zuvor begegnet sind. Ich kenne ihn. Er kümmert sich um meine Welt. Er erledigt alles Notwendige. In allen Dingen liegt ein Verdienst. In jedem Moment liegt ein Verdienst. Wir müssen uns dessen nicht einmal bewusst sein, da es so ist, wie es ist, ob wir es nun bemerken oder nicht.

Ich identifiziere mich mit der Person, von der Buddha hier spricht, mit dem unvorstellbar wohlhabenden Mann oder der unvorstellbar wohlhabenden Frau, der reichsten Person aller möglichen Universen, die alles verschenkt. Reichtum ist eine mentale Haltung. Wo irgendetwas zurückgehalten wird, ist kein wahrer Reichtum. Wahrer Reichtum, die scheinbar verdienstreiche mentale Haltung, gibt alles, denn sie gibt sich selbst. Sie *kann nichts* zurückhalten. Wenn der Verstand und das Herz übereinstimmen (so bezeichne ich unsere natürliche Weisheit), unterscheidet der Verstand nicht mehr zwischen Richtig und Falsch; er ist in sich vollkommen in Ordnung – immer. Das ist das Lied des Selbst, das Lied unserer wahren Natur. Während ich mir darüber Gedanken mache, wer etwas braucht, muss ich nichts tun, was mir nicht entspricht. Diese Aufgabe würde ich niemals übernehmen. Meine Fülle ist enorm. Sie kann niemals verbraucht werden – nicht einmal ein Bruchteil davon. Jedes Mal, wenn ich etwas gebe, vervielfacht sie sich. Sie trägt sich komplett selbst. Sie ist ein niemals versiegender Brunnen. Es ist toll, die reichste Person des Universums zu sein, denn dann befindest du dich voll und ganz in einem Zustand der Muße – immer. Dein Reichtum kann niemals schwinden, und du musst nichts dafür oder damit tun. Du bist einfach ein Kanal.

Genauso wunderbar ist es, die ärmste Person des Universums zu sein. Ich besitze nichts, ich habe nichts, ich bin nichts und damit bleibt mir alles. Was ich gebe, gehört mir nicht. Die Quelle versiegt nicht und strömt, ob es da ein Bedürfnis gibt oder nicht.

Im Jahr 1997 kam ein Paar mit seinen kleinen Kindern zur

Besichtigung meines sehr kleinen Gästehauses, das zum Verkauf stand. Beim Anblick des Gästehauses wurde ihnen klar, dass es nicht ihren Vorstellungen entsprach. Als wir uns in meinem eigenen, wesentlich größeren Haus weiter unterhielten, wendete sich die Frau an ihren Mann und sagte: »Ich würde alles tun, um so ein Haus zu besitzen, du auch?« Sie lachten seufzend. Anschließend drehte sie sich zu mir um, sah mir geradewegs in die Augen und fragte lächelnd: »Würden Sie uns Ihr Haus geben?«

Ich antwortete: »Ja.«

»Machen Sie Witze?«, fragte sie.

»Nein.«

Also überließ ich ihnen das Haus, in dem ich lebte. Sie waren überwältigt und sehr dankbar. Als sie einzogen, sagten sie, sie liebten meinen Hund, und so gab ich ihnen auch den Hund.

Während der ganzen Transaktion dachte ich zu keinem Zeitpunkt darüber nach, ob ich mich großzügig verhielt oder nicht. Das Haus gehörte ihnen. Offensichtlich. Seit dem Moment, als sie darum gebeten hatten. Ich konnte es ihnen gar nicht mehr geben. Sie liebten es so sehr, und es wäre dumm von mir gewesen, wenn ich es ihnen nicht gegeben hätte. Sie gehörten dorthin. Diese Tatsache hatte ich einfach als solche erkannt. Da gab es nichts zu entscheiden. Und das Gleiche galt für meinen Hund. Sie liebten ihn offenbar. Roxann, meine Jüngste, war schon vor Jahren ausgezogen, und ich wusste, dass der Hund sich freute, wenn er nun mit kleinen Kindern spielen konnte.

Fülle ist kein Wort, das gestern oder morgen betrifft. Man erkennt sie jetzt, man lebt sie jetzt, sie wird einem jetzt zuteil. Sie versiegt niemals. Sie strömt beständig aus. Wenn du das einmal verstanden hast, musst du nach nichts mehr streben.

Du musst nur wahrnehmen und das Geben aus dir heraus geschehen lassen. Du kannst gespannt sein, wohin es als Nächstes geht, immer in dem Wissen, dass dir das, was du brauchst, niemals ausgeht.

***

Du sagtest, es sei für dich immer einfach gewesen, Geld zu verdienen. Hast du dich jemals wohlhabend gefühlt?

Vor dem Jahr 1986 überhaupt nicht. Reichtum bedeutet mentale Freiheit. Geldverdienen war schon immer einfach für mich, bereits als ich mit zehn oder elf Jahren Weihnachts-, Geburtstags- und Feiertagskarten verkaufte. Zwischen zwanzig und vierzig verdiente ich zwar viel Geld, aber ich fühlte mich alles andere als wohlhabend. Obwohl mir mehrere Geschäfte gehörten, ein wunderbares Haus, weitere Immobilien, Autos, ein Boot etc., hatte ich nie das Vertrauen, mir den Unterhalt für all das leisten zu können. Nach dem Jahr 1986 gab es nichts mehr, das Vermögen erforderte, denn ich hatte erkannt, dass alles mir gehört. Aus diesem Grund ist es gar nicht notwendig, irgendetwas zu besitzen. Andere Menschen kümmern sich an meiner Stelle um meinen Besitz und sind auch an meiner Stelle großzügig oder nicht, und egal, ob sie den Besitz behalten oder weggeben, alles ist, wie es sein sollte, nichts ist in Unordnung, alles ist ein Geschenk.

Wie hat Paul reagiert, als du euer Haus hergegeben hast?

Zuerst ist er ausgerastet. Er war damals bereits an meine seltsamen Aktionen gewöhnt, aber das betrachtete er als »den Hammer«. Ihm zufolge war unsere ganze Welt an dieses Haus

gebunden. Aber nach einer Weile beruhigte er sich und unter-
schrieb die Papiere. Er muss mir darin vertraut haben, entgegen allem, was er glaubte.

Immer, wenn ich etwas gebe, bekomme ich Freiheit
zurück.

20 Der perfekte Körper

Buddha sagte: »Erlaube mir, dir eine Frage zu stellen, Subhuti. Kann Buddha durch seinen perfekten Körper wahrgenommen werden?«
Subhuti entgegnete: »Nein, Herr. Buddha kann nicht durch seinen perfekten Körper wahrgenommen werden. Buddha hat gesagt, ein perfekter Körper sei kein perfekter Körper. Er werde nur ›ein perfekter Körper‹ genannt.«
»Kann Buddha durch irgendwelche speziellen Merkmale wahrgenommen werden?«
»Nein. Herr. Buddha kann nicht durch irgendwelche speziellen Merkmale wahrgenommen werden. Buddha hat gesagt, irgendwelche speziellen Merkmale seien keine speziellen Merkmale. Sie würden nur ›spezielle Merkmale genannt‹.«

Jeder ist Buddha. Jeder hat den perfekten Körper. Wenn du deinen Körper nicht mit einem anderen vergleichen könntest, was könnte dir dann fehlen? Wenn der Verstand nicht vergleicht, kann niemand zu dick oder zu dünn sein. Das ist nicht möglich. Es ist ein Märchen. Der Vergleich hält dich fern von der Wahrnehmung dessen, was ist. Selbst wenn du zweihundert Kilo wiegen oder gerade wegen Krebs im Sterben liegen würdest, hättest du immer noch den perfekten Körper, nämlich den, den du benötigst, um genau der oder die zu sein, der oder die du in diesem Augenblick bist.

Hin und wieder versuchen Menschen, ihre Körper mit The Work zu heilen. Es ist ihnen nicht klar, dass Heilung in einem gesunden Verstand liegt und dass das nichts mit dem Körper zu tun hat. Der Körper wird letztendlich nicht überleben. Das sind sehr gute Nachrichten. Das ist erledigt, vergesst es, arbeiten wir an der Ursache. Wenn diese ganze Geschichte vom Körper wahr wäre, würde das heißen, dass kein dicker Mensch jemals zur Selbsterkenntnis gelangen würde – niemand, der in einem Rollstuhl sitzt, kein alter oder kranker Mensch, keiner, der nicht schön ist. Damit wäre praktisch die gesamte Menschheit davon ausgeschlossen! Mit dieser Theorie hätte keiner von uns die Chance auf Freiheit. Die Leute denken, ihr Leben müsse erst perfekt sein und *dann* wären sie im Frieden. Können wir das nicht einfach so sein – jetzt?

Meine Empfehlung lautet, The Work nicht mit dem Ziel zu machen, den Körper heilen zu wollen. Geh aus Liebe zur Wahrheit in dich. Heile deinen Verstand. Begegne deinen stressigen Gedanken mit Verständnis. Du kannst dich jahrelang richtig ernähren, jeden Tag trainieren und deinen Körper in die optimale Form bringen und dann überfährt dich auf einem Zebrastreifen ein Lastwagen. Kannst du jetzt, in diesem Augenblick, glücklich sein? – Also nicht morgen und nicht in zehn Minuten? Ich benutze das Wort *glücklich*, um den natürlichen Zustand des Friedens und der Klarheit auszudrücken. Genau ihn hält The Work für uns bereit.

Körper ersehnen nichts, wollen nichts, wissen nichts, kümmern sich um nichts, lieben nicht, hassen nicht, haben weder Hunger noch Durst. Körper spiegeln nur die Bindungen des Verstandes wider. Es gibt keine körperlichen Süchte, nur mentale. Der Körper folgt dem Verstand. Er hat gar keine andere keine Wahl. (In Wirklichkeit geschieht alles gleichzeitig, aber solange es scheint, als lebten wir in der Welt der Dualität, drücken wir es so aus, dass der Körper dem Verstand folgt.)

Wenn der Verstand im Frieden ist, ist der Körper in seiner Vorstellung perfekt, selbst wenn er in einem Krankenwagen liegt und sich mit einem Herzinfarkt auf dem Weg ins Krankenhaus befindet. Es gibt keine Angst vor dem, was passieren könnte. Der gesunde Verstand hat keine Angst. Er liebt jeden Moment seiner möglicherweise letzten Reise, auf der er sich mit diesem oder jenem identifiziert, im Krankenwagen oder allein. Er führt keinen Krieg gegen die Realität.

Im Jahr 1986, einige Monate nach meiner Erfahrung auf dem Fußboden in der Dachkammer des Rehabilitationszentrums, saß ich auf einem Sofa und konnte mich, als ich versuchte aufzustehen, nicht mehr bewegen. Meine Beine waren gelähmt. Es war, als ob sie gar nichts mit mir zu tun hätten. Ich weiß noch, wie ich meine Hände auf sie legte und mit ihnen wie mit alten Freunden sprach. »Ach, meine Lieben«, sagte ich »ihr habt mich nun schon so lange ohne irgendwelche Forderungen getragen. Ihr braucht euch nie wieder für mich zu bewegen. Niemals mehr.« Ich spürte eine unbeschreibliche Dankbarkeit dafür, dass sie mich so weit gebracht hatten. Ich saß einfach gemeinsam mit ihnen dort und wartete erwartungslos, was sie tun würden. Ungefähr eine Dreiviertelstunde später wurden sie wieder lebendig, und zwar in einer Weise, die ich nie zuvor erlebt hatte. Sie schienen sogar noch stärker und vitaler als in meiner Kindheit zu sein. Es war, als ob sie neu geboren worden wären – als ob die Liebe derartig anziehend für sie wäre, dass sie über sich hinauswuchsen, um ein Teil von ihr zu werden.

Der klare Verstand versteht, dass der Körper nicht personenbezogen ist. Er kann nicht die Ursache von Problemen sein. Einzig die Identifikation des Verstandes mit dem Körper ruft Verwirrung und Leiden hervor. Der identifizierte Verstand fürchtet Körperlosigkeit. Er weiß nicht, was es bedeutet, obdachlos, selbstlos und scheinbar für immer verloren zu sein. Er weiß nicht genug, um loslassen zu können, und nach einem seltenen Moment der Nicht-Identifikation macht er sich aus Angst wieder klein und weiß dann nicht mehr, wie er seine Freiheit zurückgewinnen kann.

The Work bietet dem Verstand eine sichere Möglichkeit, seine Bindungen durch das Erwachen in der Realität zu verlieren. Der Verstand ist beschränkt, wenn er denkt, der Körper, mit dem er sich identifiziert, sei nicht perfekt. Beim Anblick des Körpers wird ihm klar, dass er sterben wird, und er gerät durch den Gedanken, wie es wohl ohne jegliche Identifikation sein wird, in Panik. Er ist sich nicht darüber im Klaren, dass die Identifikation an sich bereits falsch war. Wie kann der Verstand der Körper sein? Wie kann er leben oder sterben? Solange er denkt, er sei zum Leben oder zum Sterben in der Lage, ist er in einer Illusion gefangen.

Die Menschen haben Angst vor dem Tod. Sie denken, sie wüssten nicht, wie [das geht]. In Wahrheit weiß jeder, wie man stirbt. Wir tun es jede Nacht auf perfekte Art und Weise. Wenn du erschöpft bist und du deines Wissens nach nie wieder das Tageslicht sehen wirst, würdest du eher ins Bett gehen oder wach bleiben? Das ist keine Frage. Wir bringen uns jede Nacht in dieses Auslöschen. Ohne Schlaf fühlen wir uns nicht wohl; Schlafmangel macht uns sogar verrückt. Wohin erwachen wir? In den Verstand. Der Verstand erwacht in den Verstand. Wenn wir lieben, was wir denken, lieben wir den Schlaf (das Nichts) genauso, wie wir das Wachsein (das Etwas) lieben.

Wenn du dich als Körper – als ein »Ich« – identifizierst, geht mit einer derartig trügerischen mentalen Haltung Arroganz einher. Wenn der Verstand glaubt, er sei [etwas], was er gar nicht ist, muss er sich einbilden, alles, was er sich vorstelle, sei real. Außerdem denkt er in dieser Arroganz, er müsse bewahren, was niemals bewahrt werden kann. Hätte der Verstand eine Wahl, wozu sollte er sich dann mit einem Körper identifizieren und ein vom Tode bedrohtes Leben führen? Würde er nicht verstehen wollen, wie er ohne Identifizierung in der Freude seines eigenen körper- und grenzenlosen Wesens scheinbar wiederauferstehen kann?

Mein Herz ist beispielsweise immer perfekt, da ich nicht glaube, es sei meins. Egal, ob gerade Herzklopfen zu spüren ist oder ob es in Vergessenheit gerät, es ist immer, wie es sein sollte. Selbst im Augenblick eines Infarktes wäre es perfekt. Wenn du bei einem Herzinfarkt im Widerspruch zu dem stehst, was gerade geschieht, ist dieses Erlebnis von großer Angst geprägt. Ohne Geschichte kannst du deinen Herzinfarkt im Frieden erleben. Ein Herzinfarkt kann spannend sein.

Es ist das Jahr 1999, und ich fahre gerade von Peet's Coffee nach Hause in die 35th Street in Manhattan Beach. Das Radio spielt Musik, die mir gefällt, und während ich zuhöre, schießt mir ein Schmerz durch die Brust und den Arm. Das fühlt sich entsetzlich und zugleich aufregend an. Ich bin fasziniert. Die Straßen sind sehr voll. Auf der Suche nach einem Parkplatz fahre ich an den Straßenrand. Ich sehe alles in Zeitlupe: den Himmel, die Bäume, die Gebäude, meine Hände am Lenkrad. Es ist ein schöner Tag. Stirbt sie nun so? Ist dies das Ende der Geschichte? Ich möchte nichts davon verpassen – nicht einen Moment dessen, was die vielleicht letzte Szene ist. Himmel, Gebäude, Asphalt, Hände, Reifen, Stille. Was für eine Gnade! Während die Freude mich immer mehr erfüllt, verschwindet der Schmerz nach und nach. Er geht dorthin zurück, wo er hergekommen ist, und ich lache laut darüber. Wenn die Geschichte weitergeht, ist es genauso gut, wie wenn sie zu Ende ist. Ich liebe es, wenn ich so gegenwärtig bin und keinen Moment und keinen Atemzug dieses schönen, sichtbaren Lebens verpasse.

**

Im Februar 2014 wärest du fast gestorben. Wie hast du das erlebt?

Nach Meinung meiner *Ärztin* wäre ich fast gestorben – nicht nach meiner. Ich hatte eine akute Lungenentzündung, Gelbsucht, Leber- und Nierenversagen. Alison Garb, meine Ärztin und Freundin, brachte mich in die Notaufnahme und rief drei auf die versagenden Organe spezialisierte Ärzte herbei. Sieben Tag lang war keiner dazu in der Lage, das weitere Versagen aufzuhalten. Es war ein ganz natürlicher Prozess – wie ein Sonnenuntergang, so schön.

Irgendwann sagte Ali zu Stephen: »Die Lage ist sehr ernst. Ich bin besorgt. Wir könnten sie verlieren.« Dann entschied sie sich zu einer letzten Behandlung der Lunge. Sie stand mit Stephen neben meinem Bett und erklärte mir: »Dein Herz könnte während dieser Behandlung aufhören zu schlagen. Wir benötigen deine Zustimmung, dich wiederbeleben zu dürfen. Möchtest du das?« Ich antwortete nicht, da ich weder das Leben noch den Tod bevorzugte. In Wirklichkeit dachte ich, sie mache einen Witz. Dann wurde mir klar, dass sie wirklich glaubte, ich könne sterben, und um sie nicht zu verwirren, überließ ich Stephen die Antwort. Er sagte ihr, *er* würde einer Wiederbelebung den Vorzug geben, falls kein wesentlicher Gehirnschaden vorläge. Das war für mich in Ordnung. Ich ließ mich ohne Vorliebe und ohne Drama behandeln. Für mich war an dem ganzen Erlebnis nichts Ernstes. Es war alles eine Schauspiel des Verstandes.

Der Körper wird letztendlich nicht überleben. Das sind sehr gute Nachrichten.

21 Nichts zu verlieren

Buddha sagte: »Subhuti, denke niemals, Buddha lehre etwas. Wenn jemand sagt, Buddha lehre etwas, verleumdet er Buddha und versteht seine Lehre nicht. In der Wahrheitslehre gibt es keine Wahrheit, die gelehrt werden kann. Aus diesem Grund wird sie ›Wahrheitslehre‹ genannt.«
Subhuti: »Herr, wird es in Tausenden von Jahren Wesen geben, die beim Hören deiner Worte Zuversicht gewinnen?«
Buddha sagte: »Wesen, die Zuversicht gewinnen, sind weder Wesen noch sind sie Nicht-Wesen. Buddha lehrte, alle Wesen seien in Wirklichkeit keine Wesen. Sie würden nur ›Wesen‹ genannt.«

Einer meiner Lieblingssprüche lautet: »Ich habe nichts zu verlieren.« Es gehört mir nichts, und das ist für mich gelebte Freiheit. Ungeachtet dessen bin ich eine hervorragende Aufpasserin. Wenn etwas sich in meiner Obhut befindet, soll es so unberührt wie möglich bleiben, denn vielleicht bekommst du es ja später, und ich stelle mir vor, dass du es genauso lieben wirst wie ich.

Wie kann ich etwas haben? Das ist nicht möglich. Was habe ich zu verlieren, außer meinen Illusionen? Wenn der Verstand sich nicht mehr vor sich selbst fürchtet, ist das Ende der Trennung da. Irgendwann wird ihm klar, dass er nichts besitzen kann, nicht einmal sein eigenes Selbst.

Nur das Verlernen lohnt sich zu lernen, und das geht, indem du alles hinterfragst, was du zu wissen glaubst. Wenn du den Schlüssel zu dir selbst gefunden hast, entdeckst du eine Freiheit, die so riesig ist, dass kein physischer Körper sie fassen kann – nicht einmal das Universum hat das Fassungsvermögen dafür. Diese riesige Weite offenbart sich im Prozess des Verlernens. Während wir noch in der Überzeugung von unserem Wissen festsitzen, bleibt die Welt klein, und das Leben wird im augenscheinlichen Leiden gelebt.

Wenn du glaubst, es gebe ein Problem, und du damit Buddha aufsuchst, erhältst du keine Unterweisung. Buddha ist dein gespiegeltes Selbst. Er verweist dich auf deinen eigenen Verstand, der alle Antworten bereithält. Wenn etwas existiert, dann der Verstand, und Buddha wird immer von der physischen Welt weg und auf den einzigen Ort hinweisen, wo die Selbsterkenntnis erfahrbar ist.

Buddha lebt in der Gewissheit des Ich-weiß-nicht-Verstandes, in der sein Tun weder von der Vergangenheit noch von der Zukunft diktiert wird – wie ein im Wind wehendes Blatt, das immer an der perfekten Stelle landet. Die einzige Möglichkeit, wie der erleuchtete Verstand überhaupt mit ihm Schritt halten kann, liegt auf dem Pfad des »Ich-kann-es-nicht-wissen«. Auch wenn es so aussieht, es muss hier nichts getan werden. Die Kraft des Buddha liegt weder in seinem Tun noch in seinen Worten. Seine Kraft liegt in dem Bewusstsein, aus dem heraus er lebt. Die Menschen folgen ihm auf seinem Weg, weil sie [zu diesem Weg] hingezogen sind. Er sagt niemals: »Folgt mir.«

Für das Hinterfragen der eigenen Gewissheiten ist Aufgeschlossenheit erforderlich. Man braucht dazu einen Verstand, der sich furchtlos auf die Reise in die Innenwelt begibt, einen Verstand, der willens ist, Orte zu besuchen, an denen er nie zuvor gewesen ist. Das ist die Reise zur Wahrheit. Dabei löst sich alles in der Wahrheit auf. Nichts kann sie überleben. Das ist die Liebe selbst, und es gibt nichts, was nicht Liebe ist. Das ist der Verstand, der schließlich in sich ruht, daheim bei sich selbst. Das ist das Ende des Widerspruchs, des Krieges, der Unfreundlichkeit – das Ende der Körperidentität, das Ende des getrennten Selbst. Der erleuchtete Verstand erkennt, dass nichts außer seinem freudigen Wesen existiert.

* * *

Du sagst, der Verstand entdeckt, dass er die Liebe selbst ist, sobald alles sich in Wahrheit auflöst. Könntest du das näher ausführen?

Zum Wesen des Verstandes gehören Klarheit, Ausdehnung, freudiges Schaffen und ein unendliches Spiel mit sich selbst. Seine Großzügigkeit ist grenzenlos. Er ist die Offenbarung dessen, was nicht ist und was zu sein scheint. Er ist schneller als schnell, riesig, allumfassend, immer allein und schöner, als man es sich überhaupt vorstellen kann. Was verloren war, ist immerdar. Was verloren war, ist für alle Zeit dahin.

Das Einzige, was sich zu lernen lohnt, ist das Verlernen. Das geht, indem du alles hinterfragst, was du zu wissen glaubst.

22 Die Beseitigung von Müll

Buddha sagte: »Erlaube mir, dir eine Frage zu stellen, Subhuti. Habe ich etwas erreicht, als ich Erleuchtung erlangte?« Subhuti antwortete: »Nein, Herr. So wie ich es verstehe, hast du in Wirklichkeit nichts erreicht.«

Buddha erwiderte: »Genau, Subhuti. Als ich zur ›absolut perfekten Erleuchtung‹ gelangte, habe ich absolut nichts erreicht. Aus diesem Grund wird sie die ›absolut perfekte Erleuchtung‹ genannt.«

Es ist noch niemand zur Erleuchtung gelangt. Erleuchtung ist keine Sache. Sie ist ein Produkt der Fantasie. Sie vollzieht sich in einer nicht existierenden Vergangenheit. Bist du jetzt im Augenblick in Bezug auf deine stressigen Gedanken erleuchtet? Diese Art der Erleuchtung ist die einzige von Bedeutung.

Ohne Vergangenheit habe ich keine Bezugspunkte. Niemand hat das. Wenn eine Geschichte auftaucht und wir unsere Aufmerksamkeit auf diese Geschichte richten, setzt dies unser Bewusstsein außer Kraft, und aus ihr entsteht unsere Welt. Das ist, wie wenn man im Kino sitzt, einen Film anschaut und ihn als so echt wahrnimmt, dass es einem kalt den Rücken hinunterläuft oder man zu Tränen gerührt ist. So geschieht es auch, wenn unsere Aufmerksamkeit auf eine nicht untersuchte Geschichte gerichtet ist. Das nennt man auch Vergangenheit. Wenn du dich aber nach der Vergangenheit umsiehst, findest du keine. Du kannst dich einzig im jetzigen Augenblick wiederfinden.

Die Bewältigung der vor mir liegenden Aufgaben ist nie zu schwierig, da ich sie niemals bewältigen muss. Entweder beseitige ich den am Boden liegenden Müll oder – wenn ich ihn nicht sehe – haben andere die Möglichkeit, ihn zu sehen. Was projizierst du auf den Müll am Boden? Ist er widerlich, eine Last, eine Schande? Oder stellt er im Augenblick die perfekte Aufgabe für dich dar? Die ultimative Aufgabe besteht in der Klärung deines Verstandes, damit du in einer schönen Welt, in der echten Welt, leben kannst. So entsteht das Paradies – oder die Hölle. Buddhas Aufgabe ist die Beseitigung von Müll, der Abwasch und das Wischen des Bodens. So ändert er die Welt ein wenig zum Guten. Doch letztendlich lautet die Aufgabe nicht, die Welt zu verändern, sondern sie zu verstehen, deine Welt, die Welt in dir.

Niemand kann die Welt auf ewig verändern. Du kannst hier den Müll beseitigen, doch woanders gibt es noch immer Müll. Die einzige Welt, die wir wirklich verändern können, ist unsere Welt, die Welt, wie wir sie wahrnehmen. Nur das ist von Bedeutung – und dann klopft die Wahrnehmung an – wie an eine Tür. Die Welt dringt in dich ein, und der Moment, in dem du den Müll siehst, entwickelt sich zu einem Moment voller Gnade. Da ist nichts, was dich nicht zur Erleuchtung führen kann, denn alles ist Wahrnehmung. Hinterfrage daher alles, was dich um die Wahrnehmung deiner wahren Natur bringt. Es gibt nichts Freundlicheres als das *Nichts*.

***

Du sagst, du besitzt keine Vergangenheit. Du erinnerst dich jedoch an Dinge wie die Pflege deiner Mutter vor ihrem Tod. Bedeutet das nicht, dass du eine Vergangenheit besitzt?

Überhaupt nicht. Ich berichte lediglich von einem Film über eine im Jetzt in Erscheinung tretende Schein-Vergangenheit. Allerdings nicht jetzt. Und nicht jetzt. Das sind Hinweise und Symbole für das, was nicht ist. Wenn du leidest, würde ich alles sagen, überall hingehen, deine Sprache sprechen, so tun, als würde ich existieren – wenn du mich dazu aufforderst.

Bist du in diesem Augenblick in Bezug auf deine stressigen Gedanken erleuchtet? Diese Art der Erleuchtung ist die einzige von Bedeutung.

23 Dankbarkeit kennt kein Warum

Buddha sagte: »Ferner, Subhuti, ist für den erleuchteten Verstand alles gleich. Es gibt weder ein Höher noch ein Tiefer, weder ein Besser noch ein Schlechter. Aus diesem Grund wird er als ›erleuchtet‹ bezeichnet. Wer die Vorstellungen vom ›Selbst‹ und den ›anderen‹ nicht glaubt, handelt selbstlos. Diese Person ist in der Lage, den Zustand der Erleuchtung zu verinnerlichen und zu leben.«

Wir tun nichts. Letztlich werden wir getan. Wenn ich sage: »Ich liebe dich«, spricht keine Person, sondern Selbstliebe: Ich spreche nur mit mir selbst. Genauer gesagt, *es* spricht nur mit sich selbst. Wenn ich frage, ob ich dir Tee eingießen darf, gießt *es* seinen eigenen Tee für sich selbst ein, und der Tee ist er selbst. Es ist so von sich selbst eingenommen, dass kein Raum für andere bleibt. Kein Molekül ist von ihm getrennt. Das ist wahre Liebe.

Das Selbst ist letztlich das Nicht-Selbst. Es zerstört sich immer selbst – und tut es immer gern. In der augenscheinlichen Welt der Dualität erkennen die Menschen ein »Du« und ein »Ich«. In Wirklichkeit gibt es nur eine(n). Alles ist gleich. Es gibt kein »Dieses« oder »Jenes«. Selbst »Eine(r)« ist eine Täuschung. Die Verbindung zu dir zu unterbrechen, wäre keine Alternative, auch wenn du noch so sehr darauf hinarbeitest. Jeder geglaubte Gedanke ist ein versuchter Verbindungsabbruch. Aber es ist nur ein Versuch. Es kann nicht passieren. Aus diesem Grund fühlt es sich sehr unangenehm an.

Als ich zur Realität erwachte, hatte ich noch nie etwas von

Meditation gehört. Niemand hatte mir gesagt, dass Gedanken Feinde seien. Es war ganz natürlich, jedem aufkommenden Gedanken als Freund zu begegnen und ihn willkommen zu heißen. Ich kann dir nicht als Feind begegnen, ohne dabei Stress zu empfinden. Wie kann ich also einem Gedanken begegnen, ohne Stress zu empfinden? Als ich lernte, meinen Gedanken als Freund zu begegnen, wurde mir klar, dass ich auch jedem Menschen als Freund begegnen kann. Was gäbe es über mich zu sagen, das nicht zuvor bereits auch in meinen Gedanken gewesen ist? Das ist so einfach.

Ich kann den oder die Menschen um mich herum nicht *nicht* lieben – das wäre irrsinnig. Ich erwarte von ihnen einfach nichts – absolut nichts. Was sie geben, geben sie um ihretwillen und um ihres eigenen Glückes willen, und ich empfange es mit offenen Armen und liebe dabei die Großzügigkeit all dessen, was aus einem menschlichen Herzen heraus entstehen kann. Menschen kommen und gehen. Ich liebe es, wenn sie kommen und wenn sie gehen. Ich weiß, ich habe keine Wahl und kann mir nicht aussuchen, wer bleibt. Ich kann mich bei meiner geringen Wahlmöglichkeit nicht selbst betrügen. Warum sollte ich auch? Warum sollte ich mich bei einem so riesigen Universum auf Weniges beschränken? Ich ordne weder an, wer in meinem Leben sein sollte, noch wann Menschen zu kommen oder zu gehen haben. Woher sollte ich das wissen?

Wenn Menschen großzügig sind, bin ich dankbar – nicht ihnen gegenüber, sondern dankbar, Punkt. Wenn es später einen Grund dafür gibt, ist er immer berechtigt. Dankbarkeit kennt kein Warum. Die Geschichte hinter dem »Weil« kann wunderschön sein – wie Geschichten halt so sind – am Ende sind wir jedoch nur dankbar. Nichts ist glaubwürdig genug, dass die Güte dieses Augenblickes herausgefordert werden könnte. Das Einzige, was besser ist als dieser Augenblick, ist *dieser* ... Hoppla, wo ist er hin? Und jedes Jetzt ... jetzt ... jetzt ... gibt es nur jetzt, und jetzt ist es vorbei. Ich kann diese ganze Großzügigkeit nicht aushalten! Ist das wahr? Ich denke nicht. Prüfe es selbst.

Buddha sagt, Großzügigkeit sei keine Großzügigkeit. Der Grund ist, weil es sich nicht nach Großzügigkeit anfühlt, wenn wir großzügig sind. Wir tun einfach, was wir können. Das geschieht auf ganz natürliche Weise. Wir geben, weil wir so sind. Wir haben keine andere Wahl.

Das beste Beispiel, das ich je an Großzügigkeit erlebte, war eine alte Frau, die bei mir im August 1986 auftauchte. Ich nannte sie »meine Dame«. Es war frühmorgens, und ich lag schlafend neben Paul im Bett. Als ich aufwachte und mich umsah, war sie auf einmal da. Sie saß neben unserem Bett auf einem Stuhl mit dem Rücken zur Wand. Es war eine sehr liebe, vollkommen harmlos aussehende alte Frau in ihren Sechzigern. Heute würde man sie auf etwas über achtzig schätzen. Sie war dick, aber nicht fettleibig, circa einen Meter fünfzig groß und wog vielleicht achtzig Kilogramm. Sie trug schwarze Schnürschuhe aus Leder mit Schnallen und kleinen breiten Absätzen, ein schwarz-weißes kurzärmeliges Kleid mit Paisley-Muster, einer durchgehenden Knopfleiste vorne und einem dünnen Gürtel aus demselben Material. Das Kleid endete im unteren Bereich der Waden, und ich wusste, dass sie unter dem Kleid Kniestrümpfe trug. Ihr Haar war locker zu einem Dutt zusammengebunden. Sie saß breitbeinig da, und die Hände lagen vor ihr auf dem Schoß und formten mit Daumen und Zeigefingern ineinandergreifende Kreise. Sie war vollkommen gütig, ohne irgendeine Bösartigkeit an sich, und ich spürte ein Vertrauen wie noch nie zuvor. Hätte ich an Jesus geglaubt oder Buddha gekannt, wäre mir vielleicht einer der beiden in den Sinn gekommen. In meiner Vorstellung sah ich jedoch das, was ich lieben und worauf ich vertrauen konnte.

Dann, auf einmal, befand ich mich *in* der Dame, *ich war* die Dame, ohne zu wissen, dass ich überhaupt einmal eine Katie gewesen war. Und dann ging ich in das, was ich später »die School« nannte. Es war, als ob ich geradewegs aus meinem Kopf (dem der Dame) heraus in eine andere Dimension katapultiert worden wäre. Ich hatte das Gefühl, als würde die gesamte materielle Schöpfung von Anbeginn der Zeit bis zum Ende aller Zeiten eingeblendet. Da waren nur Zahlen. Das ganze Universum bestand aus Zahlen und alle Zahlen besaßen eine eigene Farbe und einen eigenen Klang. Sie fingen an, hinaus und wieder zurück zu reisen und zur Null zurückzukehren. Ich sah alles, was es im Universum gab, und in der Summe war es nichts. Ich habe keine Ahnung, wie lange dieses Erlebnis dauerte. Es fühlte sich wie eine Ewigkeit an.

Anschließend befand ich mich wieder in der Dame auf dem Stuhl. Ich blickte zu der Frau, Katie, und dem Mann im Bett hinüber und fühlte eine riesige unbeschreibliche Liebe. Ich erkannte, wie einfach die beiden waren, und es war, als ob sie aus einer alten Welt voller Dunkelheit stammten. Ich konnte das Tier in ihren Augen erkennen, die Beschränkung, die Ignoranz. Ich hielt die beiden für gleichermaßen beschränkt. Die Frau auf dem Bett war nicht erleuchtet. Das Einzige, was an ihr erleuchtet war, befand sich als Beobachterin auf dem Stuhl. Ich saß jedoch nicht, wie die Dame, auf dem Stuhl. Ich war formlos. Ich war überall. Ich hatte diese Menschen noch nie zuvor gesehen. Ich hatte niemals zuvor überhaupt *irgendwen* gesehen. Ich hatte niemals zuvor überhaupt irgendetwas gesehen. Doch ich konnte durch die große Verdichtung ihres Leidens ihre Unschuld erkennen. Ich verstand alles, was sie selbst nicht verstehen konnten. Es war ihnen nicht bewusst, dass sie gar nicht zu leiden brauchten. In ihrer Verwirrung glaubten sie wirklich, sie seien Opfer und es gebe keinen Ausweg.

Ich beobachtete sie in Form eines Wesens mit absolutem Mitgefühl und aus einer Haltung heraus, in der alles Leiden transzendiert ist und in der man die körperliche Sphäre als keine Alternative mehr betrachtet. Meine Beobachtung fand vom anderen Ende der Zeit aus statt. Die beiden Menschen auf dem Bett stellten die ganze Menschheit dar, jeden Mann und jede Frau. Sie trugen an nichts Schuld und doch litten sie, als ob sie an etwas schuld seien. Sie dachten, sie seien getrennt, aber das war nicht so. Sie dachten, da stimme etwas nicht, aber dem war noch nie so. Ich hatte großes Mitgefühl mit ihnen. Angesichts ihrer Unschuld löste ich mich in überwältigender Liebe auf. Aus Sicht der Dame hatte ich eine verständnisvolle Haltung, was sich für Katie aber wohl eher wie »mehr, als sie ertragen konnte« angefühlt hat. Die Liebe war so enorm, so leidenschaftlich, dass sie das Gefühl hatte, sie würde aufgrund ihrer Intensität zu Asche verbrannt werden.

Als ich wieder im Körper der Person Katie zurück war, schaute ich hinüber zum Stuhl. Die Dame war nicht dort. Ich war am Boden zerstört. Ich fragte Paul: »Wo ist sie hin?« Er entgegnete: »Von wem, zum Teufel, sprichst du?«

Danach sah ich meine Dame immer, wenn ich log, übertrieb oder wenn ich versuchte, eine Person oder eine Situation zu beeinflussen, die Person oder die Situation zu ändern oder wenn ich etwas aus einem selbstbestimmten Motiv heraus sagte oder tat. Sie war meine Lehrerin und so real wie ein wirklicher Mensch, so greifbar wie meine Kinder. Immer wenn ich versuchte, jemanden zu manipulieren, damit man mich als wichtig, weise oder freundlich betrachtete oder als irgendetwas, das Liebe oder Anerkennung gewinnen könnte, spürte ich in meinem Inneren die Abwesenheit der Dame und sah sie auf der anderen Seite des Raumes stehen, mit gesenktem Kopf zu Boden schauend. Dann wusste ich, dass da etwas Unausgeglichenes oder Unfertiges in mir war. Ich erkannte, ich musste sämtliche Motive, die in mir aktiv waren, identifizieren, Gesagtes zurücknehmen und von ganzem Herzen die Wahrheit sagen. Ich ging dann zu der Person, die ich angelogen, manipuliert oder zu beeindrucken versucht hatte, und sagte: »Ich habe dich angelogen« oder »Ich wollte, dass du mich für wichtig hältst«. Ich bereinigte den Austausch unverzüglich, denn ich wollte lieber sterben, als meine Dame verlieren. Damals wusste ich nicht, dass sie ich war. Ich wusste nur, ich konnte ohne sie nicht leben. Ich hätte alles dafür getan, damit ich sie behalten konnte. Sie blieb so lange von mir getrennt, bis ich mein Handeln bereinigt hatte. Daher wurde ich immer schneller darin. Sobald ich mein Handeln geklärt hatte, konnte ich sie nicht mehr sehen. Dann fühlte ich einfach ihre Gegenwart – ihre unmittelbare Gegenwart: eine unmittelbarere Strömung aus dem Selbst in das Selbst.

Immer, wenn die Dame mich verließ, empfand ich eine panische Leere, eine Sehnsucht nach ihrer Rückkehr und ein leises Flehen, das sich wie: »Komm zurück! Komm zurück!« anhörte. Man konnte sie weder bestechen, noch überzeugen oder austricksen. Sie war absolut integer. Und so bereinigte ich meine Unordnung, entschuldigte mich bei den Menschen und meinte es wirklich so. Es gab nur eine Methode, mit der sie zurückkehrte: die der Aufrichtigkeit. Sie wurde ausschließlich von Demut angezogen. Selbst bei der geringfügigsten Unaufrichtigkeit oder der kleinsten Form einer Lüge oder Manipulation verflog ihr Interesse am Zuhause im augenscheinlichen Körper der Katie. Ich war so dicht geworden, dass mein Körper sie nicht mehr fassen konnte. Ihre Leichtigkeit war für diese Dichte zu hoch; die Dichte beförderte sie aus mir heraus. Aber es war einfach, sie wieder zurückzugewinnen. Ich musste nur die Lüge, die Unfreundlichkeit oder den Mangel an Integrität zugeben und es auch wirklich so meinen. Es war nicht wichtig, wer mithörte oder was andere von mir dachten, selbst wenn hundert Menschen in Raum gewesen wären. Egal, wie die Konsequenzen aussehen mochten, ich fand meinen Fehler, machte ihn wieder gut und wenn ich mit den Menschen darüber sprach, verschwieg ich nichts. Wenn ich es wiedergutmachte, dehnte ich mich aus und konnte sie erneut in mir aufnehmen. Sie kehrte erst in mich zurück, wenn das, was ich sagte, von Herzen kam.

Mit dieser Ehrlichkeit kehrte Frieden ein, und ich fand zu meiner Integrität. Ich lernte von ihr Demut. Ich lebte immer stärker in ihrem Bewusstsein, während die augenscheinliche Katie sich immer mehr entfernte und als nicht real und nur noch wie eine Ansammlung von Geschichten und Vorstellungen wirkte.

Später wurde mir klar, dass ich die Dame nur in meiner Vorstellung erschaffen hatte. Ich hatte keinen Lehrer, daher hatte ich diese harmlose alte Frau im gemusterten Kleid mit witzigen Schuhen und Haardutt erschaffen. Sie war einfach ein Symbol für die Wahrheit in mir, und ich hatte sie erfunden, da Menschen meiner Kultur keine spirituellen Lehrer besaßen. Ich gehörte keiner Religion an und wusste nichts von spirituellen Lehrern. Ich dachte, es gebe sie nur in der Bibel, und sie seien alle gestorben und irgendwo begraben.

246

Sieben oder acht Monate später war das alles vorbei. Nachdem sich ein Gleichgewicht eingestellt und ich die Dame als meine Projektion erkannt hatte, war sie weg, und ich wusste, sie würde nie wieder auftauchen. Wir sind vollkommen ineinander verschmolzen. Sie ist immer ich gewesen.

Zu jener Zeit sagten mir die Menschen immer wieder, ich solle aufs College gehen (ich hatte es mit achtzehn abgebrochen), und so belegte ich einige Kurse im College von Barstow. Das war einschneidend. Niemals zuvor hatte ich Menschen gesehen, die so bemüht waren zu lernen. »Ihr lernt so viele Dinge«, dachte ich. »Wisst ihr denn nicht, wie wichtig das *Verlernen* ist?« Eines Tages unterhielt ich mich mit dem Leiter der psychologischen Abteilung. Beiläufig erwähnte er, Erscheinungen seien Mythen. Ich erzählte ihm von meiner Dame, und er entgegnete mir, was ich da beschrieb, sei unmöglich und könne sich nicht zugetragen haben. Ich nickte. Und trotzdem gab es sie – im Verstand erschaffen, wie meine Mitstudenten, meine Kinder und jeder andere. Der Professor existierte ebenfalls nur in meiner Vorstellung. Das erzählte ich ihm aber nicht.

Wenn ich heute an meine Dame denke, ist mir klar, dass sie mir Buddhas Großzügigkeit demonstriert hat. In der Rolle der alten, verwirrten Katie dort auf dem Bett erkannte ich in ihrem Ausdruck Mitgefühl, und dieses Mitgefühl spürte ich auch durch sie, während ich die Frau auf dem Bett beobachtete. Die Freiheit muss jede Ebene durchdringen, bis alle Echos und alle Schatten verschwinden.

Ich war beunruhigt, weil auch Paul die Dame nicht sah. Wie sollte ich sie jemals wiederfinden, wenn er sie nicht sehen konnte? Sie war spurlos verschwunden. Monate später erkannte ich die Großzügigkeit des Verstandes, mit der er sein liebevollstes und mitfühlendstes Selbst in eine eigenständige Form abspaltete und damit in diese dichte Welt des Leidens trat, um mir wortlos Mitgefühl zu demonstrieren. Wir wurden einander nicht vorgestellt, es gab keinen Dank, kein Hallo und kein Tschüss. Sie kam um meinetwillen in diese Welt, mit größter Großzügigkeit und ohne ein Wort zu sagen. Daher sage ich auch nichts, obwohl ich zu sprechen scheine. Sie kehrte in die alte Welt des Leidens zurück. Aus diesem Grund kehre ich ebenfalls immer wieder in diese alte Welt zurück, wenn ich darum gebeten werde. Sie hatte Verständnis für mein Leiden. Ich habe Verständnis für das Leiden der Menschen. Sie hatte Mitgefühl. Ich habe Mitgefühl. Es spiegelte sich alles wie in einem Spiegel. Sie war mein eigenes Spiegelbild. Ich lernte alles, was sie lehrte, und sie sprach mit mir, ohne ein Wort zu sprechen. Liebe lässt sich vollständig erkennen. Es gibt niemanden, der wahre Liebe nicht erkennt.

* * *

Du sagst, Gedanken seien keine Feinde, weshalb du nicht versuchen würdest, sie loszuwerden. Welche Art von Gedanken denkst du?

Als ich mein Denken einmal verstanden hatte, wurde das Leben zu reiner Freude. Ich liebe, was ist, und dort befindet sich mein Verstand. Wenn ich denke, *ich liebe das Gehen*, dann deshalb, weil ich gerade gehe. Wenn ich denke, *ich liebe es, still zu sein*, dann deshalb, weil ich gerade still bin. Wenn ich denke, *ich liebe den Abwasch*, dann deswegen, weil ich gerade den Abwasch mache. Mein Verstand befindet sich mit der Realität in Harmonie. Ich bin mir dieser Übereinstimmung immer bewusst.

Genießt du es zu denken?

Sehr. Genauer gesagt, ich liebe es, gedacht zu werden. Ich liebe es, keinen Gedanken zu finden, den man einfangen kann.

Wozu hast du die Vision der Dame im Jahr 1986 gebraucht? The Work lebte bereits in dir. Warum war noch etwas notwendig?

Weil es so war. Ich hatte keine Ahnung, dass ich diese zusätzliche Hilfe brauchte, und dennoch war sie da. Wir bekommen alle, was wir brauchen, und zwar genau dann, wenn wir es brauchen. Heute bin »ich« die Dame, die so lange bleibt, wie sie gebraucht wird, und keinen Augenblick länger.

Seltsame Dinge können passieren, wenn der Verstand versteht und in der Stille ruht. Dies ist allerdings kein größeres Wunder, als wenn wir einfach atmen, gehen oder in einen Apfel beißen. Wenn die Vergangenheit vorbei ist (und das ist sie immer), vergesse ich sie, weil es nichts zu erinnern gibt, bis mir jemand eine Frage über sie stellt. Sie ist vorbei und spurlos verschwunden, so als ob sie niemals existiert hätte. Was passiert jetzt gerade? Genau dort liegt meine Aufmerksamkeit.

Würdest du etwas mehr über den Moment erzählen, als du das ganze Universum in Zahlen gesehen hast?

Das Universum begann im Nichts, dehnte sich ins Alles aus, in die Unendlichkeit und an der Schwelle der Unendlichkeit kehrte es zu sich selbst zurück. Es sah aus wie ein Kreis voller Zahlen, und jede Zahl war nicht einfach nur eine Zahl, sondern gleichzeitig eine Energie- bzw. eine Licht-, Klang- und Farbschwingung, die perfekt koordiniert und ohne Trennung war. Jedes Wesen, jedes materielle Objekt, jedes Atom bestand ebenfalls aus einer Schwingung und einer Zahl. Alle Zahlen von null bis unendlich waren dort vorhanden. Die komplette Mathematik war dort, alle Brüche, die Fraktale, die Gleichungen. Alles, was jemals existieren konnte, fand seinen Weg durch die Mathematik und zurück, und jede Zahl besaß eine andere Farbe. All die Worte, all die Klänge, die dazugehörten – alles war darin enthalten. Alles bestand aus einer Zahl: Feuer war eine Zahl, Eis, Wasser, Sterne und Galaxien. Alles schwang in einer anderen Zahl oder einer Frequenz. Bleistift, Himmel, Hund, Teppich, Rot, Gelb, Blau.

Die Zahlen schwärmten aus und kamen wieder zurück zur Null. Ich sah den Anfang, die Mitte und das Ende. Ich sah alles und jeden von Anbeginn bis zum Ende der Zeit und alles dazwischen und wie alles gleichzeitig im Feuer, im Wasser, in Eis, in der Luft, in Felsen, im Lehm, im Menschen, im Tier, in der Stille ablief. Und all das ergab nichts. Es war noch vor der Null. Ich sah alles, was man zu sehen wünscht, und es bedeutete nichts. Ich sah, ich war nichts, alles im Universum war nichts, ich war niemals fortgegangen und war nicht zurückgekommen, und nichts davon war real. Ich durchlebte alle Ebenen und Dimensionen innerhalb eines Gedankens, all die Schleier und ihre Kreisläufe, und ich erfuhr, dass nicht einmal das tiefste Wissen eine Bedeutung besitzt.

Irgendwann befand ich mich an einer Stelle, von der aus ich nicht zurückkehren konnte. Sie war derart weit weg; die Distanz war unvorstellbar. Es herrschte vollkommene Dunkelheit. Dort war nichts und niemand. Es fühlte sich so an, als ob ich allen Wesen für immer entfremdet wäre. Ich wusste weder wie ich dorthin gekommen war, noch wie ich wieder zurückkehren konnte. Man konnte nicht sterben, denn es gab kein Gegenstück zum Sein. An jenem Ort gibt es keinen Tod und du bist für immer allein. Es gibt kein Licht, kein Auf und kein Ab, keine Möglichkeit, sich zu bewegen, gar nichts. Es gibt nichts, niemals, und keinen Ausweg. Ich hatte schreckliche Angst.

Und dann entstanden die Fragen um den Gedanken *Kann ich wirklich wissen, dass das wahr ist? Wie reagiere ich, wenn ich glaube, dass es etwas Besseres als das gibt? Wer wäre ich ohne meine Für-immer-Geschichte?* Durch diese Untersuchung wurde die Dunkelheit freundlich. Ich war absolut gegenwärtig und fühlte mich wohl.

Als jene Realität so angenehm wurde wie diese Realität, war ich wieder die »Frau, die im Paradies in der Fredricks Street in einem Haus auf einem Stuhl sitzt.« Ich war in dieser Dunkelheit ebenso für immer zu Hause wie hier. Doch jetzt sah es aus wie Katie, ein Fenster, Bäume, Berge, Himmel. Und die Leute wundern sich, warum ich meine oder deine Hand anschauen und dabei in Ekstase geraten kann. Das ist auch nichts anderes, als wenn man dort draußen an dem Ort des scheinbaren Schreckens ein regungsloses Fünkchen ist, das für alle Zeiten allein ist. Die Untersuchung kann in jedem Zustand gemacht werden. Nach dieser Reise war alles ein Spiel, die Freiheit, keinen Körper zu haben, der Tanz sowie die allgemeine Körperlosigkeit.

Wir bekommen alle, was wir brauchen, genau dann, wenn wir es benötigen.

24 Die Ursache allen Leidens

Buddha sagte: »Subhuti, wenn jemand eine Milliarde Welten mit unvorstellbarem Reichtum anfüllen, sie auf die Höhe des Berges Sumeru aufhäufen und sie anschließend verschenken würde, um eine würdige Sache zu unterstützen, würde das von dieser Person gewonnene Verdienst unvergleichlich geringer sein als das Verdienst einer Person, die bei der Erkenntnis der Lehre dieses Sutra diese von ganzem Herzen verinnerlichte, lebte und anderen erklärte. Das Verdienst einer Person, die in der Lage ist, diese Wahrheit zu verinnerlichen und zu leben, wäre Hunderttausende Millionen und Milliarden mal größer. In Wirklichkeit kann keine Zahl ausdrücken, um wie viel größer es wäre.«

Hier wiederholt Buddha, was er in den vorangegangenen Kapiteln über das relative Verdienst der Nächstenliebe und über einen klaren Verstand gesagt hat. Er benutzt für die Veranschaulichung ziemlich große Zahlen – Zahlen, bei denen einem der Kopf schwirrt. Die Sache ist allerdings ganz einfach. Selbst das Verdienst des größten Menschenfreunds ist geringer als das von jemandem, der die zentrale Wahrheit dieses Sutra versteht und lebt: es gibt kein Selbst und keinen anderen.

Es ist nicht schwer zu verstehen, warum das so ist. Stell dir jemanden vor, der eine Milliarde Goldberge besitzt, von denen jeder so hoch wie der Mount Everest ist, und der seinen gesamten Reichtum spendet, um den Armen Nahrung und Unterkunft zu geben, Krankheiten zu heilen, die Umwelt zu schützen, die Tiere vor dem Aussterben zu bewahren und so weiter. Dieser Menschenfreund könnte jedem auf Erden

Sicherheit und Komfort geben. Aber könnte er jemandem auch Seelenfrieden schenken? Natürlich nicht. Weder Sicherheit noch Komfort noch großer Überfluss können uns zufrieden machen. Du kannst einen schönen, gesunden Körper besitzen, eine Villa bewohnen, ein teures Auto fahren und das köstlichste Essen zu dir nehmen, während dein Leben immer noch voller Leiden ist. Das ist, als würdest du mitten in einem klaren See verdursten. Du kannst mit sämtlichen Sicherheiten und jeglichem Komfort der Welt unglücklich sein; mit nichts weiter als einem Gewand und einer Schüssel zum Betteln – wie Buddha – kannst du jedoch überaus glücklich sein.

Die Nächstenliebe soll damit nicht abgewertet werden. Ich tue, was immer ich kann, um anderen Menschen auf verschiedene Weise zu helfen, und dazu gehört, Armen und Wohltätigkeitsorganisationen Geld zu spenden. Doch diese Art der Hilfe ist begrenzt. Das größte Geschenk, das du anderen machen kannst, ist die Erkenntnis, dass es kein Selbst und keinen anderen gibt.

Als ich zur Realität erwacht bin, bin ich zu The Work erwacht. In Wirklichkeit bin ich *als* The Work erwacht. Nichts war mehr von mir übrig. Innerhalb eines Augenblickes sah ich die Ursache meines Leidens und The Work zeigt diese auch jedem anderen. Ich sah, dass ich litt, weil ich meine Gedanken glaubte, und ich sah, dass die als Beweis dabei auftretenden Gedanken und Bilder nicht wahr waren und nichts mit der Realität zu tun hatten. In jenem ersten Moment des neuen Lebens, als ich aus dem Tod, den ich gelebt hatte, geboren wurde, sah ich, dass nichts, was in meinem Verstand auftauchte, wahr war – absolut nichts, kein Gedanke, kein Name, nicht einmal mein eigener. Die reale Welt ist die Welt, die vor dem Namen kommt, und in diesem namenlosen, ungetrennten, schönen Leben beobachtete ich, wie Namen, Identifikationen und Geschichten alles trennen, sobald sie hinzukommen. Als der Verstand Objekte identifizierte, schaffte er mit jedem einzelnen nicht hinterfragten Gedanken sein eigenes Leiden.

Als ich das erkannte, bemerkte ich, dass die Welt unmittelbar aus der ersten Geschichte, dem »Ich«, entstand, und mir wurde klar, dass die Illusion des Lebens soeben stattgefunden hatte und es nicht mehr als eine Einbildung war. Ich bemerkte weiter, dass ich mir in dieser Welt der Namen und Bedeutungen eingebildet hatte, wirklich Byron Katie zu sein. Und auch die scheinbaren Menschen glaubten – schienen zu glauben –, mein Name sei Byron Katie. Ich konnte jedoch nicht weiter daran glauben. Sie schienen all die Dinge zu glauben, die ich zuvor auch geglaubt hatte, und litten, wie ich zuvor gelitten hatte. Daher begann ich, denen, die wissen wollten, was geschehen war, die ehrlich, offen und mutig genug waren, diese Fragen zu stellen, damit sie in ihr eigenes identifiziertes Selbst reisen konnten – durch die Tiefen der darunterliegenden Glaubenssysteme, aus denen heraus sie handelten.

In dem Augenblick, als ich meine Augen auf dem Fußboden der Dachkammer öffnete, erkannte ich, dass nichts wahr war. Die ersten beiden Fragen (»Ist das wahr?« und »Kannst du wirklich wissen, dass das wahr ist?«) wurden mir von allein beantwortet, und anderen willigen Reisenden werden sie ebenfalls von selbst beantwortet. Die Welt des Leidens beginnt, wenn man den ersten Gedanken glaubt, und die Antwort auf Frage drei (»Wie reagierst du, was passiert, wenn du diesen Gedanken glaubst?«) stellt die Beschreibung dieser Welt des Leidens dar. Und so reagierst du: Die ganze Welt des Leidens wird in diesem Augenblick erschaffen – mit diesem Gedanken; und solange du ihn glaubst, besitzt du die Illusion einer

Vergangenheit und einer Zukunft. Das ist so. Du kannst nicht sehen, was du nicht glaubst. Der Glaube erschafft die Welt der Illusionen – und zwar die ganze.

Bevor in diesem ersten Augenblick das Denken begann, war nur reines Unwissen: Liebe. Das ist eine der vielen Erkenntnisse der Menschen, die sich tief auf die vierte Frage einlassen (»Wer oder was wärest du ohne den Gedanken?«). Dabei erkennen sie nach und nach die reale Welt, die Welt des Liebe-*Seins*, des Furchtlosen, des Namenlosen, des Schönen, die Welt, in der nichts getrennt ist und in der Kreativität ununterbrochen fließen darf, in der das Neue beobachtet und jeder Augenblick geschätzt wird und in der du immer mit dir selbst allein bist und du alles und jeder bist, frei, um die volle Verantwortung als Schöpfer der gesamten Welt zu übernehmen – deiner Welt, der Welt deiner Einbildung.

Wenn ich mich umschaue, sehe ich, wie die Leute versuchen, sich durch den Glauben ihrer Gedanken Angst zu machen und wie sie in ihrer Unschuld ihre eigene Angst, Wut und Misere erschaffen, wenn sie all ihre Argumente als Beweis gegen die Realität einsetzen. Und ich warte. Jeder Verstand findet letztlich zurück. Es ist wunderbar, dabei zuzuschauen, wie sich der Verstand mit allen seinen Überzeugungen ins Nichts auflöst und wie er in dieser einfachen Realität ruht.

Wer liebt, was ist, macht von allem Gebrauch, was das Leben gerade für ihn bereithält, da er sich selbst nicht mehr betrügt. Was seines Weges kommt, ist immer gut. Ihm ist das klar, obwohl die Leute vielleicht etwas anderes sagen würden. In seinem Leben gibt es keine Widrigkeiten. Und andere lernen aus seiner Erfahrung. Wenn jemand sagt: »Ich verlasse dich«, fühlt er Begeisterung in sich aufsteigen, da er nur die sich daraus ergebenden Vorteile sehen kann. Welche Erfahrung ist erfüllender als die, Zeuge des Geschenkes der Realität zu sein? Wenn jemand sagt: »Ich schließe mich dir an«, kann er nur die *darin* liegenden Vorteile sehen. Welche Erfahrung ist lieblicher als die, wenn du dich mir anschließt? Sie wird sterben: gut. Sie wird ihr Augenlicht verlieren: gut. Sie wird ihr Augenlicht nicht verlieren: gut. Sie ist behindert, sie kann wieder gehen: gut, gut, gut. Sie – genauso wie jeder und alles – ist der schöne, einfache Fluss der Realität, der immer freundlicher und spannender ist als unsere Gedanken darüber.

***

Warum vergleicht Buddha immer wieder das Verdienst eines Menschenfreundes mit dem Verdienst von jemandem, der den Verstand versteht? Ist der Gedanke, dass der eine besser ist als der andere, hilfreich?

Der eine ist nicht besser als der andere. Buddha benutzt diese Unwahrheit, um die Aufmerksamkeit der Leute auf die Wahrheit zu lenken, dass nämlich das Beste, was du für dich selbst und für andere tun kannst, ist, das Wesen des Verstandes zu verstehen.

Du sagtest, du wärest begeistert, wenn dich dein Mann verlassen würde, und du würdest ihm gerne beim Packen helfen. Ist es nicht vorschnell, das zu behaupten? Du hast es doch noch nicht erlebt. Woher willst du wissen, wie du reagieren würdest?

Ich liebe Stephen, und ich möchte, dass er immer glücklich ist. Ich möchte, was er möchte. Alles, was geringer als dieses Bewusstsein ist, würde bedeuten, *ich* würde *ihn* verlassen, nicht andersrum. Um also zu feiern, was er möchte, heißt es, verbunden zu bleiben. Es ist nicht notwendig, dass *er* mit *mir* verbunden bleibt. Das wäre Liebe mit Bedingungen meinerseits. Mein wahres Wesen, dieser klare Verstand, mein Geschenk und meine Begeisterung halten die Verbindung aufrecht. Wenn du jemanden liebst, bedeutet das ununterbrochene Freude. Liebe stellt dein wahres Wesen in Harmonie mit allem Leben dar. In dem Augenblick, in dem du gegen die von dir geliebte Person kämpfst, bricht die Verbindung ab, und du bist zwangsläufig immer diejenige, die sie unterbrochen hat. Warum würdest du einen Krieg mit dir riskieren, wo Krieg doch ein hoffnungsloser, liebloser Seinszustand ist? Selbsterkenntnis ist das Ende des Krieges. Ob Stephen mich verlässt oder nicht – egal, aus welchem Grund, auch wenn er stirbt –,ich liebe ihn von ganzem Herzen. Und in meiner Welt kann er mich niemals verlassen.

Das größte Geschenk, das du anderen machen kannst, ist deine Erkenntnis, dass es kein Selbst und keinen anderen gibt.

THE WORK IN AKTION:
»Daniel hält seine Versprechen nicht ein.«

KRISTEN *[hat ihr Arbeitsblatt vor sich und liest]: Ich bin wütend auf Daniel, weil er seine Versprechen nicht einhält.*

KATIE: Wie sieht die Situation aus?

KRISTEN: Wir haben zwei kleine Mädchen, vier und sechs Jahre alt. Ich wollte die Kleinere ins Bett bringen, während Daniel sich um die Ältere kümmern sollte. Das war unser Plan, damit wir um acht Uhr gemeinsam etwas tun könnten. Ich brachte die Kleine pünktlich ins Bett, doch Daniel war noch nicht so weit, weil er unserer älteren Tochter eine Gute-Nacht-Geschichte vorlas. Und es war eine sehr lange Geschichte.

KATIE: Bist du hingegangen und hast ihm zugesehen, wie er eurer Tochter vorlas?

KRISTEN: Ja.

KATIE: So, das ist die Situation. »Daniel hält seine Versprechen nicht ein« – ist das wahr? Du musst nicht raten – du wirst bildlich vor dir sehen, was geschehen ist. Sei jetzt einfach dort und denk daran: die Antwort auf die ersten beiden Fragen lautet entweder »Ja« oder »Nein«. Sie lautet nicht »Ja, weil …« oder »Nein, aber …«. Wir werden nun über eine bestimmte Situation reflektieren. Einige Geschehnisse unserer Vergangenheit sind ziemlich gruselig. Doch wenn wir sie von hier aus betrachten, sind wir immer sicher. Tauchen wir also ein in die Stille und versenken uns in diesen Moment, damit wir sehen, ob wir in unserer Wut vielleicht etwas übersehen haben. Wenn die Antwort »Ja« lautet: gut.

Wenn die Antwort »Nein« lautet: gut. Erlaube der Situation einfach, dir die Wahrheit zu offenbaren. »Daniel hält seine Versprechen nicht ein« – ist das wahr?

KRISTEN: Nein.

KATIE: Interessant. Schließ jetzt deine Augen und beobachte dich selbst. Da ist dein Mann. Da ist deine Tochter. Wie reagierst du, wenn du den Gedanken »Daniel hält seine Versprechen nicht ein« glaubst?

KRISTEN: Es steigt sofort Wut in mir hoch.

KATIE: Was noch?

KRISTEN: Ich gehe mit meinem Ärger in diese friedliche Situation hinein.

KATIE: Beobachte dich dabei selbst.

KRISTEN: Es ist, als ob ich gefangen wäre. Ich weiß nicht, was ich tun soll. Ich kann da nicht raus.

KATIE: Wer wärest du jetzt ohne den Gedanken »Daniel hält seine Versprechen nicht ein«?

KRISTEN: Ich würde mich leichter fühlen. Friedlicher. Freundlicher. Fair.

KATIE: Und ihr drei würdet den Moment genießen. Du würdest deinen Mann, deine Tochter und dich schätzen. Ohne den Gedanken wäre das alles so. Betrachte die Situation jetzt mit dem Gedanken und nimm den Unterschied wahr. Siehst du, wie hilflos du bist? Wie hilflos sie sind?

KRISTEN: Ja.

KATIE: »Daniel hält seine Versprechen nicht ein.« Kehre den Gedanken um.

KRISTEN: Daniel hält seine Versprechen ein.

KATIE: Was bedeutet das für dich?

KRISTEN: Er bringt unsere Tochter zu Bett.

KATIE: Vielleicht hat er ihr versprochen, ihr etwas vorzulesen.

KRISTEN: Ja.

KATIE: Vielleicht macht er, was er versprochen hat. Kannst du ein weiteres Beispiel dafür finden, inwiefern »Daniel macht, was er versprochen hat« wahr sein könnte?

KRISTEN: Ja. Es gibt viele Beispiele.

KATIE: So viel zu Daniel. Gut, meine Liebe. »Daniel hält seine Versprechen nicht ein.« Kannst du eine weitere Umkehrung finden?

KRISTEN: *Ich* halte meine Versprechen nicht ein.

KATIE: Welche Versprechen hast du Daniel und deiner Tochter gegenüber in dieser Situation gebrochen?

KRISTEN: Ich habe mich nicht mehr am Zubettbringen meiner Mädels beteiligt. Ich saß einfach auf der Couch und wartete, bis er fertig war.

KATIE: Noch etwas, womit du dein Versprechen dir selbst, den beiden oder Daniel gegenüber gebrochen hast?

KRISTEN: Ja, denn während dieser Verabredung – der von Daniel und mir – wollten wir an der Qualität unserer Beziehung arbeiten. *[Das Publikum lacht.]* Und da ich wütend war, konnten wir natürlich nicht mehr daran arbeiten.

KATIE: Wir sehen hier also, was passiert, wenn wir unsere Gedanken glauben. Der Glaube, Daniel mache nicht, was er versprochen hat, bewirkte eine Trennung. Es erzeugte genau das, was ihr während der Verabredung bearbeiten wolltet. Es verringerte die Qualität eurer Beziehung und trennte dich von deiner Familie. Schauen wir uns jetzt Aussage 2 an. Was wolltest du von Daniel?

KRISTEN: *Ich will, dass Daniel macht, was er sagt.*

KATIE: Ist das wahr? Schau ihm dabei zu, wie er deiner Tochter vorliest. »Du willst, dass er macht, was er sagt« – ist das wahr?

KRISTEN: Nein.

KATIE: Nun höre ich von dir, dass es dir lieber ist, wenn er ihr vorliest, als sein Versprechen dir gegenüber einzuhalten.

KRISTEN: Ja, im Grunde. Ja.

KATIE: Nimm wahr, wie du ihn behandelst, wenn du den Gedanken »Ich will, dass er macht, was er sagt« glaubst. Nimm wahr, was mit eurem gemeinsamen Leben passiert. *[zum Publikum]* Wie viele von euch haben einen solchen Gedanken schon einmal über jemanden gehabt? Wie viele von euch haben in dem Augenblick daran geglaubt? *[Viele geben Handzeichen.]*, *[zu Kristen]* Wie reagierst du, wenn du den Gedanken »Ich möchte, dass er macht, was er sagt« glaubst?

KRISTEN: Ich setze ihn unter Druck. Ich erzeuge Stress in der Situation.

KATIE: Ja, und dabei liest dieser nette Mann seiner Tochter nur eine Geschichte vor und hält das Versprechen ein, sie zu Bett zu bringen. Nun beobachte: Wer wärest du ohne den Gedanken?

KRISTEN: Entspannt. Ich könnte unser Zusammensein genießen.

KATIE: Das ist schön. So stellen sich die Leute eine glückliche Familie vor. Du hast sie, und sie wartet nur darauf, dass du diesen erstaunlich schönen Augenblick erkennst, indem du in dieser Schönheit und in dieser Intimität einfach sein darfst. Dabei erzeugen Gedanken wie »Ich möchte, dass er macht, was er sagt« Krieg. Bist du also schuldig? Oder bist du einfach hypnotisiert, glaubst du einfach deinen Gedanken? *[zum Publikum]* Gibt es in diesem Raum eine Person, die in dem Augenblick, wenn sie etwas glaubt, aufhören kann zu glauben, was sie gerade glaubt? *[zu Kristen]* Es ist wider unser wahres Wesen, nicht mit den Menschen verbunden zu sein, und du bist vollkommen mit deinem Mann verbunden, wenn du deine Gedanken über ihn nicht glaubst. Du bist wach in dem, was ist. Zu keiner Zeit ist etwas Schreckliches geschehen. Derartiges geschieht weder jetzt noch irgendwann. Ich habe verstanden, dass das Universum freundlich ist, und ich lade alle hier dazu ein, es selbst zu prüfen. Ihr könnt die Welt sehen, wie sie wirklich ist, wenn ihr aufhört, eure stressigen Gedanken zu glauben. Dann stimmt der Verstand mit seinem wahren Wesen überein. Ehemänner dienen dazu, uns wach zu machen, ebenso wie jeder und alles andere in unserem Leben. Kehren wir das um: »Ich will nicht, dass Daniel …«

KRISTEN: Ich will nicht, dass Daniel macht, was er sagt.

KATIE: Nein. Er hatte eine bessere Idee, eine, durch die ihr, du und deine Tochter, bekommen habt, was ihr wolltet. Wenn du das verstehst, lebst du mit einem Meister zusammen, der ausnahmslos und immer weise ist. Unsere Ehemänner sind dazu da, um uns wachzurütteln. Siehst du eine weitere Umkehrung? »Ich möchte, dass ich …«

KRISTEN: Ich möchte, dass ich mache, was ich sage.

KATIE: Und zwar die Vereinbarung einhalten, am Frieden der Familie zu arbeiten. Das machst du ja jetzt. Es ist niemals zu spät. Ok. Lies Aussage 3.

KRISTEN: *Daniel sollte weniger reden und mehr tun.*

KATIE: Kehre es um. »In dieser Situation mit Daniel und meiner Tochter sollte ich …«

KRISTEN: Ich sollte weniger reden und mehr tun.

KATIE: Also war der Rat an Daniel in Wirklichkeit der Rat an dich selbst.

KRISTEN: Ja. Ich sollte weniger reden und mehr tun, um meine Gedanken zu hinterfragen.

KATIE: Das war ein guter Rat. Sieh mal, wie du reagierst, wenn du den Gedanken glaubst. Du versuchst, deinen Mann zu etwas zu zwingen, und er kapiert es nicht. Wenn du den Satz allerdings umkehrst und deinen eigenen Rat befolgst, ergibt er immer einen Sinn. Das ist freundlicher. Das lässt Bewusstsein zu. Schauen wir uns Aussage 4 an.

KRISTEN: *Ich brauche von Daniel, dass Taten auf seine Worte folgen, dass er tut, was er sagt, und dass er hält, was er verspricht.*

KATIE: Schließ die Augen. Schau ihm dabei zu, wie er eurer Tochter vorliest. »Du brauchst, dass Taten seinen Worten folgen« – ist das wahr? Brauchst du genau das zu deinem Glück in diesem Augenblick?

KRISTEN: Nein.

KATIE: Wie reagierst du, was passiert, wenn du diesen Gedanken glaubst?

KRISTEN: Ich ärgere mich sehr. Ich betrachte ihn, als ob er etwas falsch machen würde. Ich werde zum Opfer.

KATIE: Nimm wahr, wer du ohne diesen Gedanken wärest.

KRISTEN: Es wäre schön.

KATIE: Kehre es um.

KRISTEN: Ich brauche, dass meine Taten meinen Worten folgen.

KATIE: Ja. Nicht so einfach, oder? Das Leben von Menschen, die etwas glauben, ist voll von Leid. Wenn du The Work täglich praktizierst, zettelst du keinen Krieg mehr in deinem Leben an. Wenn der Krieg in dir endet, hört er auch in deiner Familie auf. Du bist diejenige, die ihn beenden kann. Du bist die Einzige. Unsere Ehemänner oder -frauen können das nicht für uns übernehmen. Findest du eine weitere Umkehrung?

KRISTEN: Ich brauche nicht, dass Daniels Taten seinen Worten folgen.

KATIE: Ja. Wenn er eurer Tochter vorliest, macht er in Wirklichkeit, was dir lieber ist. Wenn du hinterfragst, was du glaubst, erwachst du zur Realität. Die Umkehrungen der »Wollen-«, »Brauchen-« und »Sollte-«Aussagen deines Arbeitsblattes geben dir eine klare Orientierungshilfe. Diese Hilfe steht dir immer zur Verfügung. Ok, kehre nun Aussage 4 vollständig zu dir selbst um.

KRISTEN: Ich brauche, dass meine Taten meinen Worten folgen, und ich brauche, dass ich tue, was ich sage, und dass ich halte, was ich verspreche. Ja. Das passiert sehr oft; ich erwarte von ihm, dass er etwas in unserer Beziehung tut.

KATIE: Wunderbar, Liebes. Dies zu erkennen heißt für dich, niemals mehr warten zu müssen. Er macht immer, was du willst, ob du's glaubst oder nicht. Das ist sehr befreiend. Du musst damit nicht einverstanden sein. Dafür bin ich hier, um dich dazu einzuladen, deinen Glauben über ihn zu hinterfragen und in einem freundlichen Universum zu erwachen. Was hast du bei Aussage 5 geschrieben?

KRISTEN: *Daniel ist unzuverlässig, hat keinen Respekt vor mir und ist nicht daran interessiert, an unserer Beziehung zu arbeiten.*

KATIE: Ok. »Daniel ist unzuverlässig.« Ist das in dieser Situation wahr?

KRISTEN: Nein. Meiner Tochter gegenüber war er sehr zuverlässig.

KATIE: Und macht er, was dir lieber ist?

KRISTEN: Er ist ein liebevoller Vater, ja.

KATIE: Man kann sich also auf ihn als liebevollen Vater verlassen. Somit ist er das, was du willst.

KRISTEN: Ja. Wenn ich das nicht wollte, würde ich nicht hier sitzen.

KATIE: Gut. Werde dir nun ganz klar darüber und schließ die Augen. Was wäre dir lieber: wenn er deiner Tochter vorlesen oder wenn er mit dir auf dem Sofa sitzen würde? Schau ihn und eure Tochter an. Werde dir darüber klar, was du wirklich willst.

KRISTEN: Ja. *[lächelt]* Um ehrlich zu sein: Ich hatte nicht viel Lust, an unserer Beziehung zu arbeiten. *[Das Publikum lacht.]*

KATIE: »Er hat keinen Respekt vor dir und ist nicht daran interessiert, an eurer Beziehung zu arbeiten.« – Ist das wahr?

KRISTEN: Nein.

KATIE: Wir können einfach nichts über ihn und seine Beweggründe wissen. Schauen wir uns mal das an, was wir wissen *können*. »In dieser Situation mit mir und mit meiner Familie bin ich ...«

KRISTEN: Ich bin unzuverlässig, habe keinen Respekt vor ihm und bin nicht daran interessiert, an unserer Beziehung zu arbeiten. Ja, so ist es.

KATIE: Du bist einfach nicht an dem interessiert, was er möchte und was er tut, und bist blind für das, was du in Wirklichkeit willst, obwohl du es direkt vor Augen hast. Das einzige Leiden dieser Welt ist die Verwirrung. Und wenn wir hören, was du geglaubt hast und wie es dich in dieser Situation beeinflusst hat, sehen wir, welchen Preis die Verwirrung hat. Kehren wir es um: »Er ist zuverlässig ...«

KRISTEN: Er ist zuverlässig, respektiert mich und ist sehr daran interessiert, an unserer Beziehung zu arbeiten.

KATIE: Das ist Daniel, wenn du zu dir selbst erwacht bist. Wenn du deine Gedanken glaubst, bist du auf den Daniel deiner Einbildung wütend. Aber das ist nicht der Daniel der Realität. Als du das Kinderzimmer betreten hast, hast du den Daniel deiner Vorstellung gesehen. Du hast einen unschuldigen Mann angegriffen. Du bist ebenso unschuldig. Daher lade ich dich ein, immer wenn du Wut verspürst, deine Gedanken zu identifizieren, sie auf ein »Urteile über deinen Nächsten«–Arbeitsblatt zu schreiben und dann deine Überzeugungen zu hinterfragen. Dann müsst ihr, du und dein Ehemann, nie wieder an eurer Ehe arbeiten. Es ist nur eine Person für eine glückliche Ehe nötig, und die bist immer du. Du musst nicht auf ihn warten. Schauen wir uns Aussage 6 an.

KRISTEN: *Ich möchte nie wieder hören, dass Daniel etwas verspricht und nachher etwas anderes macht.*

KATIE: »Ich bin bereit dazu …«

KRISTEN: Ich bin bereit zu hören, dass Daniel etwas verspricht und nachher etwas anderes macht.

KATIE: »Ich freue mich darauf …«

KRISTEN: Ich freue mich darauf zu hören, dass Daniel etwas verspricht und nachher etwas anderes macht.

KATIE: Weil er dazu da ist, dich wachzurütteln – genauso wie deine Kinder.

KRISTEN: Vielen Dank, Katie.

KATIE: Gern geschehen.

25 Gleichwertige Weisheit

Buddha sagte: »Subhuti, Buddha hegt nicht den Gedanken: ›Ich werde alle fühlenden Wesen befreien‹. Warum? Weil Buddha zufolge nicht ein einziges Wesen existiert, das man befreien müsste. Wenn es Buddha zufolge Wesen gäbe, die man befreien müsste, würde es bedeuten, Buddha glaubte die Vorstellungen vom ›Selbst‹ und ›anderen‹. Auch wenn Buddha ›ich‹ sagt, gibt es in Wirklichkeit kein ›Ich‹. Unreife Wesen halten es jedoch für ein ›Ich‹. Dabei gibt es für Buddha keine unreifen Wesen. Sie werden nur ›unreife Wesen‹ genannt.

Buddha sagt hier, es gebe weder reife noch unreife Menschen. Wir verfügen alle über die gleiche Weisheit. Sie ist gleichmäßig verteilt. Keiner ist weiser als der andere. Der einzige Unterschied ist, dass manche von uns glauben, was sie denken, und manche von uns gelernt haben, die uns von unserer angeborenen Weisheit trennenden Gedanken zu hinterfragen.

Buddha sagt auch, wie schon in den vorangegangenen Kapiteln, es gebe keine leidenden Wesen, die man befreien müsse. Diese Aussage ist erstaunlich. Spürst du, wie schockierend das ist? Manche Menschen finden das möglicherweise kalt und herzlos. »Was meinst du damit, es müssten keine Wesen befreit werden? Bist du verrückt? Was ist mit all der Ignoranz und der Brutalität auf dieser Welt? Was ist mit all den unschuldigen Opfern von Gier und Gewalt?« Es kann sogar sein, dass seine Aussage als gefährlich betrachtet wird, da die Leute unter Umständen meinen, sie beraube sie der Motivation, Gutes zu tun. »Wenn da draußen niemand ist, den man befreien müsste, kann ich mich ja einfach zurücklehnen und brauche nichts zu tun.«

»Keine Wesen müssen befreit werden« ist die einfache Wahrheit, und Wahrheit ist, was uns befreit. Sie führt – weit davon entfernt, uns passiv oder von uns selbst einnehmen zu lassen – zu Großzügigkeit. Wenn wir wirklich verstehen, dass das Selbst nicht real ist, können wir dann selbstsüchtig handeln? Und wenn es kein Selbst gibt, kann es dann andere geben, denen du dich widersetzen kannst? Ich bin ganz einfach alle Wesen. Wenn ich ein anderes menschliches Wesen verletzen würde, wäre das genauso verrückt, wie wenn ich mir mit Absicht das eigene Bein brechen würde. Die goldene Regel lautet nicht *sollte* oder *müsste*. Hier geht es nicht um Moral, hier geht es um *Fakten*. Ich füge anderen zu, was ich mir selbst zufüge, denn ich erkenne, dass ich andere *bin*.

Wenn du deinen Verstand nach und nach hinterfragst, verliert er die Fähigkeit zu glauben, dieses oder jenes zu sein. Er hört auf, sich mit irgendetwas zu identifizieren. Er wird frei. Er versteht, dass Identifikation einfach ein mentaler Zustand ist. Manchmal verlieren Menschen ihre Identifikationen aus heiterem Himmel oder während einer Meditation. Dann bekommen sie Angst und reagieren darauf, indem sie anfangen, sich selbst stark zu kontrollieren. Das Ego versucht sicherzustellen, dass die Freiheit nicht wieder vorkommt, und setzt dafür die Angst ein. Es zieht die Zügel straffer. Es ist jedoch in Ordnung, die Identität loszulassen, und es ist genauso in Ordnung zu glauben, du seiest »du«. Hier geht nichts Ernstes vor sich. Du bist einfach kein »Du« – und es wird auch kein »Du« daraus, wenn du daran glaubst.

Einmal, in den späten Achtzigern, saß ich in Big Sur am

Rande einer Klippe und machte eine Pause von einer langen Autofahrt. Ich blickte hinunter auf den Ozean – ganz tief nach unten auf die Wellen und die scharfen Felsen. In dem Augenblick erschien genau vor mir auf Augenhöhe eine Möwe. Als sie vorbeiflog, war mein Verstand so frei, dass er ihre Identität annahm. Im einen Moment war ich noch die Frau auf der Klippe und im nächsten Moment war ich die Möwe, befand mich in ihrem Körper und blickte durch ihre Augen auf die Welt. Ich war begeistert und zugleich friedvoll, ich fühlte die Weite des ganzen Fluges.

Dann fand eine Wandlung statt. Das »Ich« wurde in der Möwe geboren. Sie blickte hinunter, und es kam ihr der Gedanke: »Ich kann nicht fliegen.« Anschließend dachte sie: »Oje, ich werden abstürzen!« Ich fühlte mich, als wöge ich hundert Kilo. Dann nahm ich weitere Gedanken wahr: »Ich will kein Vogel sein, der nicht fliegen kann. Ich will die Frau sein, die dort sicher auf festem Boden sitzt.« Nur diese Gedanken waren die Auslöser meiner Angst. Ich wusste, als Vogel würde ich nicht wirklich abstürzen – und das war die Realität. Anschließend begegnete ich jedem mit der Realität im Widerspruch stehenden Gedanken mit der Untersuchung: »Ist das wahr? Kann ich wirklich wissen, dass das wahr ist?« Jeder Gedanke war von einer Frage begleitet. So kamen die Dinge wieder in ihr natürliches Gleichgewicht zurück. Und in diesem Gleichgewicht war ich frei.

In Zeitlupe fühlte es sich wie folgt an: »*Ich kann nicht fliegen*« – *kann ich wirklich wissen, dass das wahr ist?* Nein. *Wie reagiere ich, wenn ich diesen Gedanken glaube?* Ich bekomme Angst. *Was wäre ich ohne ihn?* Vollkommen zuversichtlich. Der Gedanke löste sich unmittelbar auf, und ich flog. Es war die beste Zeit meines Lebens als Möwe. Ich schwebte einfach weiter und war von der Freude über den Flug fasziniert. In dem Augenblick, als ich mit der Möwen-Identität Frieden schloss, wurde ich wieder zu der Frau, die verzückt und unauffällig auf der Klippe saß.

**

Du sagst, es gebe keine reifen oder unreifen Menschen. Bist du denn nicht selbst nach deinen anfänglichen Ekstasen gereift?

Ja, das könnte man so sagen – obwohl mein Verständnis immer dasselbe geblieben ist. In der ersten Zeit war ich in alles verliebt und bin es immer noch. Ich liebte alles, worauf mein Blick fiel. Alles war schön für mich – alles war die ultimative Realität. Ich war in alles und jeden leidenschaftlich verliebt. Immer wenn ich Menschen sah, habe ich mich verliebt. Ich ging auf sie zu und blickte ihm oder ihr im Gefühl all meiner Liebe in die Augen. »Du bist Gott«, waren meine Worte. »Du bist mein liebstes, innigstes Selbst.« Ich war verrückt vor Liebe und konnte einfach nicht anders. Bald lernte ich jedoch, das nicht mehr zu tun. Die Leute zogen sich zurück, sie schienen verängstigt.

Ich lernte, dass, wenn ich nicht sprach, die von mir so genannte »cleanse«, die Reinigung des Selbst stattfand. Es säuberte sich selbst von allem Angelernten. Die Reinigung glich Tränen, Demut und dem Tod, dem Tod der Persönlichkeit, dem Tod all dessen, was vom Selbst übrig war. Mir wurde klar, dass mir immer, wenn ich sprach, ohne gefragt zu werden, Verwirrung entgegenkam. Die Menschen schauten mich an, und ihre Augen spiegelten mir eine verrückte Frau. Ich hatte zwar kein Problem damit, aber die Kommunikation war wertlos; außer dass ich daraus lernte, eine Wahrheit im

Inneren zu durchleben, ohne sie im Äußeren zu kommunizieren.

Da ich danach hungerte, jeglichen in mir aufkommenden Gedanken in Flammen aufgehen zu lassen, ließ ich sämtliche körperliche Reaktionen zu, die mich durchströmten. Ich schüttelte mich, brach in Tränen oder Gelächter aus und brachte all das zum Ausdruck, was zum Ausdruck gebracht werden musste. Das waren die Tränen und das Lachen einer Person, die von Liebe berauscht war. Ich war so vollkommen hemmungslos wie ein kleines Kind. Egal, ob diese Reaktionen nun in einem Einkaufszentrum, in einem Supermarkt oder auf der Straße stattfanden, ich blieb einfach stehen, setzte mich auf den Gehweg und ließ dabei dem Gefühl freien Lauf. Die Menschen waren freundlich. Sie blieben stehen und fragten Dinge wie: »Brauchen Sie Hilfe?«, »Benötigen Sie ein Taschentuch?«, »Soll ich jemanden anrufen?«, »Kann ich Sie irgendwo hinbringen?« So begegnete ich der Welt. Sie war zärtlich. Sie war sensibel. Alle diese Menschen waren ein Teil von mir.

In der Öffentlichkeit erlebte ich die ganze Fülle, die Knoten lösten sich – durch die immer in mir lebendigen vier Fragen der Work. In ihnen begegnete ich mir ständig. Manchmal bat ich Menschen, mich zu umarmen. Mit Freudentränen ging ich auf Fremde zu und fragte: »Würden Sie mich umarmen?« Niemand hat sich geweigert. Kein einziger Mensch hat sich geweigert. Manchmal wiegte mich eine Frau und sang mir dazu Schlaflieder vor, und dabei hatte ich einfach nur gefragt. Ich liebe es, davon zu erzählen, niemals abgewiesen worden zu sein. Wenn es nirgends ein Motiv gibt, wird die Wahrheit darüber, wer wir sind, deutlich. Jeder bewahrt seine Unschuld. Die Menschen nehmen dich in den Arm wie ein Baby, auch wenn du eine dreiundvierzigjährige Frau bist.

Eines Morgens kam mir auf einer Straße in Barstow ein Latino entgegen und sprach mich an: »Ich sehe, dass Sie jeden Tag hier vorbeigehen und so oft weinen. Warum tun Sie sich das an?« Mir wurde zum ersten Mal klar, dass ich beim Spazierengehen weinte. Ich weiß noch, wie schockiert ich war, weil er nicht wusste, dass ich das ganze Universum für jeden und alles für immer entwirrte. Ich war verblüfft, weil der Mann nach etwas derart Offensichtlichem fragen musste. »Ich bin dabei, die ganze Schöpfung zu entwirren« entgegnete ich, »und so sieht das aus.« Er schüttelte nur den Kopf und ging davon.

Ich fand es wundervoll, in Los Angeles am Straßenrand oder auf dem Gehweg zu sitzen und zuzusehen, wie die Menschen auf mich zukamen. Ich wusste, jeder, einschließlich der Obdachlosen, war Gott (das war mein Wort für *Buddha*). Daher hatte ich nie vor jemandem Angst und war von niemandem getrennt. Sie sagten Dinge wie: »Ich brauche Hilfe.«, »Geben Sie mir Geld?«, »Was machen Sie da?«, »Wer sind Sie?«, »Kann ich mich zu Ihnen setzen?« Manchmal waren die Leute launisch, manchmal waren sie traurig oder auch wütend. Es begegneten mir alle möglichen Gefühle, und ich hatte Verständnis dafür. Das passiert, wenn du ohne bestimmten Grund auf dem Gehweg sitzt und einfach liebst, was ist. Ich befand mich in der von mir so genannten »Schule der Erde« und jeder führte mir durch meine Gedanken über ihn vor, wer ich war. Das Leben gab sich mir immer weiter hin – sich selbst.

Manchmal, wenn ich in Barstow mit einem meiner Kinder oder mit Paul spazieren ging, begegneten mir ein paar Obdachlose. Sie kamen schweigend auf mich zu, umarmten mich und gingen dann weiter. Unsere Beziehungen waren oft von Stille geprägt; besonders, wenn ich mich mit jemandem unterhielt und zwei oder drei andere hinzukamen, hörten sie zu. Manchmal flossen die bittersten Tränen. Ich beobachtete, hörte und verstand. Es kamen oft Menschen zu mir, denen ich noch nie zuvor begegnet war. Einmal zum Beispiel, als ich mit Paul unterwegs war, bemerkte ich eine fettleibige, sehr dreckige Frau Mitte fünfzig, die einen mit Tüten gefüllten Einkaufswagen vor sich herschob und mit weiteren Tüten behängt war. Als sie mich sah, ließ sie ihre Tüten fallen und fiel mir um den Hals. Ich umarmte sie, küsste ihr Gesicht, berührte ihren Kopf und verschmolz mit ihren schönen Augen. Paul stand entgeistert daneben. Später half ich ihr beim Einsammeln ihrer Tüten und verstaute sie in ihrem Einkaufswagen. Dann nahm ich Pauls Hand und ging weiter.

Ein anderes Mal näherten sich uns zwei sehr derb aussehende junge Männer. Als sie auf uns zukamen, breitete ich die Arme aus und ging langsam einem der beiden entgegen. Paul sagte in seiner üblichen ruppigen Art: »Verdammt noch mal, Kate, diese Typen könnten dich im Handumdrehen aufschlitzen und umbringen.« Der junge Mann fiel mir um den Hals, so wie ein Kind seiner Mutter um den Hals fällt. Tränen flossen, er bedankte sich, und auch der andere Mann war dankbar für das, was seiner Meinung nach gerade geschah. Das waren Menschen, die mir vielleicht schon einmal begegnet waren oder von mir gehört hatten. Die Obdachlosen nannten mich »Die Frau, die sich mit dem Wind angefreundet hat« – der Wind in Barstow kann unerbittlich sein – und es blieben offenbar auch noch weitere Namen an mir hängen. Es war vielen Menschen klar, dass sie im Zusammensein mit mir nichts vorgeben oder sich verstellen mussten, um geliebt zu werden. Ich hatte für jeden ein offenes Ohr. Und das ist immer noch so.

War das denn nicht nur eine Halluzination, als du scheinbar zur Möwe wurdest? Was für einen Wert hat es für dich, diese Geschichte zu erzählen?

Es *war* eine Halluzination wie alles andere auch. Für mich ist diese Geschichte eine lebendige Illustration der Macht, die die Untersuchung hat. Ich habe, soweit ich weiß, vor keinem Erlebnis Angst – auch wenn es noch so seltsam ist. Ich liebe das Abenteuer, egal, wohin es mich bringt. Ich wäre lieber die Klippe hinuntergestürzt, als das zu verpassen. Ich weiß, dass das Universum freundlich ist. Mit anderen Worten: Der Verstand ist alles, und sein Wesen ist gut. Daher muss alles gut sein, was der Verstand entwirft. Das bedeutet, dass nichts Schreckliches geschehen kann. Diese nicht hinterfragten Gedanken – »Ich kann nicht fliegen«, »Ich werde abstürzen« – fühlten sich so elementar an, dass sie Angelegenheiten von Leben und Tod zu sein schienen. Jeder einzelne entstand in meiner Brust und jeder einzelne war aufgeregt darüber. Daher erlaubte ich ihm, mir zu zeigen, was wahr war und was nicht. Das ist die gelebte Untersuchung. Die Liebe zeigte mir, dass ich fliegen konnte. Wäre ich abgestürzt, wäre es dasselbe gewesen. Beide Wege sind gleichwertig. Was für ein Trip! Und alles war eine Projektion des Verstandes.

Bei jeder einzelnen Erfahrung weiß ich: Ich bin nichts; auch nicht als Frau auf der Klippe, die die Möwe sieht. Es ist mir bewusst, dass ich *vor* dem Gedanken bin, dass ich nicht die Frau oder der Vogel oder etwas anderes als Bewusstsein bin. Ich bin »nichts«, das auf sich selbst hinausschaut – ein vollkommen stiller Verstand. Das Bewusstsein weiß nichts und daher ist es vor sich selbst verborgen. In diesem unendlich liebenden Zustand keimt es auf, um zu verstehen, zu sehen, um in sich zu schwelgen, zu erkennen, was sich ihm noch nicht gezeigt hat. Alles, was es im Universum gibt, ist eine Spiegelung des Verstandes. Es besitzt die Identität, die du ihm in deiner Vorstellung gibst. Es bleibt als pulsierende Dankbarkeit, ob es sich nun um eine Frau, eine Möwe oder um eine Klippe handelt.

Ich tue anderen an, was ich mir selbst antue, denn ich erkenne, dass ich die anderen *bin*.

26 Ein Buddha im Haus

Buddha sagte: »Erlaube mir, dir eine Frage stellen, Subhuti. Kann Buddha anhand dieser zweiunddreißig kennzeichnenden körperlichen Merkmale erkannt werden?«[8]
Subhuti antwortete: »Nein, Herr.«
Buddha entgegnete: »Wenn Buddha anhand dieser zweiunddreißig kennzeichnenden körperlichen Merkmale erkannt werden könnte, wären rechtschaffene Könige[9] mit denselben kennzeichnenden körperlichen Merkmalen ebenfalls Buddhas.«
Subhuti sagte: »Herr, ich verstehe, dass Buddha nicht anhand seiner körperlichen Merkmale erkannt werden kann.«
Dann rezitierte Buddha folgenden Vers:
»Jene, die Buddha mit ihren Augen sehen
oder mit ihren Ohren hören, können nichts wissen.
Wie sollst du mich mit deinen körperlichen Sinnen finden
und erkennen, dass ich weder komme noch gehe?«

Wir können Buddha nicht erkennen. Wir können nie wissen, wer ein Buddha ist und wer nicht. Daher ist es das Vernünftigste, wenn man annimmt, jeder sei ein Buddha, egal, wie sehr er oder sie zu irren scheint. Denk an den Menschen, den du absolut nicht ausstehen kannst (du weißt wen). Mit welcher Lektion kam er oder sie für dich auf die Welt?

Als Roxann mit Marley schwanger war, war ihr übel, und sie

8 siehe Fußnote in Kapitel 5
9 Der Ausdruck in Sanskrit lautet *Chakravartin*, ein idealer König, der wohlwollend die ganze Welt regiert.

war schlecht drauf. Da sagte ihr Ehemann, Scott, zu ihr: »Es tut mir leid, dass ich dir das angetan habe. Das ist alles meine Schuld. Was kann ich tun, um es wiedergutzumachen?« Er brauchte es nicht ernst zu meinen. Roxann reagierte gewöhnlich mit dem Gedanken: »Es ist alles seine Schuld – wirklich?« Das war ein Schachmatt für ihren Ärger auf ihn, und sie spürte das. Als Stephen dies hörte, schlug er Scott vor, ein Handbuch für Männer mit dem Titel *Das Geheimnis einer glücklichen Ehe* zu schreiben. Es sollte aus einer Seite bestehen – eigentlich aus einem Satz. Als Kernaussage der ersten und einzigen Seite sollte folgender Ratschlag stehen:

Immer, wenn es ein Problem zwischen dir und deiner Frau gibt, gehe, egal, wer einen Fehler gemacht hat, mit folgenden Worten auf sie zu: »Es tut mir leid, dass ich dir das angetan habe. Es ist alles meine Schuld. Was kann ich tun, um es wiedergutzumachen?«

Die Wahrheit ist: Dein Partner ist dein Spiegel. Er oder sie spiegelt dich immer dir selbst zurück. Wenn du denkst, es gebe einen Fehler an ihm, liegt dieser Fehler in dir. Er *muss* in dir sein, denn er ist nichts weiter als deine eigene Geschichte. Du bist immer das, wofür du ihn in jenem Augenblick verurteilst. Da gibt es keine Ausnahme. Du bist dein eigenes Leiden. Du bist deine eigene Zufriedenheit.

Die Menschen denken, Beziehungen würden sie glücklich machen. Glück kann jedoch nicht von einer anderen Person kommen. Man kann es niemals von außen bekommen. Was wir üblicherweise für eine Beziehung halten, sind zwei Glaubenssysteme, die zusammentreffen, um zu bestätigen, dass sie etwas von außerhalb glücklich machen könne. Wenn du das für wahr hältst, heißt das, dass ein Hinauswachsen über das gemeinsame Glaubenssystem gleichbedeutend mit dem

Verlust der anderen Person ist, weil darin die Gemeinsamkeit bestanden hat. Wenn du dich also weiterentwickelst, lässt du dieses alte Glaubenssystem in der sogenannten anderen Person zurück, was sich dann wie Trennung und Schmerz anfühlt.

Die einzige Beziehung, die jemals von Bedeutung ist, ist deine Beziehung zu dir selbst. Wenn du dich selbst liebst, liebst du immer die Person, mit der du zusammen bist. Liebst du dich jedoch selbst nicht, wirst du dich auch mit anderen nicht wohlfühlen, da sie dein Glaubenssystem herausfordern; und solange du deine Überzeugungen nicht hinterfragst, musst du sie mit Krieg verteidigen. So viel zu Beziehungen! Menschen gehen diese unausgesprochenen Verträge miteinander ein und versprechen, sich niemals mit dem Glaubenssystem des jeweils anderen anzulegen. Das ist jedoch nicht möglich.

Ich will nicht die Billigung anderen Leute. Ich will, dass sie denken, was sie denken. Das ist Liebe. Du kannst die Gedanken anderer nicht kontrollieren. Du kannst nicht einmal deine eigenen kontrollieren. Es denkt ohnehin niemand. Es ist ein Haus voller Spiegel. Die Suche nach Anerkennung bedeutet, in dem Gedanken »Ich bin das« – dieses Körnchen, dieses kleine begrenzte Ding – festzustecken.

Du kannst keinen anderen Menschen enttäuschen, und kein anderes menschliches Wesen kann dich enttäuschen. Du glaubst die Geschichte, dein Partner gebe dir nicht, was du willst, und enttäuschst dich dabei selbst. Wenn du etwas von deinem Partner willst und er es ablehnt, ist das die Realität. Damit bleibst du selbst als der Lieferant übrig. Das sind gute Nachrichten, denn sie erlauben dir zu bekommen, was du willst. Wenn der andere dir nicht hilft, hast du dich selbst, um dir zu helfen.

Zu wollen, dass Stephen mich liebt, würde unterstellen,

dass er mich nicht liebt. Das wäre das Gegenteil von Liebe. Ich möchte, dass er jeden liebt, den er lieben will. Menschen sehen, wie sehr ich ihn liebe, und nennen es Liebe, ich liebe allerdings einfach, was ist. Ich weiß, welche Freude das Lieben bereitet, daher ist mir klar, dass es nicht meine Angelegenheit ist, wohin er seine Liebe lenkt. Meine Angelegenheit ist einfach, ihn zu lieben.

Niemand, den du liebst, kann dich verlassen. Das kannst nur du. Egal, was er versprochen hat, du kannst nur auf dein Versprechen zählen – bis es sich ändert (falls es sich ändert). Stephens und mein Heiratsversprechen war: »Ich verspreche dir, dich so lange zu lieben, bis ich dich nicht mehr liebe.« Ein Langzeitversprechen gilt immer nur für diesen Augenblick. Selbst wenn jemand sagt, er wolle immer mit dir zusammen sein, kannst du es nie wissen, denn solange du glaubst, es gebe ein »Du« und ein »Er«, gibt lediglich eine Person der anderen ein Versprechen und, wie ich oft sage, Personen lieben nicht, sie wollen etwas.

Zur Monogamie gibt es viel zu sagen. Sie ist das ultimative Symbol für »eins«, da in ihr dein Verstand auf eine Person konzentriert bleibt. Du musst einfach alle deine Überzeugungen über sie hinterfragen – jede in deinem Verstand aufkommende Geschichte. Monogamie ist etwas Heiliges, denn der Verstand kann in dieser Haltung sehr still werden. Eine einzige Person kann dir dieselben Erfahrungen vermitteln, die dir eine Million Menschen vermitteln können. Es gibt nur einen Verstand. Dein Partner wird jedes der Menschheit bekannte Konzept in allen möglichen Kombinationen hervorbringen, damit du dich selbst kennenlernen und erkennen kannst, dass du der Schöpfer jeglichen Leidens bist. Wenn du lernst, denjenigen zu lieben, mit dem du zusammen bist, findest du zur Selbstliebe.

Wir *sind* Liebe, und wir können nichts tun, um daran etwas zu ändern. Liebe ist unsere ureigene Natur. Wenn wir unsere Geschichten nicht mehr glauben, sind wir Liebe.

***

»Die einzige Beziehung, die jemals von Bedeutung ist, ist die Beziehung zu dir selbst.« Sagst du damit, deine Ehe sei nicht von Bedeutung?

Ich habe eine Liebesbeziehung mit dem Selbst, das nicht existiert. Sie schließt nichts und niemanden aus. Sie ist in sich vollständig und für keinen anderen verantwortlich, da es keinen anderen *gibt*. Wie es in der Liebe so ist, bin ich immer mit Stephen verbunden, da ich immer mit mir selbst verbunden bin.

Gibt es irgendeinen Konflikt zwischen deinem Eheversprechen und dem Versprechen dir selbst gegenüber?

Das Versprechen mir selbst gegenüber ist meine Verbindung zu Stephen. Ihn für geringer als vollkommen zu halten, wäre ihm oder mir gegenüber nicht würdig. Und gäbe es zwischen uns jemals Unfrieden, würde ich auf der Suche nach einer Lösung meine eigenen, nicht hinterfragten Gedanken über ihn anschauen.

Unsere ureigene Natur ist Liebe. Wenn wir unsere Geschichten nicht mehr glauben, sind wir Liebe.

27 Der Raum zwischen den Gedanken

Buddha sagte: »Subhuti, denke nicht, Buddha sei aufgrund irgendwelcher typischen körperlichen Merkmale zur Erleuchtung gelangt. Buddha gelangt nicht aufgrund irgendwelcher typischen körperlichen Merkmale zur Erleuchtung. Und denke nicht, jemand, der zur Erleuchtung gelangt, betrachte alle Dinge als nichtexistent. Jemand, der zu Erleuchtung gelangt, betrachtet nicht alle Dinge als nichtexistent.«

Denk mal an deine Füße. Hattest du Füße, bevor ich dich darum bat, an sie zu denken? Existierten sie in deinem Bewusstsein? Hast du sie in die Position gestellt, in der sie jetzt gerade stehen? *Etwas* hat sie so hingestellt. Bis vor wenigen Augenblicken hattest du noch keine Füße. Keine Geschichte: keine Füße. So ist es mit allem.

In den Monaten nachdem ich in der Realität erwacht war, weinte ich viele Tränen, die durch den Verlust von allem auf der Welt entstanden. In diesen Tränen lag kein Kummer, sondern Dankbarkeit und das Bewusstsein, dass mir nichts auf der Welt gehörte. Ich habe auch meinen Körper nicht verloren. Den hatte ich bereits bei meinem ersten Erlebnis auf dem Fußboden der Dachkammer verloren. Es war in etwa so: Du siehst zum Beispiel einen Stuhl und erkennst, dass es kein Stuhl ist; du hast sogar das verloren. Du kannst nirgendwo mehr hingehen, niemand geht mehr, da ist auch kein Fußboden mehr – nichts. Dann kommt jemand und sagt: »Hallo,

Katie«, und du unterhältst dich in dem Wissen, dass du mit niemand anderem als mit deinem eigenen Verstand redest. Sonst redet da niemand. Das ist dir klar. Du kannst auch nicht mehr zurück – es gibt kein Zurück, weil du nichts erschaffen kannst, wohin du zurückkönntest. Es fällt weg, auf eine tiefere Ebene. Aber irgendwo gibt es immer eine Stabilität. Doch auch dort kannst du dich nicht festhalten, da du weißt, dass sie ebenfalls nicht real ist.

Du kannst nichts haben. Es gibt überhaupt keine Wahrheit für dich. Die Untersuchung nimmt dir all das komplett weg. Das Einzige, was für mich existiert, ist ein soeben entstandener Gedanke. Davor gab es nichts. Nichts ist zu erschaffen. Niemand erschafft nichts. Daher kehren wir immer wieder in den Raum zwischen den Gedanken zurück.

Manche Lehrer der Nicht-Dualität sagen, es existiere nichts. Das ist nicht unwahr, aber wie Buddha hier sagt, ist es auch nicht wahr. Die Wahrheit lässt sich nicht in Worten ausdrücken. Sie befindet sich weder auf der einen noch auf der anderen Seite eines »Entweder-oder«-Gefüges. Sie befindet sich auf einer Milliarde Seiten und auf keiner Seite. Wenn eine scheinbare Wahrheit ein Gegenteil besitzt, kann sie keine Gültigkeit haben.

Den Menschen ist es eigentlich egal, ob die Dinge nun tatsächlich existieren oder nicht. Sie wollen einfach glücklich sein. Unser natürlicher Zustand ist Glück, aber wenn wir unsere Gedanken glauben, bereitet uns das Stress. Was hilft es langfristig gesehen, leidenden Menschen zu erzählen, sie seien vollkommen oder ihr natürlicher Zustand sei das Glück? Vielleicht erhaschen sie dadurch einen kurzen Blick auf das, was sie wirklich sind; darunter befindet sich jedoch eine ganze Welt voller nicht hinterfragter Gedanken, die sich über diese Erkenntnis hinwegsetzen und die Menschen geradewegs zurück in ihren schlechten Traum befördern. Wenn jemand auf dich zugeht und sagt: »Ich habe mich verlaufen«, ist es nett, wenn du ihm den Weg zeigst – falls du ihn kennst. »Hier müssen Sie rechts abbiegen, dann links und anschließend sind Sie auf der Main Street. Von dort aus fahren Sie einfach weiter geradeaus.«

Alles, was erschaffen wurde, kann wieder ungeschaffen gemacht werden. Es ist alles reine Einbildung. Wenn man sagt: »Es gibt nichts«, schließt man denjenigen, der das glaubt, aus. Du kannst niemals sagen, es gebe nichts, denn mit dem ersten Gedanken beginnt das Universum. Es hat nie etwas vor dem Anfang gegeben. Das soll nicht heißen, es hätte nichts gegeben. Es gibt nur eine Eins. Es gibt keine Null. Eine Null ist in Wirklichkeit eine Eins, die sich eine Null einbildet. Nur ein Etwas kann sich ein Nichts erdenken.

Wir können feststellen, dass alles, was wir wahrnehmen oder denken, bereits in der Vergangenheit liegt, und es ist wunderschön, sich dessen bewusst zu sein, sofern diese Erkenntnis authentisch ist, da es darin keine Wahrheit gibt, die bewiesen oder gelehrt werden muss.

Die Lehre darüber, dass es nichts gibt – egal, wie gut gemeint die Lehre ist –, bringt aber mit sich, dass auf etwas gedeutet wird. Aus diesem Grund ist Stille der bessere Ausdruck für das, was ist. Sie ist eine Spiegelung von Buddhas Verstand, der weiß, dass alle Worte, die in kontinuierlicher Schöpfung aus seinem tiefen, stillen Lachen heraussprudeln, unwahr sind.

Das Einzige, woran du arbeiten musst, sind deine Gedanken. Die Menschen erzählen mir von ihrem Wunsch nach einem ruhigen Verstand. Sie denken, es bedeute Freiheit, den Verstand zum Stillstehen zu bringen. Meine Erfahrung ist eine andere. Als mein Verstand keine Ruhe geben wollte, begegnete ich meinen Gedanken mithilfe der Untersuchung mit Verständnis. Und dann stellte ich fest, dass die Menschen genau die Gedanken aussprachen, die ich zuvor gehabt hatte. Da ich meinen Gedanken mit Verständnis begegnet war, gab es niemanden, dem ich begegnen konnte, sondern nur verstandene Vorstellungen, die ich »Menschen« nannte.

The Work erweckt uns zur Realität. Wenn wir sie regelmäßig praktizieren, gehen wir daraus ohne Fehler, unschuldig und als ein Hirngespinst der reinen Einbildung hervor. Die regelmäßige Untersuchung führt uns zum Buddha-Verstand, der ausnahmslos alles als gut erkennt. Sie führt zur vollkommenen Freiheit. Aus welchen Grund solltest du bei einem Problem so tun wollen, als sei es nicht da – um darüber hinwegzugehen und dann nur einem winzigen Platz in dir zu finden, der frei ist? Möchtest du nicht bei jedem Atemzug Freiheit genießen? In jedem Augenblick existiert nichts außer der Vorstellung. Begegnen wir ihr mit Verständnis.

***

Du sagtest, The Work führe zu Eigenverantwortung. Denkst du, Menschen sind für alles, was ihnen geschieht, verantwortlich?

Einerseits ja, natürlich. Wenn die Menschen The Work machen, erleben sie, wie sich ihre Welt durch das Hinterfragen ihrer stressigen Gedanken zum Guten hin ändert. Sie entdecken, dass alles *für* sie geschieht, nicht *gegen* sie. Sie erkennen nach und nach, dass sie zu hundert Prozent für ihr eigenes Glück verantwortlich sind. Das sind sehr gute Nachrichten, denn wir können in diesem Moment zwar nicht die Welt ändern, doch wir können auf jeden Fall ändern, wie wir die Welt erleben.

»Ich bin verantwortlich für alles, was mir geschieht« ist nicht nur eine Vorstellung, es ist eine Erfahrung. Ich sage oft: »Tut nicht so, als wärt ihr dem Stand eurer Entwicklung voraus« – mit anderen Worten: Glaubt nichts, was ihr selbst nicht wirklich aus eigener tiefer Erfahrung erkannt habt. Viele Menschen lesen Bücher über positives Denken oder das sogenannte »Gesetz der Anziehung«. Sie affirmieren und fühlen sich anschließend schuldig, wenn sie krank oder nicht reich werden. »Oje, ich habe Krebs. Ich bin dafür verantwortlich. Ich mache wohl etwas falsch.« Oder »Ich bin noch kein Millionär. Ich sende wohl nicht genügend positive Energie aus.« Man könnte genauso gut sagen: »Mein Wille geschehe, nicht Gottes Wille«, anstatt tief im Innern zu erkennen, dass Gottes Wille zu jeder Zeit der eigene Wille *ist*. Das ist der Versuch zu bekommen, was man will, anstatt zu wollen, was man hat – was die einzige Möglichkeit ist, um jemals glücklich zu sein.

Du sagst, dein stressigster Gedanke, nachdem du in der Realität erwacht warst, sei »Meine Mutter liebt mich nicht« gewesen. War das der Gedanke, weswegen es dir zehn Jahre lang schlecht ging?

Nein. Ich habe ihn als Symbol verwendet, um die Schatten der Identität aufzulösen. Du kannst einen beliebigen stressigen Gedanken zur Auflösung der Identität hernehmen; es ist egal, welchen. Für mich waren die Schatten durchweg köstlich, da ich begriff, welche Kraft in ihrer Untersuchung steckt, wenn ich sie respektvoll, mit offenem Herzen und einem Kuss begrüße. Das war ein unglaubliches Privileg für mich. Nichts war in Unordnung. Jede Illusion war ein Geschenk. Es gab keine Mutter, mit der ich hätte arbeiten können, nur eine Halluzination, die man durch Sprache identifizieren und als das sehen konnte, was sie wirklich war: nichts.

Du sagst, The Work führe zur vollkommenen Freiheit. Wie viele andere Menschen hast du kennengelernt, die durch sie zur vollkommenen Freiheit gelangt sind?

Ich kann nicht wissen, was in einem anderen Menschen vorgeht. Ich habe jedoch von einigen, die die Untersuchung praktizieren, gehört, dass sie seit Jahren keine Probleme mehr haben.

Die Praxis der Untersuchung führt uns zum Buddha-Verstand, der ausnahmslos alles als gut anerkennt.

28 »Putz dir die Zähne!«

Buddha sagte: »Subhuti, wenn jemand so viele Welten wie der Ganges Sandkörner hat mit Schätzen füllen und sie wohltätigen Zwecken spenden würde, und ein anderer die Wahrheit darüber, dass es so etwas wie das Selbst und einen anderen nicht gibt, verstehen und dies von ganzem Herzen verinnerlichen und leben würde, so wäre das gewonnene Verdienst dieser zweiten Person weit größer als das Verdienst der ersten. Warum? Weil Bodhisattvas ein Verdienst nicht als etwas betrachten, das gewonnen werden kann.«

Subhuti fragte: »Herr, wie kann es sein, dass Bodhisattvas ein Verdienst nicht als etwas betrachten, das gewonnen werden kann?«

Buddha entgegnete: »Bodhisattvas sehen ein Verdienst nicht als etwas an, das zu ihnen gehört oder von ihnen getrennt ist. Aus diesem Grund sagt Buddha, Bodhisattvas würden ein Verdienst nicht als etwas betrachten, das gewonnen werden kann.«

Verdienst ist immer ein Urteil, das aus dem Außen kommt. In Wirklichkeit gibt es kein Verdienst. Niemand zählt mit. Keiner schreibt Punkte auf.

Wir können die Aussage genauso gut umkehren. »Es gibt kein Verdienst« wird zu »Es gibt ein Verdienst«, und das ist ebenfalls wahr. In allem, was wir tun, liegt ein Wert, und es gibt nichts, das wertvoller ist als irgendetwas anderes. Dieser philanthropische Milliardär, der so viele Krankenhäuser gebaut und so viel für wissenschaftliche Forschung gespendet hat? Wenn du aufhörst zu vergleichen, ist das, was er getan hat, genauso viel wert wie das, was du getan hast. Jedes Mal, wenn du den Abwasch machst, den Boden wischst oder deine Kinder zur Schule bringst, nützt du der Menschheit. Einem Menschen zu nützen ist das Gleiche, wie einer Million Menschen zu nützen. Wenn du deine Arbeit perfekt erledigst – das heißt, wenn du sie mit einem klaren Verstand erledigst –, bist du in dein Tun vertieft, du versinkst darin. Das Einzige, was existiert, ist das Geschirr, das Spülwasser, der Schwamm, die sich in ihrem eigenen Rhythmus bewegende Hand. Es gibt kein Selbst, keinen anderen. Du tust nichts; du wirst getan.

Wenn du deiner inneren Stimme folgst, verlierst du das Gefühl für dich selbst. In meiner Welt kann ich nichts falsch machen. Es gibt keinen Plan. Ich bin einfach ein inneres Ja. Die Worte dieser Stimme sind klar verständlich, für jeden von uns; sie werden jedoch von den geglaubten Gedanken überlagert. Früher nannte ich sie die Stimme des Herzens. Ich hatte keinen Lehrer, der mir sagte: »Das ist spirituell und das nicht«, daher folgte ich einfach der Stimme und verlor dabei alles. Manche Menschen sagten: »Du bist verrückt« und ich entgegnete einfach »Oh« und folgte weiterhin der Stimme. Das ist ein wunderbares Experiment. Du dehnst dich dabei in dieses Bewusstsein aus und verlierst dich immer tiefer. Dann sagen die Menschen, die wiederum nur du sind, Dinge wie: »Du bist so liebevoll«. Und da niemand da ist, dem man danken könnte, nimmst du es vollkommen auf. Das ist der Raum, in dem sich dein Du öffnet.

Sag einfach ja. Mach einfach den Abwasch. Ja zu dieser Stimme zu sagen, sich auf das großartige Experiment einzulassen, ist wahre Mitschöpfung und man verliert sich darin – man wird zu ihr. Wenn du den Abwasch nicht machen möchtest, ist das auch in Ordnung. Bemerke es einfach. Es geht hier nicht um Schuld oder Scham. Bemerke einfach, dass du es nicht möchtest, und wenn du den Gedanken finden kannst, der dich davon abhält, der Stimme zu folgen – »Ich mach das später«, »Ich bin nicht dran«, »Es ist ungerecht« –, schreib ihn auf und hinterfrage ihn. Vielleicht ist beim nächsten Mal der Abwasch bereits erledigt, und du fragst dich, wer das wohl gemacht haben könnte, und dann sagt dir jemand, du seiest es gewesen.

Eines Tages, kurz nach meiner Rückkehr aus dem Rehabilitationszentrum im Jahr 1986, hörte ich eine Stimme – dieselbe Stimme, die ich schon Tausende Male zuvor gehört hatte. Sie sagte: »Putz dir die Zähne!« Ich dachte immer, die Offenbarung sei ein großer brennender Busch. Dabei stellte sich heraus: Es war nur »Putz dir die Zähne!« Ich hörte das nicht zum ersten Mal und manchmal putzte ich sie mir in meinem depressiven Zustand wochenlang nicht. Ich *konnte* sie nicht putzen. Es gab Dutzende Gründe dafür. Und dann, an diesem Tag, hörte ich ununterbrochen »Putz dir die Zähne!« Ich fiel aus dem Bett und kroch auf allen vieren zum Waschbecken im Badezimmer. Es ging dabei nicht um Karies, es ging darum, das Richtige zu tun und die Wahrheit in mir zu ehren.

Dieses Leben gehört mir nicht. Wenn die Stimme sagt: »Putz dir die Zähne«, sage ich ja. Ich mache einfach, was sie sagt, ohne zu wissen wofür. Wenn sie sagt: »Geh«, dann gehe ich. Wenn mich jemand aufrichtig um etwas bittet, komme ich dieser Bitte nach, wenn ich kann, da auch die scheinbar äußere Stimme meine innere Stimme ist. Ich habe kein eigenes Leben. Mein Leben ist nicht meine Angelegenheit. Ich folge Anweisungen. Daher ist jeder Moment neu. »Putz dir die Zähne«

klingt nicht sonderlich spirituell, ist aber das einzig Wahre. Ich öffnete mich ihr und wurde mehr zur Zuhörerin. Mit dieser Stimme bin ich heute verheiratet. Jede Ehe ist ein Gleichnis für die Ehe mit der inneren Stimme. Es ist wunderbar, etwas so Wildem zu folgen und ja dazu zu sagen.

Genau genommen gibt es jedoch keine Stimme. Es ist eine innere Anweisung, eine Resonanz in mir – in uns allen – und wenn wir ihr nicht folgen, tut uns das weh. Ich bin Bewegung, so wie wir alle, wenn wir unsere Gedanken nicht glauben. Man beobachtet einfach, wie die Dinge geschehen. Du erschaffst nichts. Was wann und wie geschieht, ist nicht deine Angelegenheit. Du gehst einfach mit und alle deine Urteile darüber fallen weg.

***

Wie kommst du zu der Aussage, dass die Stimme, die »Putz dir die Zähne« sagte, gar keine Stimme war?

Es schien wie eine Stimme. Dabei war es Weisheit in diese konkrete Anweisung übersetzt. Offensichtlich musste ich in meiner Vorstellung eine Stimme außerhalb meiner selbst erschaffen. Von diesem Moment an folgte ich, ohne zu fragen, einem klaren Verstand, egal, was er sagte oder tat. Er konnte immer unterscheiden. Er sagte niemals: »Spring von dieser Klippe« obwohl ich willens gewesen wäre, selbst das zu tun, da ich nichts zu verlieren hatte.

An diesem besonderen Morgen kroch ich ins Badezimmer. Es musste in Zeitlupe gewesen sein. Ich wusste nicht, wie ich dorthin kommen sollte, ich wusste nur, dass ich dorthin musste. Die Stimme war ein Geschenk voller Weisheit und brachte die profansten, einfachsten Anweisungen hervor. Sie

sagte mir nicht, ich solle aus dem Bett steigen und ins Badezimmer gehen. Sie machte mir keine Vorgaben darüber, wie
ich es zu tun hatte, und ich wusste nicht, dass Kriechen nicht
die richtige Art und Weise war. Ich folgte nur den einfachen
Anweisungen. Und da mein Verstand an jenem Punkt so klar
war, kam innerlich kein Grund auf, der mich davon abhielt,
ihm zu folgen.

Du tust nichts. Du wirst getan.

29 Transparent sein

Buddha sagte: »Subhuti, die Menschen nennen Buddha den Tathagata.[10] Aber jeder, der sagt, Tathagata komme, gehe, sitze oder lege sich hin, versteht den Kern meiner Lehre nicht. In Wirklichkeit kommt Tathagata nicht von irgendwo her und geht auch nirgendwo hin. Aus diesem Grund wird er ›Tathagata‹ genannt.«

Ich hatte das Wort *Tathagata* noch nie gehört, bis Stephen mir aus dem Diamant-Sutra vorlas. Er erklärte mir, es sei ein Wort aus dem Sanskrit und bedeute »Der aus der So-Heit Gekommene (oder Gegangene)« oder »Der in der Wahrheit, so wie sie ist, Angekommene« oder gemäß einer Interpretation »Der Eine, der einfach so erscheint, wie er ist«. Diese letzte Bedeutung beschreibt uns gewissermaßen alle, da wir, solange wir keinen klaren Verstand haben, nicht anders können, als so zu erscheinen, wie wir sind. In anderer Hinsicht beschreibt diese Bedeutung insbesondere Buddha. Es gibt keinen Unterschied zwischen seiner öffentlichen und seiner privaten Erscheinung. Er ist transparent. Er trägt keine Maske, und du bekommst, was du siehst. Er spricht seine Wahrheit ehrlich und versucht dabei nicht, dir zu gefallen oder deine Anerkennung zu gewinnen. Wenn er vor einem Publikum mit tausend Menschen spricht, redet er in derselben Vertrautheit, in der er sich mit einem Freund unterhalten würde.

In Wirklichkeit ist Buddha weder aus der »So-Heit gekom-

10 wird Tah-tah'-gah-tah ausgesprochen

men« noch aus der »So-Heit gegangen«. Jede Vorstellung vom Kommen und Gehen verpufft, wenn du sie genau untersuchst. Es gibt weder ein *Kommen* noch ein *Gehen*. Wenn du von irgendwoher kommst, brauchst du eine Vergangenheit. Wenn du irgendwohin gehst, brauchst du eine Zukunft. Genau wie dieses Kapitel sagt: Buddha kommt weder von irgendwoher noch geht er irgendwohin. Er oder sie ist jenseits von Kommen und Gehen.

Alles kommt und geht zu seiner Zeit. Du hast keine Kontrolle. Du hattest niemals Kontrolle, und du wirst nie Kontrolle haben. Du erzählst nur eine Geschichte darüber, was deiner Meinung nach geschieht. Denkst du, dass du eine Bewegung verursachst? Du verursachst keine Bewegung. Es passiert einfach, und du erzählst von einer Geschichte mit Geschehnissen, die du dir ausgedacht hast: »Ich bewegte meine Beine. Ich beschloss zu gehen.« Ich glaube nicht, dass das so ist. Wenn du das hinterfragst, siehst du, dass es sich einfach um eine Geschichte handelt. Du weißt, du wirst dich bewegen, da alles simultan geschieht. Du erzählst die Geschichte vor der Bewegung, weil du sie da bereits bist. *Es* bewegt sich, und du denkst, du hättest es getan. Dann erzählst du die Geschichte, wie du irgendwo hingehst oder wie du etwas tust. Die Geschichte ist das Einzige, womit du spielen kannst. Sie ist das einzig mögliche Spiel.

Wenn mich in den Monaten nach meinem Erwachen zur Realität Paul oder eines meiner Kinder fragte: »Wohin gehst du?« Gehen, gehen … was bedeutet das? Wie kann Gehen möglich sein, wenn ich nicht gekommen bin? Und wie könnte ich solche Fragen beantworten, wenn ich mich dazu verpflichtet habe, die Wahrheit zu sagen? Meine ehrliche Antwort wäre gewesen: »Ich gehe nicht, ich komme nicht, ich bin nicht das, was in deiner erträumten Wahrnehmung erscheint.« Ich wusste jedoch, dass diese Art von Antwort sie zum Ausflippen gebracht hätte.

Wenn mich also jemand fragte, wohin ich gehe, lernte ich im Namen der Liebe zu antworten: »Ach, ich mache einen Spaziergang« oder »Ich gehe auf den Markt«. Ich lernte, wie ich mich Menschen anschließen konnte, ohne sie zu ängstigen oder zu befremden. Liebe verbindet, weil sie niemals getrennt ist. In den ersten paar Wochen sprach ich die Wahrheit aus, ohne das Anliegen zu haben, mich Menschen anzuschließen. Wenn mich jemand fragte: »Wie heißen Sie?«, antwortete ich: »Ich habe keinen Namen« oder: »Mein Name ist Ihr Name«. Als ich jedoch die Masche durchschaute, mit der wir uns selbst etwas vormachen, und mir klar wurde, dass die Menschen so taten, als wüssten sie nicht, wer sie sind, wurde das Reden einfacher. Diese Menschen waren Anteile von mir, die so taten, als schliefen sie – voll dichter, noch unentfachter Zellen. Wenn jemand »Hallo« sagte, antwortete ich: »Hi«. Wenn mich jemand fragte, wie ich heiße, sagte ich: »Katie«. Wenn er oder sie jedoch wirklich interessiert fragte: »Heißen Sie wirklich Katie?«, dann sagte ich: »Nein«. Auf diese Art und Weise konnte ich mich den Menschen anschließen und ihre Fragen beantworten, ohne irgendjemanden zu befremden.

Für Menschen auf dem Sterbebett kann es sich anders verhalten. Manche haben aufgehört, so zu tun als ob. Ich bin bereits gestorben – das ist eine Möglichkeit, wie man das ausdrücken kann. Was ich über den Tod weiß, ist, dass Glaubenssätze wegfallen, wenn es kein Entrinnen gibt, wenn du weißt, dass niemand kommt, um dich zu retten. Es ist dir einfach alles egal. Wenn du auf dem Totenbett liegst und dem Arzt glaubst, wenn er sagt, das Ende sei nah, hört die ganze Verwirrung auf. Es gibt nichts mehr zu verlieren. In diesem süßen Frieden gibt es nur dich. Das bist du.

Ich weiß, was der Tod ist: nichts. Menschen, die im Sterben liegen, kann ich manchmal die Wahrheit sagen, ohne sie damit zu verängstigen. Ich wurde einmal an das Sterbebett eines Freundes gerufen, der Krebs im Endstadium hatte. Einen Monat zuvor war er zur Räumung seines Hauses gezwungen worden, weil die Besitzer es verkauft hatten, und sein VW-Bus war in Flammen aufgegangen und ausgebrannt. Aus diesem Grund hatte er einen großen Garagenverkauf veranstaltet, alle seine Besitztümer verkauft und war mit seinem Kulturbeutel, einem Dutzend Bücher und seinen Lieblings-CDs in ein Hospiz gezogen. (Ich bemerkte *Lieben was ist* auf seinem Nachttisch und eine Taschenbuchausgabe von Stephens *Tao Te Ching*.) Er war sehr dünn und gebrechlich. Es blieben ihm offensichtlich nur noch wenige Wochen. Nachdem wir eine Weile miteinander geredet hatten, stellte er ein Diktiergerät an und bat mich, etwas über den Tod zu sagen, was er später nochmals anhören konnte. Ich sagte: »Eines kann ich dir versprechen, mein Lieber, und das ist, dass der Tod niemals eintreten wird. Du kannst dich darauf verlassen.« Da er gerade so gut wie alles verloren hatte, standen keine Vorstellungen mehr zwischen meinen Worten und dem, was er hörte. Sein Gesicht erhellte sich und Tränen rannen ihm über die Wangen.

Ein Grund, weshalb ich die School für The Work[11] liebe, ist, dass ich während dieser neun Tage nicht so offensichtlich zu lügen brauche. Die Menschen können dort mit mir in Verbindung treten. Sie können meine Welt nachvollziehen, die Welt der Untersuchung, in der alles aus Gnade besteht und es nie-

---

11 http://thework.com/sites/thework/deutsch/school

mals Probleme gibt. Wenn sie ihren Verstand hinterfragen, verschmelzen unsere Welten nach und nach miteinander. Und ich werde Zeugin, wie dieser eine Verstand in der Realität erwacht, der Verstand, der schon immer der deinige war – so erstaunt, entzückt, dankbar und Hals über Kopf verliebt.

***

Ertappst du dich manchmal dabei, dass du versuchst, anderen zu gefallen oder ihre Anerkennung zu gewinnen?

Ich gefalle mir selbst und erkenne mich selbst an und das projiziere ich auf andere. Daher gefalle ich bereits jedem und habe schon die Anerkennung aller. Ich erwarte aber nicht, dass ihnen dies bereits klar ist.

Du erwähntest deine School für The Work. Kannst du mehr darüber sagen?

Jeder Interessierte kann sich auf http://thework.com/sites/thework/deutsch/school genauer darüber informieren.

Warum hast du die School ins Leben gerufen?

Die Leute haben mir erzählt, sie würden ihr Leben niemals genauso frei leben können wie ich, und mir war klar, sie hätten so lange recht, wie sie ihre Geschichten darüber glauben. Seit meinem Erlebnis auf dem Fußboden der Dachkammer hatte ich ohne Geschichten gelebt, und es gab nichts mehr, wovor ich mich fürchtete. Es gab nichts, was diesen freien Fluss des Glückes aufhalten konnte. Die Leute fragten mich, ob sie bei mir wohnen könnten, und ich sagte ja. Das ging so weit, dass irgendwann die Fußböden meiner fünf Häuser in der Fredricks Street mit Schlafsäcken übersät waren. Die Menschen kamen und gingen: Manche blieben für kurze Zeit und manche blieben monatelang, während sie lernten und lehrten, The Work anzuwenden. Ich reiste quer durch die USA und Europa, um Work-Veranstaltungen abzuhalten. Wenn ich von dort nach Barstow zurückkehrte, waren manche der Menschen noch immer da. Außerdem gab es immer viele neue Gesichter.

Dann erzählte mir jemand, es würde achtundzwanzig Tage dauern, um eine neue Gewohnheit zu etablieren. So rief ich ein achtundzwanzigtägiges Eintauchen in die Untersuchung ins Leben, das ich die School für The Work nannte. Die erste School fand im August 1998 in Barstow statt. Die Übungen der School waren in gewisser Hinsicht bereits vorhanden, da ich sie alle schon gelebt hatte. Sie basierten durchweg auf meinen Erlebnissen der ersten beiden Jahre, 1986 und 1987, und waren so konzipiert, dass die Menschen direkt in ein neues Bewusstsein geführt wurden. Ich lauschte aufmerksam den Reaktionen der Teilnehmer, überarbeitete die Übungen und entwickelte neue. So mache ich das noch heute. Aktuell ist der Lehrplan auf neun Tage komprimiert.

In der School führe ich die Menschen durch jeden der albtraumhaften Gedanken, die ich jemals gehabt habe. Ich zeige ihnen, wie sie so lange durch ihre Ängste hindurchgehen, bis sie sicher sind, verstanden zu haben, wie der Verstand Leiden erschafft und wie er es beenden kann. Wenn sie ein Problem haben, egal, ob real oder eingebildet (alle Probleme sind eingebildet), hinterfragen wir es. Ich gehe mit ihnen durch die Tiefen der Hölle, und wir kommen im Sonnenlicht wieder heraus. Diese mutigen Menschen sind des Leidens müde. Sie sehnen sich nach Freiheit. Sie wollen die Wahrheit wirklich erfahren und sind bereit für den Frieden auf der Erde. Sobald die vier Fragen in ihnen leben, wird ihr Verstand klarer und freundlicher und damit wird auch die von ihrem Verstand entworfene Welt klarer und freundlicher. Das ist radikaler, als es sich in Worten ausdrücken lässt.

Ich gefalle bereits jedem, und ich habe schon die Anerkennung aller. Jedoch erwarte ich nicht, dass ihnen dies bereits klar ist.

30 Eine vollkommen freundliche Welt

Buddha sagte: »Erlaube mir, dich etwas zu fragen, Subhuti. Wenn ein guter Mann oder eine gute Frau eine Milliarde Welten nähme und sie in Staubpartikel zerkleinern würde, gäbe es dann viele Partikel?«

Subhuti antwortete: »Sehr viele, Herr. Wenn jedoch all diese Partikel eine eigene Existenz besäßen, würde Buddha sie nicht als ›Partikel‹ bezeichnen. Staubpartikel sind in Wirklichkeit keine Staubpartikel. Sie werden nur ›Staubpartikel‹ genannt. Eine Milliarde Welten sind in Wirklichkeit nicht ein Milliarde Welten. Sie werden nur ›eine Milliarde Welten‹ genannt. Das Ausmaß, in dem diese Welten wirklich existieren, ist dasselbe wie das von Staubpartikeln. Auch eine Sammlung ist nicht wirklich eine Sammlung. Sie wird nur ›eine Sammlung‹ genannt.«

Buddha sagte: »Subhuti, etwas als ein materielles Objekt zu bezeichnen, ist lediglich eine konventionelle Sprechweise. Nur unreife Wesen binden sich an solche Begriffe.«

Buddha weist in diesem Sutra immer wieder auf die Welt jenseits der Namen hin. Wo war die Welt, als du ein Kind warst und noch nicht sprechen konntest, die Welt, bevor Worte für dich eine Bedeutung hatten? Es *gab* keine. Du hattest keinen Körper, denn du hattest dich noch nicht hineingeglaubt. Du hattest keine eigene Identität. Du konntest die Realität nicht in ein »Ich« und eine Welt einteilen. Wenn deine Mutter auf einen Baum zeigte und sagte: »Das ist ein Baum«, hast du sie angesehen und erwidert: »Gugu, gaga.« Als sie dann eines schönen Tages noch mal: »Das ist ein Baum«, sagte, hast du ihr geglaubt. Plötzlich waren da ein Baum und eine Mutter und ein »Du«. Da war eine Welt für dich. Du hattest einen Körper. Und bald darauf war dein Körper zu klein, zu groß, zu dünn, zu dick, nicht gut genug für dieses, nicht gut genug für jenes. Eine ganze Welt des Leidens entstand, als du damit angefangen hast, die Dinge in einer von dir getrennten Welt zu benennen.

Du denkst, du seiest das Bild, das du im Spiegel siehst, und vergleichst dieses Bild, das nun ein Bild in deinem Kopf ist, mit deinem Bild der Menschen, die du für schön hältst. Die nicht hinterfragten Gedanken, die den von dir eingebildeten Körper angreifen, stützen das imaginäre Selbst, das du zu sein glaubst. Du hast dein eigenes Gesicht jedoch noch nie gesehen. Du kannst nur dann glauben, dass dein Körper »irgendwas« ist, wenn du an die von deinen Gedanken erschaffene Welt der Namen glaubst.

Wenn der Verstand erkennt, dass er nicht dieser Körper ist, fühlt er sich nicht mehr bedroht, da Bedrohungen für ihn etwas Substanzloses sind. Der nicht hinterfragte Verstand bleibt im Konflikt, ist im Widerstreit mit sich selbst und sorgt sich um seine Sicherheit. Es herrscht erst dann Frieden, wenn ihm klar wird, dass man sich mit nichts anderem als mit seinen eigenen, nicht hinterfragten Gedanken auseinandersetzen muss. Sein Leben ist im Außen gespiegelt, weil man sich nur so selbst sehen kann – eine körperlose Reise entworfen als Form. Erwacht der Verstand jedoch, kann er sich selbst als eine einzige brillant perfektionierte Einbildung erkennen, die ihre unendliche Reise von nichts mehr aufhalten oder verlangsamen lässt.

Mithilfe der Work kann der Verstand seine Identitätsbindung sicher und sanft verlieren. Wenn du deine belastenden

Gedanken hinterfragst und alles aufgibst, was »du« über dich geglaubt hast, wirst du dich eines Tages fragen, was du ohne diesen Gedanken bist. Nur weil es anscheinend eine Identität gibt, wird sie deswegen nicht wahr. Niemand weiß, was er oder sie ist. In der Minute, in der es ausgesprochen wird, ist es nicht mehr so.

Sobald der Verstand seine Gedanken gründlich hinterfragt, projiziert er in seiner Vorstellung eine vollkommen freundliche Welt. Ein freundlicher Verstand projiziert eine freundliche Welt. Wenn ein anderer etwas sieht, das nicht perfekt ist, kann der hinterfragte Verstand dies zunächst nicht verstehen, da er sich das nicht vorstellen kann. Er erinnert sich allerdings an seine uralte Traumwelt, in der er das ebenfalls glaubte. Daher liegt in der Stille eine Art Referenzpunkt, ein Echo. Der Verstand ist immer dankbar für die Art und Weise, wie er die Dinge sieht, und versteht, wie andere sie sehen. Damit bleibt ihm sehr viel Energie, mit der er erstaunliche Änderungen im Moment herbeiführen kann, da seine Möglichkeiten in seiner Klarheit nicht verborgen bleiben. Das ist ein angstfreier Seinszustand, der grenzenlos ist.

***

Du sagst: »Angst ist für den gesunden Verstand unmöglich.« Aber ist Angst nicht eine biologische Reaktion, die vor dem Denken eintritt?

Überhaupt nicht. Du kannst Angst nicht spüren, wenn du die Gedanken über die Zukunft nicht glaubst. Ein von dir geglaubter Gedanke tritt so schnell auf, dass du keine Möglichkeit hast, ihn zu verfolgen. Du spürst nur die körperlichen und emotionalen Auswirkungen. Wenn du beispielsweise mit einem Gefühl der Angst erwachst, reagierst du einfach auf die

Ahnung, es sei etwas Schlimmes geschehen, oder es könnte etwas Schlimmes geschehen, selbst wenn du den Grund deiner Angst vielleicht nicht ausmachen kannst. Der Glaube an den einen oder anderen Gedanken oder an beide Gedanken ist die Ursache deiner Angst, nicht das reale Geschehen. Du bist nur mit deinem Kopf auf dem Kissen aufgewacht und hattest alles, was du in dem Moment brauchtest. Das ist auch in Situationen so, in denen du dich tatsächlich in etwas befindest, was man allgemein als Gefahr bezeichnet. Wenn du einen Bären siehst, kannst du in Angst und Schrecken davonlaufen oder kannst einfach davonlaufen. Abgesehen von den unhinterfragten Gedanken, die du noch glaubst, ist das Leben immer gut.

Mithilfe der Work kann der Verstand seine Identitätsbindung sicher und sanft verlieren.

THE WORK IN AKTION:
»Glenn trinkt wieder.«

EMMA [*hat ihr Arbeitsblatt vor sich und liest*]: *Ich bin wütend, enttäuscht und verwirrt wegen Glenn* – das ist der Name meines Sohnes –, *weil er wieder alkoholfreies Bier trinkt und raucht.* Er ist seit Januar in einer Alkoholentzugsklinik.

KATIE: Wie sieht die Situation aus? Wo bist du?

EMMA: Er kam dieses Wochenende heim nach Zürich, um auf unseren Hund aufzupassen, damit ich hierher auf deine Veranstaltung fahren konnte.

KATIE: Und hast du gesehen, wie er getrunken hat?

EMMA: Ja.

KATIE: Ok. Also »Er trinkt alkoholfreies Bier« – ist das wahr?

EMMA: Ja.

KATIE: Und wie reagierst du? Was passiert? Schließe deine Augen. Schau ihn an. Du siehst das alkoholfreie Bier. Du siehst, wie er es trinkt. Du siehst Bilder der Vergangenheit und der Zukunft. Wie reagierst du, wenn du den Gedanken »Er trinkt alkoholfreies Bier« denkst?

EMMA: Ich fühle mich schrecklich.

KATIE: Du *musst* dich schrecklich fühlen, denn du siehst ihn in einer Art schrecklichen Zustands.

EMMA: Er ist so ein wunderbarer Mensch. Es ist mir fast nicht möglich mitanzusehen, wie unglücklich dieser wunderbare junge Mann ist.

KATIE: Während er glücklich auf dem Sofa sitzt und glücklich sein alkoholfreies Bier trinkt. [*Das Publikum lacht.*]

EMMA: Ich bin ganz und gar nicht davon überzeugt, dass er glücklich ist.

KATIE: Dann bist du auch noch eine Hellseherin.

EMMA: Ja. Er ist mein Sohn.

KATIE: Und während du diese Bilder in deinem Kopf siehst, sitzt dein realer Sohn auf dem Sofa und trinkt sein alkoholfreies Bier. Wer regt dich auf: du oder dein Sohn?

EMMA: Pardon?

KATIE: Sind es die Bilder in deinem Kopf, die dich aufregen, oder dein Sohn?

EMMA: Das hängt miteinander zusammen. Ich ärgerte mich über ihn und über mich selbst. Als ich die Bierdose klicken hörte, reagierte mein ganzer Körper.

KATIE: Das ist der Moment, in dem der Traum in deinem Kopf angefangen hat – der Albtraum. Du hast die Bilder der Vergangenheit gesehen und dann die Bilder einer Zukunft. Siehst du da deinen Sohn oder ist das Einbildung? Ich weiß nicht, weshalb diese Frage so schwierig ist, Liebes. Stell dir eine saftige, reife Zitrone vor. Nun stell dir vor, wie du mit weit geöffnetem Mund in sie hineinbeißt. Hast du gemerkt, was passiert?

EMMA: Ja. Mein Mund hat sich zusammengezogen. Ich spürte den Speichel.

KATIE: Genau darum geht es. Du hast nicht wirklich in eine Zitrone gebissen. Du hast es dir vorgestellt. Du hast es dir eingebildet, und dein Körper hat darauf reagiert. Welche Farbe hatte die Zitrone?

EMMA: Gelb.

KATIE: Ich sagte nichts von »Gelb«. Das hast du dir so vorgestellt. Dein Sohn öffnet also die Dose, und du gehst direkt in diesen Film, der sich in deinem Kopf abspielt, während dein

Sohn ein harmloses Getränk zu sich nimmt. Das Bier enthält keinen Alkohol. Er sitzt dort auf dem Sofa – vollkommen sicher und nüchtern. Er zündet sich eine Zigarette an. Er ist gekommen, um seiner Mutter einen Gefallen zu tun, damit sie hier sein kann. Einer von euch beiden hat sich am Riemen gerissen. *[Das Publikum lacht.]* Du bist also wütend und enttäuscht wegen deines Sohns. Kehr es um: »Ich bin nicht ...«

EMMA: Ich bin nicht wütend und enttäuscht wegen meines Sohns.

KATIE: Er sitzt auf deinem Sofa – nüchtern. Das ist dein realer Sohn. Den anderen, den, auf den du wütend bist, bildest du dir ein. Ist dein wirklicher Sohn die Ursache deines Leidens oder wird es durch das, was du dir einbildest, verursacht?

EMMA: Durch das, was ich mir einbilde.

KATIE: Nun bemerke, wie du deinen Sohn behandelst, wenn du diesen Gedanken glaubst. Und dabei hat er nur eine Dose geöffnet.

EMMA: Ich distanziere mich von ihm, und dann gebe ich vor, ihn zu lieben.

KATIE: Genau so sieht Angst aus. »Ich bin von meinem Sohn enttäuscht« – kehr es um. Was ist das Gegenteil von *enttäuscht*?

EMMA: Ich bin glücklich darüber.

KATIE: Ok, schließ die Augen. Sieh dir an, wie dein Sohn auf dem Sofa sitzt und die Dose mit dem alkoholfreien Bier öffnet. Wer wärest du ohne den Gedanken, dass du wütend auf ihn bist wegen etwas, das er gar nicht tut?

EMMA: Ich wäre so dankbar dafür, dass er extra aus Luzern gekommen ist, um auf den Hund aufzupassen. Und nachdem er jahrelang Alkohol getrunken hat, probiert er nun aus, wie es ist, alkoholfreies Bier zu trinken.

KATIE: Er probiert es nicht aus. Er *tut* es.

EMMA: Stimmt. Er trinkt alkoholfreies Bier.

KATIE: Er ist nüchtern.

EMMA: Nüchtern.

KATIE: Um seiner Mutter einen Gefallen zu tun. Schauen wir uns Aussage 2 an.

EMMA: Darf ich schlimme Worte benutzen?

KATIE: Natürlich. Das Ego ist nicht höflich, wenn es Angst hat. Lies einfach, was du geschrieben hast.

EMMA: *Ich will, dass er mit der Scheiße aufhört, dass er aufhört, sich selbst zu verscheißern, und dass er sein Leben anpackt.*

KATIE: Ich liebe diese Aussage. Ist das wahr? Willst du, dass er aufhört, alkoholfreies Bier zu trinken?

EMMA *[schaut verlegen drein]*: Nein.

KATIE: Und wie reagierst du, was passiert, wenn du diesen Gedanken glaubst?

EMMA: Ich fühle mich schrecklich. Ich werde total wütend auf ihn.

KATIE: Wer wärest du, wenn du diesen Gedanken nicht glauben würdest?

EMMA: Ich wäre vollkommen ruhig. Ich wäre dankbar. Ich würde einfach einen jungen Mann sehen, der eine Dose alkoholfreies Bier öffnet.

KATIE: Nun kehr es um: »Ich will, dass ich …«

EMMA: Nein!

KATIE: »In dieser Situation, will ich …«

EMMA *[zieht eine Grimasse]*: Ich will, dass ich mit diesem Scheiß aufhöre, aufhöre, mich zu verscheißern, und mein Leben anpacke.

KATIE: *Er* reißt sich zusammen. Er ist nüchtern. Das ist die Realität. Du sitzt in der Zukunft und in der Vergangenheit fest.

EMMA: Oh Gott, Katie! Du hast Recht.

KATIE: Schauen wir uns die nächste Aussage an.

EMMA: »*Glenn sollte sich in Therapie begeben. Er sollte seinen Bachelor zu Ende machen. Er sollte tun, was ich ihm vorschlage, weil ich weiß, was das Beste für ihn ist.*«

KATIE: Ach, immer wenn wir glauben, etwas zu wissen, sind wir einfach hoffnungslos verloren. »Er sollte sich in Therapie begeben, seinen Bachelor zu Ende machen und tun, was du ihm vorschlägst?« – Ist es wahr?

EMMA *[schüttelt den Kopf]*: Nein.

KATIE: Und wie behandelst du ihn, wenn du diesen Gedanken glaubst?

EMMA: Ich mache ihn nieder.

KATIE: Wer wärest du in dieser Situation ohne den Gedanken?

EMMA: Ich wäre offen für alles, was er macht.

KATIE: Vielleicht würdest du selber einen Schluck nehmen.

EMMA: Vielleicht würde ich was?

KATIE: Einen Schluck von dem alkoholfreien Bier nehmen.

EMMA: Oh! *[lächelt]*

KATIE: Die nächste Aussage?

EMMA: »*Ich brauche von Glenn, dass er einen heilsamen Weg wählt. Ich brauche von ihm, dass er glücklich ist, damit ich glücklich sein kann. Ich brauche von ihm, dass er aufwacht.*«

KATIE: »Du brauchst von ihm, dass er einen heilsamen Weg wählt« – ist das wahr?

EMMA: Nein.

KATIE: Nein. Er hat bereits einen gewählt. Er ist nüchtern. Damit hat er bereits einen heilsamen Weg gewählt. Kehren wir das um. »In dieser Situation brauche ich von mir selbst …«

EMMA: Ich brauche von mir selbst, dass ich einen heilsamen Weg wähle.

KATIE: In jenem Augenblick. Dein Weg ist durcheinandergeraten. Er führt dich in die Vergangenheit und in die Zukunft. Der heilsame Weg liegt immer genau vor dir, jetzt, in der Erkenntnis, dass das Universum freundlich ist. Du kannst dieses erstaunliche Geschenk an der Nüchternheit deines Sohns sehen. Dabei ist die Wahl des heilsamen Weges so einfach, wenn du die Hölle der Vergangenheit und der Zukunft nicht betrittst. Du kannst die Verbindung zu deinem Sohn gar nicht mehr trennen, weil du in der Realität bleibst. Mach weiter und kehre den Gedanken um: »Ich brauch von mir …«

EMMA: Ich brauche von mir, dass ich glücklich bin, damit ich glücklich sein kann.

KATIE: Ja. Nun sieh mal, wie du reagierst, wenn du den Gedanken glaubst, du bräuchtest von ihm, dass er glücklich ist. Nimm wahr, wie du ihn behandelst. Du behauptest, es gehe dir gut, obwohl das nicht stimmt. Du lebst eine Lüge, ihm und dir selbst gegenüber. Schauen wir uns Aussage 5 an.

EMMA: *Glenn ist faul, ängstlich, fett, betrügt sich selbst, weicht aus und lebt ungesund.* Das kehre ich jetzt nicht um. *[lautes Gelächter im Publikum]*

KATIE: »In meinem Kopf bin ich …« und lies es. »In meinem Kopf bin ich faul.«

EMMA: In meinem Kopf bin ich faul.

KATIE: Du schaust in die Vergangenheit und in die Zukunft. Du bist zu faul, dir das Jetzt anzuschauen. Dabei ist das Jetzt so klar. Wenn wir jedoch die Vergangenheits- und Zukunftsgedanken glauben, denken wir, das Bild unseres Sohnes sei wirklich unser Sohn. Dabei stimmt das gar nicht. Das nächste Wort: »In jenem Augenblick bin ich …«

EMMA: In jenem Augenblick bin ich ängstlich.

KATIE: Du hast Angst vor den Projektionen deinen Sohn betreffend. Dann das nächste: »In jenem Augenblick lebe ich ...«

EMMA: Ich lebe ungesund.

KATIE: Ich lebe ungesund, weil ich vermeide, was ist.

EMMA: Ja.

KATIE: Schauen wir uns Aussage 6 an.

EMMA: *Ich möchte diese Angst niemals mehr erleben.*

KATIE: »Ich bin dazu bereit ...«

EMMA: Ich bin dazu bereit, diese Angst wieder zu erleben.

KATIE: »Ich freue mich darauf ...«

EMMA: Ich freue mich darauf, diese Angst wieder zu erleben.

KATIE: Sagen wir mal, er sitzt auf dem Sofa, trinkt richtiges Bier und ist total betrunken. Siehst du ihn auf dem Sofa? Was ist freundlicher: die Realität oder was du über ihn in der Vergangenheit und in der Zukunft glaubst?

EMMA: Die Realität. Ich verstehe es.

KATIE: Egal, ob er nun nüchtern oder betrunken ist, du bist die Ursache deines Schreckens und der Trennung. Ich finde es wunderbar, dass das immer wahr ist und dass wir diese Zeit gemeinsam verbracht haben. Wenn du The Work täglich praktizierst, wirst du irgendwann erkennen, dass du den perfekten Sohn hast und er die perfekte Mutter hat.

31 Die wahre Natur von allem

Buddha sagte: »Subhuti, wenn jemand behauptet, ich würde Vorstellungen vom Selbst und dem anderen lehren, würdest du sagen, diese Person hätte meine Lehre verstanden?«

Subhuti antwortete: »Nein, Herr. Diese Person hat Buddhas Lehren sicherlich nicht verstanden. Was Buddha als die Vorstellung von einem Selbst und einem anderen erklärt hat, ist in Wirklichkeit keine Vorstellung von einem Selbst und einem anderen. Es wird nur ›Die Vorstellung von einem Selbst und einem anderen‹ genannt.«

Buddha sagte: »Subhuti, alle jene, die nach Erleuchtung streben, sollten unverrückbar verstehen, dass nichts auch nur eine Spur eines Selbst und eines anderen hat. So etwas wie ein Selbst und einen anderen gibt es nicht und so etwas wie eine Vorstellung gibt es auch nicht. Eine Vorstellung wird nur ›eine Vorstellung‹ genannt.«

Ich sage oft: »Keine Geschichte: keine Welt.« Wenn es keine Geschichte gibt, kannst du nicht nur keine Welt besitzen, du kannst nicht einmal das »Du« haben, mit dem du dich identifizierst. Stützt sich dein Leben nicht vollkommen auf das, was du glaubst zu sein? Geht es in deiner Welt nicht nur um das Selbst, das sie sieht? Die Idee von »Baum« ist lediglich eine Möglichkeit, ein »Du« aufrechtzuerhalten. Wenn der Baum echt und eigenständig ist, dann muss das »Du« ein gültiges Wesen sein. Wer wärest du, wenn du einfach nur das *Sehen* sein könntest – ohne das eingebildete »Du«, das sieht? Wie kann der Baum ohne ein »Du« eigenständig oder überhaupt existieren? Wenn du nicht an ein »Du« glaubst, gibt es auch keine Identität, die an einen Baum, an einen Himmel oder an eine Welt glauben kann, und folglich existiert nichts. Dann wird das Leben so richtig aufregend!

Der hinterfragte Verstand beobachtet einfach nur. Er muss niemals eine Gefahr vermeiden; er ist in seiner eigenen, wunderbaren Schöpfung immer sicher. Du brauchst weder jemand zu sein, noch etwas zu wissen oder zu tun, wenn du ihn beim Singen, Tanzen, Erschaffen, Dienen, Lieben beobachtest. Immer wenn du wütend oder frustriert bist, kannst du dir sicher sein, dass du dich selbst als getrennt betrachtest, und das ist ebenfalls in Ordnung. Das ist dann einfach ein Signal dafür, dass dein wahres Wesen außer Kraft gesetzt wird, wenn »du« dies als Rechtfertigung, Verteidigung oder Angriff auslebst.

Ich liebe die Welt als mich selbst, als meine gelebte Einbildung. Die eingebildete Welt ist allerdings mehr als eins. Auch die Eins ist mehr als eins, da sie impliziert, dass sich etwas daran anschließt. Sie impliziert zwei und dann drei und dann wird alles andere daraus geboren: Anblick, Klang, Geschmack, Berührung, Erde, Himmel, Bäume, Menschen, Hunde, Katzen. Ich liebe diese Welt, auch wenn sie zu sterben scheint. Wie könnte ich sie nicht lieben? Sieh nur, wofür sie dir Raum gibt. Sieh, was dieses Vakuum füllt.

Die Umweltzerstörung ist momentan so, wie sie ist – ob dir das nun gefällt oder nicht. Wenn du so weit wärest, den Tod zu lieben, würdest du auch das Leben von ganzem Herzen lieben. Du würdest lieben, dass alles sterben muss und zurücktreten muss, damit andere Dinge leben und wachsen können. Es gibt nichts Unfreundliches daran, dass eine Tierart oder gar die Erde ausstirbt, außer der Art, wie du das verstehst. Findest du es schrecklich, dass dein Körper altert? *Tu* was dagegen! Und tu in zehn Jahren etwas *gegen jene Alterung!* Wenn du später siehst, dass du noch älter geworden bist und dein Körper bereits unaufhaltsam und stark gealtert ist, findest du ihn schrecklich? Dein Körper ist wie die Erde. Schau noch mal hin.

Vielleicht ist *Zerstörung* nicht das richtige Wort, jedenfalls nicht für mich. In der sichtbaren Zeit sehe ich alles als natürliche Entwicklung, die Platz macht für etwas noch Lieblicheres als das, was du für das Schönste an der Realität hältst. Ich habe bislang nichts Schöneres gesehen, berührt, gerochen, geküsst oder inniger geliebt als den Leib meiner neunzigjährigen Mutter in ihrem letzten Lebensmoment und in ihrem ersten Todesmoment. Diese Schönheit ist noch immer gegenwärtig und durchdringt mein Herz.

Ich liebe es, wie es ist. Da ich den Tod verstehe, liebe ich ihn als das Leben und durch diese Klarheit sind in meiner Umwelt enorme Veränderungen möglich, und die Veränderungen bedeuten Frieden in seiner freundlichsten Art. Darin liegt das Gleichgewicht und hieraus entstehen Lösungen. Dort können dank der Klarheit Lösungen leben und gedeihen. Ich folge dem. Es fühlt sich richtig an. Wo Veränderung möglich ist, helfe ich bei der Umsetzung. Die Bereitwilligkeit dazu ist fest in mir verankert. Sie ist in dir verankert. Man nennt es Liebe.

***

Wie leben wir unser Leben in Anbetracht dessen, dass der Erde eine Umweltkatastrophe droht?

Ich habe der Gefahr ins Auge geblickt, als eine echte Waffe auf mich gerichtet wurde. Verschiedene Male haben mir angsterfüllte, unschuldige Menschen gedroht, mich umzubringen. Dabei hatte ich zu keinem Zeitpunkt Angst. Angst ist die Geschichte einer Zukunft. Woher hätte ich wissen sollen, ob der Mann abdrücken würde? Woher soll ich wissen, ob eine Umweltkatastrophe geschehen wird oder, wenn sie geschieht, ob das schlecht für die Erde ist? Sobald du das verstehst und anfängst, in der Realität zu leben – und nicht in deinen Gedanken über die Realität –, wird das Leben frei von Angst und erfüllt von Liebe und Dankbarkeit, egal, was die nichtexistierende Zukunft bringen mag.

Wenn man gegen die Realität Krieg führt, sieht man überall drohende Katastrophen, egal, ob sie den Planeten oder uns persönlich betreffen. So ist das Leben sehr schmerzhaft. Vielleicht passiert eine Umweltkatastrophe, vielleicht auch nicht. In der Zwischenzeit wende ich mich meinen Angelegenheiten zu, als gäbe es kein Leben und keinen Tod (und die gibt es auch nicht). Mein Haus wird von der Sonne mit Strom versorgt, ich fahre ein elektrisches Auto, ich recycle meinen Müll, ich wähle Menschen, die sich gegen die globale Erwärmung einsetzen, ich bin glücklich, im Namen des öffentlichen Wohls besteuert zu werden, ich unterstütze den Einsatz für die Umwelt. Ich bin frei von Angst, frei von Sorgen, und ich tue, was ich kann. Der Verstand sagt: »Kauf eine Solaranlage« und es gibt keinen guten Grund, warum ich das nicht tun sollte, da alle Gedanken durch die Untersuchung überprüft wurden. Die Panels sind installiert, meine Stromrechnung beläuft sich monatlich auf wenige Dollars und irgendwann werde ich alles zurückgeben müssen, was ich benutzt habe, und noch mehr. Das entspricht dann meiner Existenz: spurlos verschwunden, ein Leben voller Dankbarkeit dorthin zurückgegeben, woher es kam.

Ich habe einmal einen Vortrag vor einer Gruppe von Umweltaktivisten bei einer Bioneers-Konferenz in San Francisco gehalten, zu dem Hunderte Menschen gekommen waren. Viele von ihnen hatten ihr Leben der Rettung der Erde gewidmet. Ich redete eine Weile über mein Engagement in Umweltbelangen, was ich als vernünftig und freundlich erachte. Dann fragte ich nach ihren Gedanken zur Umwelt. Ihr Leben war, wie sie sagten, voller Angst und Sorge, ja sogar voller Schrecken – eine riesige Last auf ihren Schultern. Viele von ihnen waren aufgeschlossen und bereit, die Gedanken, die so viel Stress auslösten, zu hinterfragen. Ich half ihnen, die Work zu Gedanken wie »Es wird etwas Schreckliches geschehen«, »Ich muss die Erde retten« und »Die Menschen sollen bewusster sein« zu machen. Sie entdeckten, inwiefern sie diese Gedanken verrückt machten und inwiefern das Gegenteil ihrer Gedanken genauso wahr sein konnte.

Nach ein paar Stunden intensiver Untersuchung bat ich sie, sich das Schlimmste vorzustellen, was passieren könnte, wenn wir unsere schöne Erde weiterhin vergiften würden, und das dann aufzulisten. »Die Erde wird für uns Menschen unbewohnbar werden. Tausende von Tierarten werden aussterben.« Und so weiter. Nachdem sie mit ihren Listen fertig waren, hinterfragten wir einige ihrer Aussagen, und ich bat sie, ihre Listen umzukehren: Ich bat sie, für »Das Schlimmste, was unserer Erde passieren kann«, die Überschrift »Das Beste, was unserer Erde passieren kann« einzusetzen und dann konkrete, echte Gründe zu finden, inwiefern jeder Punkt auf der Liste zutreffend war. Inwiefern könnte es zum Beispiel das Beste für unsere Erde sein, wenn sie für uns Menschen nicht mehr bewohnbar ist? Viele von ihnen wollten sich das zunächst nicht anschauen; es widerstrebte ihnen und all die Fragen bestürzten sie. Es gab jedoch auch ein paar Mutige, und irgendwann fanden sie passende Gründe, warum jeder Punkt auf ihrer Liste das Beste war, was passieren konnte. »Es wäre das Beste für bedrohte Arten, wenn keine Menschen mehr in ihrer Nähe wären.«, »Es wäre das Beste für Insekten.«, »Es wäre das Beste für die Regenwälder.«, »Wir würden der Erde nicht mehr das Lebensblut abpumpen und keinen Raubbau mehr betreiben.«, »Wer weiß, was für intelligente Lebewesen sich entwickeln würden, wenn wir nicht mehr da wären?« Sie hatten seit Jahren mit Entmutigung und Burnout zu kämpfen, und manche bedankten sich später bei mir und erzählten, als wie stärkend sie diese Übung empfunden hatten.

Wenn du die Untersuchung anwendest, stellst du fest: Die Welt muss nicht gerettet werden. Sie ist bereits gerettet. Was für eine Erleichterung! Was Buddha so interessant macht, ist, dass er eine Person gerettet hat: sich selbst. Mehr brauchte er nicht zu retten und dadurch, dass er sich selbst gerettet hat, wurde die ganze Welt gerettet. All die Jahre seiner Lehrtätigkeit – vierzig Jahre offensichtlicher Leidenschaft – haben genau den Anstoß zu diesem einen Augenblick der Einsicht gegeben.

Die Welt muss nicht gerettet werden. Sie ist bereits gerettet.

32 Den Traum lieben

Buddha sagte: »Subhuti, wenn da einerseits jemand wäre, der Welten so unendlich wie der Weltraum mit unvorstellbarem Reichtum anfüllen und ihn dann spenden würde, um wohltätige Zwecke zu unterstützen, und es andererseits einen guten Mann oder eine gute Frau gäbe, der oder die die Lehre dieses Sutra erkennen und sie von ganzem Herzen verinnerlichen, leben und sie anderen erklären würde, würde das Verdienst dieser zweiten Person bei weitem das Verdienst der ersten übersteigen. Welche wesentliche Wahrheit hat diese Person dann erkannt? Ganz einfach: dass die Welt weder unseren Bezeichnungen noch unserem Denken entspricht und dass es so etwas wie ein Selbst und einen anderen nicht gibt. Hör dir mal dieses Gedicht an:
Jeder Gegenstand dieser flüchtigen Welt ist wie
ein Blitzstrahl, eine Luftblase in einem Fluss,
ein Hauch von Rauch, eine Wolke, ein Tautropfen,
ein verblassender Stern im Morgengrauen, ein Atemzug,
ein Traum.«
Nachdem Buddha seine Ansprache beendet hatte, waren der Mönch Subhuti sowie alle anderen Mönche, Nonnen und Laien, die zugehört hatten, voller Zuversicht und Freude und schworen, sich diese Lehren zu Herzen zu nehmen und sie umzusetzen.

Der Name erschafft den Gegenstand. So spaltet sich die Ewigkeit in die Illusion auf, als könnte sie jemals in Teilen und nicht als Ganzes existieren. Etwas zu benennen, ist wie die Ewigkeit – bis man den Namen glaubt. Sobald man den Namen glaubt – Tisch, Stuhl, Baum, Himmel –, kommt im Namensgeber eine Traurigkeit auf, so unmerklich sie auch sein mag. Aber wenn du verstehst, dass sogar die Gegenwart in der Vergangenheit liegt, fällt es leicht, sich nicht an Namen und an die augenscheinlichen, bezeichneten Dinge zu binden. Sie sind alle erträumt, wie Buddha hier sagt.

Ich liebe meinen Traum. Wie auch nicht, denn ich liebe alles, was ich denke. Wenn du einen Albtraum hast, auch wenn er nicht so schlimm ist, oder wenn du dich ängstigst oder sorgst, kannst du dich durch die Untersuchung selbst daraus aufwecken. Diese Dinge sind so flüchtig, dass sie von vornherein nicht existieren; diese rein eingebildeten Dinge haben keine Kraft mehr, uns leiden zu lassen, sobald der Verstand versteht, wie sie geschaffen werden. Je mehr er versteht, umso weniger weiß er.

Der Ich-weiß-nicht-Verstand ist wie ein Gefäß, das immer voll ist. Alles fließt in ihn hinein, und er braucht nicht einen Tropfen für sich selbst festzuhalten. Das Unschuldige beobachtet, wie die ganze Welt zu ihm kommt. Die Dinge kommen mit ihrem besten und schlechtesten, ihrem beschämendsten, prächtigsten, reichsten und ärmsten Verhalten. Alles ist erlaubt. Er ist groß genug, um alles aufzunehmen, was in ihn hineinfließt. Von ihm erhält jeder, wonach er gesucht hat: einen Blick, einen flüchtigen Eindruck, das Geschenk der Liebe. Der Ich-weiß-nicht-Verstand ist beständig. Er ist der Boden, er ist die Stimme einer Person am anderen Ende des Raumes, er ist das Klopfen eines Fingernagels, ein Sonnenfleck an der weißen Wand, das Kaminbesteck, der Duft aus der Küche, die Berührung einer Hand. Alles ist kostbar. Nichts davon ist real.

***

Wenn man den Traum liebt, muss man dann noch aus ihm erwachen?

Nein, überhaupt nicht. Wenn du erkennst, dass es ein Traum ist, kannst du dich einfach zurücklehnen und ihn genießen – jeden Moment.

Je mehr der Verstand versteht, umso weniger weiß er.

Anhang

Wie man The Work macht[12]

Die einzige Kritik an The Work, die mir ständig begegnet, ist die, dass sie zu einfach sei. Die Menschen sagen: »Freiheit kann nicht so einfach sein!« Ich antworte: »Kannst du wirklich wissen, dass das wahr ist?«

Urteile über deinen Nächsten, schreibe die Urteile auf, wende die vier Fragen an, kehre sie um. Wer behauptet, Freiheit müsse kompliziert sein?

Gedanken zu Papier bringen
Der erste Schritt der Work besteht darin, die stressauslösenden Gedanken zu ermitteln und aufzuschreiben. Diese Gedanken können aus einer beliebigen Lebenssituation der Vergangenheit, Gegenwart oder Zukunft stammen – sie können von einer Person handeln, die du nicht magst oder um die du dir Sorgen machst, die dich ärgert, ängstigt oder traurig macht, oder von jemandem, dem gegenüber du zwiespältige Gefühle hegst oder der dich verwirrt. Schreibe deine Urteile auf, genau so, wie sie dir in den Sinn kommen. Tu dies in kurzen, einfachen Sätzen. (Benutze ein leeres Blatt Papier oder gehe auf thework. com [Wähle die deutsche Sprache und scrolle dort bis zum Bereich »Zum Herunterladen« herunter.], dort findest du ein »Urteile über deinen Nächsten«-Arbeitsblatt zum Herunterladen und Ausdrucken.)

12 Auf Grundlage von *Lieben was ist* und thework.com.

Wundere dich nicht, wenn du es zunächst schwierig findest, das Arbeitsblatt auszufüllen. Seit Jahrtausenden hat man uns beigebracht, nicht zu urteilen – aber sehen wir den Tatsachen ins Gesicht: Wir tun es dennoch ständig. Die Wahrheit ist, dass uns allen jede Menge Urteile durch den Kopf gehen. Durch The Work haben wir endlich die Erlaubnis, diese Urteile auf dem Papier auszusprechen oder sie gar herauszuschreien. Wir entdecken möglicherweise, dass wir sogar den unangenehmsten Gedanken mit bedingungsloser Liebe begegnen können.

Ich möchte dich dazu ermutigen, dass du ein Arbeitsblatt über jemanden verfasst, dem du noch nicht ganz vergeben hast, dem du immer noch etwas übel nimmst. Das ist die kraftvollste Art, mit der Work zu beginnen. Selbst wenn du jenem Menschen bereits zu 99 Prozent vergeben hast, bist du erst frei, wenn du ihm vollständig vergeben hast. Dieses eine Prozent, das du jenem Menschen noch nicht vergeben hast, ist genau der Punkt, an dem du in all deinen anderen Beziehungen feststeckst (einschließlich der Beziehung zu dir selbst).

Wenn die Untersuchung noch neu für dich ist, möchte ich dich dringend bitten, zunächst nicht über dich selbst zu schreiben. Wenn du bei dir selbst mit dem Urteilen beginnst, kommen deine Antworten aus einem bestimmten Motiv heraus und mit Lösungen, die bislang nicht funktioniert haben. Beurteile einen anderen, hinterfrage deine Urteile und kehre sie um. So verläuft der direkte Weg zum Verständnis. Über dich selbst kannst du später urteilen, wenn du die Untersuchung lange genug angewendet hast, um der Kraft der Wahrheit zu vertrauen.

Wenn du damit anfängst, mit dem Finger auf andere zu zeigen, konzentrierst du dich nicht auf dich selbst. Lass einfach los und bewerte dich nicht. Wir meinen oft, genau zu wissen, was andere Menschen tun müssten, wie sie leben und mit wem sie zusammen sein sollten; von anderen haben wir ein absolut klares Bild – aber nicht von uns selbst.

Wenn du The Work praktizierst, erkennst du dich selbst, indem du erkennst, wer andere deiner Meinung nach sind. Irgendwann wird dir klar, dass alles außerhalb von dir ein Spiegelbild deines eigenen Denkens ist. Du bist der Geschichtenerzähler, der Projektor aller Geschichten, und die Welt ist das Bild, das deine Gedanken projizieren.

Seit jeher versuchen die Menschen, die Welt zu verändern, um glücklich zu sein. Das hat noch nie funktioniert, weil das Problem dabei von der falschen Seite aus angegangen wird. The Work gibt uns die Möglichkeit, den Projektor – den Verstand – zu verändern, statt uns mit dem von uns selbst entworfenen Bild zu beschäftigen. Es ist, als läge eine Fluse auf der Linse des Projektors. Wir denken, die Person auf dem Bildschirm habe einen Makel, und versuchen deshalb, sie zu verändern. Doch der Versuch, ein solches Bild zu verändern, ist zwangsläufig vergeblich. Sobald wir erkannt haben, wo die Fluse sich befindet, können wir die Linse reinigen. Das ist das Ende des Leidens und der Anfang einer kleinen Freude im Paradies.

Wie man ein Arbeitsblatt ausfüllt
Bitte widerstehe der Versuchung loszulegen, ohne deine Urteile aufzuschreiben. Wenn du versuchst, The Work im Kopf zu machen, ohne deine Gedanken schriftlich festzuhalten, wird dein Verstand dich austricksen. Ehe du dich's versiehst, wandern deine Gedanken ab in eine andere Geschichte, um zu beweisen, dass sie richtiglagen. Der Verstand kann sich schnel-

ler als mit Lichtgeschwindigkeit rechtfertigen. Das lässt sich unterbrechen, wenn du deine Gedanken aufschreibst. Sobald sie auf dem Papier festgehalten sind, sind sie unverrückbar, und die Untersuchung lässt sich einfach durchführen.

Ich lade dich dazu ein, dir einen Moment lang eine Situation anzuschauen, in der du wütend, verletzt, traurig oder von jemandem enttäuscht warst. Sei so verurteilend, kindisch und kleinlich, wie du in jener Situation tatsächlich gewesen bist. Versuche nicht, weiser oder freundlicher zu sein, als du es warst. Es geht jetzt darum, vollkommen ehrlich und unzensiert anzuschauen, was die Hintergründe deiner Verletzung sind und was für Gefühle du in jener Situation hattest. Erlaube dir, ohne Angst vor Konsequenzen oder gar drohenden Strafen deinen aufkommenden Gefühlen Ausdruck zu verleihen.

Schreibe die Gedanken und Geschichten auf, die dir durch den Kopf gehen, vor allem solche, die dir wirklich wehtun – auch die Wut, die Verbitterung und die Traurigkeit. Zeige mit dem Finger zuerst auf andere Menschen und gib denen die Schuld, die dich verletzt haben, die dir besonders nahestanden, Menschen, auf die du eifersüchtig bist, Menschen, die du nicht ausstehen kannst, Menschen, die dich enttäuscht haben. »Mein Ehemann hat mich verlassen.«, »Mein Partner hat mich mit AIDS infiziert.«, »Meine Mutter hat mich nicht geliebt.«, »Meine Kinder respektieren mich nicht.«, »Mein Freund hat mich betrogen.«, »Ich hasse meinen Chef.«, »Ich hasse meine Nachbarn, sie zerstören mein Leben.« Schreibe über das, was du heute Morgen in der Zeitung gelesen hast, über Menschen, die ermordet worden sind oder ihr Zuhause durch Hungersnot oder Krieg verloren haben. Schreibe über die Kassiererin im Supermarkt, die zu langsam war, oder über den Fahrer, der dich auf der Autobahn ausgebremst hat. Jede Geschichte ist die Abwandlung eines einzigen Themas: *Das sollte nicht geschehen. Das sollte ich nicht erleben müssen. Gott ist ungerecht. Das Leben ist nicht fair.*

Diejenigen, für die die Work neu ist, denken manchmal: »Ich weiß nicht, was ich schreiben soll. Warum sollte ich überhaupt The Work machen? Ich bin auf niemanden wütend. Es gibt nichts, was mich wirklich stört.« Wenn du nicht weißt, worüber du schreiben sollst, warte ab. Das Leben wird dir ein Thema liefern. Vielleicht hat eine Freundin dich nicht zurückgerufen, obwohl sie es versprochen hatte, und du bist enttäuscht. Vielleicht hat deine Mutter dich, als du fünf Jahre alt warst, für etwas bestraft, das du gar nicht getan hattest. Vielleicht regst du dich auf oder bekommst Angst, wenn du die Zeitung liest oder über das Leiden in der Welt nachdenkst.

Bringe den Teil deiner Gedanken zu Papier, der diese Dinge behauptet. Du kannst das Kopfkino nicht anhalten, sosehr du es auch versuchst. Es geht nicht. Wenn du jedoch die Geschichte zu Papier bringst und genau das aufschreibst, was dein Verstand dir erzählt, mit all dem Leid und der Frustration, der Wut und der Traurigkeit, dann kannst du dir den Strudel in deinem Inneren anschauen. Du kannst sehen, wie er sich in der materiellen Welt in körperlicher Form zeigt. Und schließlich kannst du ihn mithilfe der Work allmählich verstehen.

Wenn ein Kind sich verläuft, empfindet es häufig große Angst. Genauso schrecklich kann es sein, wenn du dich im Chaos deiner Gedanken verirrst. Wenn du jedoch anfängst, die Work zu praktizieren, kannst du die Dinge ordnen und lernen, wie du nach Hause zurückkommst. Es ist egal, welchen Weg du einschlägst, es gibt immer etwas Vertrautes; du weißt, wo du bist. Es könnte dich jemand entführen, dich einen Monat lang versteckt halten und dich dann mit verbundenen Augen irgendwo aus dem Auto werfen. Wenn du die Augenbinde wieder abnimmst und die Gebäude und Straßen ansiehst, erkennst du nach und nach ein Restaurant oder einen Supermarkt wieder und alles wird vertraut. Du weißt, was du tun musst, um nach Hause zu finden. Genauso funktioniert The Work. Sobald wir unserem Verstand mit Verständnis begegnen, kann er immer den Weg nach Hause zurückfinden. Du bleibst nirgendwo verirrt oder verwirrt zurück.

Das »Urteile über deinen Nächsten«-Arbeitsblatt

Nachdem sich mein Leben 1986 geändert hatte, verbrachte ich viel Zeit in der Wüste in der Nähe meines Wohnortes, wo ich mir einfach selbst zuhörte. In mir kamen Geschichten auf, die den Menschen schon immer Sorge bereitet hatten. Es schien so, als würde mir früher oder später jede nur mögliche Vorstellung begegnen, und ich stellte fest, dass die ganze Welt bei mir war, während ich mich allein in der Wüste befand. Es klang etwa so: »Ich will«, »Ich brauche«, »Sie sollten«, »Sie sollten nicht«, »Ich bin wütend, weil«, »Ich bin traurig«, »Ich werde niemals«, »Ich will nicht«. Diese Sätze, die sich in meinen Gedanken ständig wiederholten, bilden die Grundlage für das »Urteile über deinen Nächsten«-Arbeitsblatt. Dieses Arbeitsblatt dient dazu, dir beim Aufschreiben deiner schmerzhaften Geschichten zu helfen; es ist dafür gemacht, dir Urteile zu entlocken, die sonst vielleicht schwierig aufzudecken wären.

Die Urteile, die du auf dein Arbeitsblatt schreibst, sind das Material, mit dem du in der Work arbeitest. Schritt für Schritt prüfst du jede deiner Aussagen mithilfe der vier Fragen und lässt dich von jeder einzelnen zur Wahrheit führen.

Im nachfolgenden Beispiel eines »Urteile über deinen Nächsten«-Arbeitsblattes habe ich meinen zweiten Ehemann, Paul, beispielhaft eingesetzt (mit seiner Erlaubnis). Früher, bevor mich die Untersuchung gefunden hatte, habe ich Gedanken dieser Art über ihn geglaubt. Ich lade dich ein, beim Durchlesen Pauls Namen durch einen passenden Namen aus deinem Leben zu ersetzen.

Arbeitsblatt

1. Wer ärgert, verwirrt oder enttäuscht dich in dieser Situation und warum?

Ich bin wütend auf Paul, weil er mir nicht zuhört.

2. Wie willst du, dass diese Person sich in dieser Situation ändert? Was willst du, dass er tut?

Ich will, dass Paul sieht, dass er falschliegt. Ich will, dass er aufhört, mich anzulügen. Ich will, dass er einsieht, dass er sich selbst umbringt.

3. Welchen Rat würdest du dieser Person in dieser Situation geben?

Paul soll tief durchatmen. Er sollte sich beruhigen. Er sollte sehen, dass sein Verhalten mich ängstigt. Er sollte wissen, dass Rechthaben keinen weiteren Herzinfarkt wert ist.

4. Was brauchst du von der Person in dieser Situation, damit du glücklich bist? Was soll sie denken, sagen, fühlen oder tun?

Ich brauche von Paul, dass er mir zuhört, wenn ich mit ihm rede. Ich brauche von ihm, dass er sich um sich kümmert. Ich brauche von ihm, dass er zugibt, dass ich recht habe.

5. Was denkst du über diese Person in dieser Situation? Stelle eine Liste zusammen. (Denk daran, sei kleinlich und wertend.)

Paul ist unfair, arrogant, laut, unehrlich, vollkommen ausweichend und besinnungslos

6. Was willst du in einer solchen Situation nie wieder erleben?

Ich will, dass Paul mich nie wieder anlügt. Ich will nie wieder dabei zusehen, wie er seine Gesundheit ruiniert.

Hinweise zum Arbeitsblatt

Aussage 1: Stell sicher, dass du herausfindest, was dich in dieser Situation am meisten an der Person stört, über die du schreibst. Versetze dich beim Ausfüllen der Aussagen 2 bis 6 in die Situation, die du in Aussage 1 beschrieben hast.

Aussage 2: Liste auf, was er oder sie in dieser Situation tun soll, auch wenn deine Wünsche noch so lächerlich oder kindisch erscheinen.

Aussage 3: Achte darauf, dass dein Rat konkret, praktikabel und umsetzbar ist. Artikuliere klar Schritt für Schritt, wie er oder sie den Rat umsetzen soll; sag ihm oder ihr ganz genau, was er oder sie deiner Meinung nach tun sollte. Würde es wirklich dein Problem in Aussage 1 lösen, wenn er oder sie deinem Rat folgte? Achte darauf, dass dein Rat treffend und für diese Person (wie du sie in Aussage 5 beschreibst) umsetzbar ist.

Aussage 4: Bist du in der Situation, die du in Aussage 1 beschrieben hast, geblieben? Wenn diese Bedürfnisse erfüllt würden, würde dich das glücklich machen oder würde damit einfach der Schmerz aufhören? Achte darauf, dass deine Bedürfnisse konkret, praktikabel und detailliert aufgeführt sind.

Untersuchung: Die vier Fragen und die Umkehrungen

IST DAS WAHR? (Ja oder nein. Wenn deine Antwort nein lautet, mach mit Frage 3 weiter.)

KANNST DU ABSOLUT SICHER WISSEN, DASS DAS WAHR IST? (Ja oder nein.)

WIE REAGIERST DU, WAS PASSIERT, WENN DU DIESEN GEDANKEN GLAUBST?

WER WÄREST DU OHNE DEN GEDANKEN?

KEHRE DEN GEDANKEN UM.

Finde anschließend wenigstens drei konkrete, echte Beispiele, inwiefern jede Umkehrung für dich in dieser Situation wahr ist.

Nun wenden wir die vier Fragen an und untersuchen den Teil von Aussage 1 des Arbeitsblattes, der die Ursache deiner Reaktion zeigt: *Paul hört mir nicht zu.* Während du weiterliest, denk an jemanden, dem du nicht vollständig vergeben hast, jemanden, der dir einfach nicht zugehört hat.

Frage 1. Ist das wahr?

Frage dich, während du die Situation nochmals betrachtest: »Ist das wahr, dass Paul mir nicht zuhört?« Sei still. Wenn du die Wahrheit wirklich wissen willst, wird ein ehrliches Ja oder Nein aus deinem Inneren emporsteigen und der Frage begegnen, während du die Situation vor deinem geistigen Auge noch einmal betrachtest. Lass den Verstand die Frage stellen und warte auf die Antwort, die aufkommt. (Die Antwort auf die ersten beiden Fragen besteht nur aus einer Silbe, sie lautet entweder »Ja« oder »Nein«. Nimm wahr, wenn du dich bei der Antwort irgendwie verteidigen willst. Wenn deine Antwort »weil …« oder »aber …« enthält, so ist das nicht die einsilbige Antwort, auf die du wartest, und du bist aus dem Prozess der Work ausgestiegen. Du suchst nach Freiheit außerhalb von dir. Ich lade dich zu einem neuen Paradigma ein.)

Die Realität ist für mich das, was wahr ist. Wahrheit ist das, was gerade tatsächlich geschieht, egal, was es ist. Ob es dir nun gefällt oder nicht, es regnet gerade. »Es sollte nicht regnen« ist einfach ein Gedanke. In Wirklichkeit gibt es so etwas wie ein »Sollte« oder ein »Sollte nicht« nicht. Das sind lediglich Gedanken, die wir der Realität überstülpen. Ohne das »Sollte« und das »Sollte nicht« können wir die Realität so sehen, wie sie ist, und sind damit frei für effiziente, klare und vernünftige Handlungsweisen.

Nimm dir Zeit bei der ersten Frage. Die Antwort lautet entweder »Ja« oder »Nein«. (Wenn sie »Nein« lautet, mach bei Frage 3 weiter). Bei der Work geht es darum, die Wahrheit in deinem tiefsten Inneren zu entdecken. Du wartest auf *deine* Antworten, nicht auf die von anderen Leuten und nicht auf das, was man dir beigebracht hat. Das kann zunächst ziemlich verwirrend sein, da du dem Unbekannten begegnest. Erlaube der Wahrheit, aus deinem tiefsten Innern aufzusteigen und der Frage zu begegnen. Sei behutsam, während du dich der Untersuchung hingibst. Überlasse dich vollkommen dieser Erfahrung.

Frage 2. Kannst du absolut sicher wissen, dass das wahr ist?

Denke über die folgenden Fragen nach: »Kann ich in dieser Situation absolut sicher wissen, dass das wahr ist, dass Paul mir nicht zuhört? Kann ich jemals wirklich wissen, ob mir jemand zuhört oder nicht? Höre ich manchmal zu, auch wenn es nicht so aussieht?«

Wenn deine Antwort auf Frage 1 »Ja« lautete, frage dich nun: »Kann ich absolut sicher wissen, dass das wahr ist?« In vielen Fällen *scheint* die Aussage wahr zu sein. Das ist ganz natürlich. Deine Vorstellungen basieren auf Überzeugungen, die ein Leben lang nicht hinterfragt worden sind.

Nachdem ich 1986 in der Realität erwacht war, bemerkte ich, dass die Menschen in Gesprächen, den Medien und Büchern oft Aussagen machten wie: »Es gibt zu wenig Verständnis auf der Welt«, »Es gibt zu viel Gewalt«, »Wir sollten uns gegenseitig mehr lieben«. Ich habe diese Geschichten früher auch einmal geglaubt. Sie schienen einen Sinn zu ergeben, freundlich und fürsorglich zu sein, aber als ich sie nun hörte, bemerkte ich, wie der Glaube an sie Stress verursachte und dass sie sich in mir nicht friedlich anfühlten.

Als ich zum Beispiel hörte, wie jemand sagte: »Die Menschen sollten liebevoller sein«, kam in mir die Frage hoch: »Kann ich absolut sicher wissen, dass das wahr ist? Kann ich wirklich wissen, tief in mir drin, dass die Menschen liebevoller sein sollten? Selbst wenn alle Welt es mir sagen würde – ist es wirklich wahr?« Und zu meinem Erstaunen sah ich, als ich in mich hineinhörte, dass die Welt ist, was sie in diesem Augenblick ist, und dass die Menschen in diesem Moment nicht liebevoller sein konnten, als sie waren. Was die Realität anbelangt, so *gibt* es kein »Was sein sollte«. Es gibt nur, was ist, genau so wie es ist, genau jetzt. Die Wahrheit liegt vor jeder Geschichte. Jede Geschichte hält uns – vor der Untersuchung – von der Erkenntnis der Wahrheit ab.

Nun konnte ich jede potenziell unangenehme Geschichte hinterfragen: »Kann ich absolut sicher wissen, dass das wahr ist?« Und die Antwort war ein Erlebnis wie die Frage selbst: »Nein.« Ich war in dieser Antwort verwurzelt – allein, friedvoll, frei.

Aber wie konnte »Nein« die richtige Antwort sein? Alle, die ich kannte, und auch alle Bücher sagten, die Antwort solle »Ja« lauten. Doch ich hatte erkannt, dass die Wahrheit ist, was sie ist, und sie niemand vorschreiben kann. Angesichts dieses inneren Neins erkannte ich, dass die Welt immer genau so ist, wie sie sein sollte, ob ich mich ihr nun widersetze oder nicht. Außerdem habe ich gelernt, die Realität von ganzem Herzen zu umarmen. Ich liebe die Welt bedingungslos.

Wenn deine Antwort dennoch ein »Ja« ist, gut. Wenn du denkst, dass du absolut sicher wissen kannst, dass das wahr ist, dann soll das so sein, und es ist in Ordnung, wenn du dann zur dritten Frage übergehst.

Frage 3. Wie reagierst du, was passiert, wenn du diesen Gedanken glaubst?

Mit dieser Frage lernen wir den inneren Ursache-Wirkung-Effekt kennen. Du nimmst ihn wahr, wenn du beim Glauben an den Gedanken ein Unwohlsein verspürst oder dich irgendwie beeinträchtigt fühlst. Das Gefühl kann von einem leichten Unbehagen bis hin zu Angst und Panik reichen.

Wie reagierst du, wenn du glaubst, dass Paul dir nicht zuhört? Wie behandelst du ihn? Werde still; nimm wahr. Zum Beispiel: »Ich bin frustriert und mir wird schlecht; ich werfe ihm einen strafenden Blick zu; ich unterbreche ihn; ich bestrafe ihn; ich ignoriere ihn; ich verliere meine Beherrschung. Ich fange an, schneller und lauter zu sprechen und versuche, ihn zum Zuhören zu zwingen.« Führe deine eigene Liste weiter. Schau dir dabei die Situation an und lass dir von den Bildern vor deinem geistigen Auge zeigen, wie du reagierst, wenn du diesen Gedanken glaubst. Bringt dieser Gedanke Frieden oder Stress in dein Leben? Welche Bilder aus der Vergangenheit und Zukunft siehst du und welche körperlichen Empfindungen nimmst du bei der Betrachtung der Situation wahr?

Erlaube dir, alles zu erleben. Kommen irgendwelche Zwänge oder Süchte an die Oberfläche, wenn du diesen Gedanken glaubst? (Brauchst du eines der folgenden Dinge: Alkohol, Drogen, Kreditkarten, Essen, Sex, Fernsehen oder Computer?)

Beobachte ebenfalls, wie du dich selbst in dieser Situation behandelst und wie sich das anfühlt. »Ich schalte ab. Ich isoliere mich, ich fühle mich krank, ich bin wütend, ich beginne zwanghaft zu essen und sehe tagelang nur fern, ohne wirklich hinzuschauen. Ich fühle mich deprimiert, getrennt, verbittert und einsam.« Nimm wahr, welche Auswirkungen es hat, wenn du den Gedanken »Paul hört mir nicht zu« glaubst.

Nachdem mich die vier Fragen gefunden hatten, hatte ich Gedanken wie »Die Menschen sollten liebenswürdiger sein« und erkannte, dass sie Unwohlsein in mir verursachten. Ich stellte weiterhin fest, dass vor den Gedanken Frieden geherrscht hatte. Da war mein Verstand ruhig und gelassen gewesen. So bin ich ohne meine Geschichte. In der Stille des Bewusstseins wurde mir langsam klar, dass die Gefühle daher stammten, dass ich einen Gedanken glaubte und mich mit ihm verband. Außerdem erkannte ich in der Stille, dass sich Unwohlsein und Traurigkeit einstellten, wenn ich einen Gedanken glaubte. Bei der Frage: »Wie reagiere ich, wenn ich den Gedanken glaube, Menschen sollten liebenswürdiger sein?« wurde mir klar, dass ich mich nicht nur unwohl fühlte (das war offensichtlich), sondern dass vor meinem geistigen Auge außerdem Bilder abliefen, die die Wahrheit des Gedankens beweisen sollten.

Ich flog davon in eine nicht existierende Welt. Ich reagierte, indem ich in einem gestressten Körper lebte und alles mit ängstlichen Augen sah, eine Schlafwandlerin, jemand, der in einem scheinbar endlosen Albtraum gefangen war. Die Lösung bestand einfach darin, all das zu untersuchen.

Ich liebe die dritte Frage. Sobald du sie für dich selbst beantwortet und die aus dem Glauben an den Gedanken resultierenden Ursachen und deren Auswirkungen erkannt hast, hört dein Leiden nach und nach auf.

Frage 4. Wer wärest du ohne den Gedanken?

In dieser Frage liegt sehr viel Kraft. Stell dir vor, du stehst der Person gegenüber, über die du auf dem Arbeitsblatt geschrieben hast, während er (oder sie) das tut, was du glaubst, das er oder sie nicht tun sollte. Überlege dir nun, wer du beispielsweise ohne diesen Gedanken »Paul hört mir nicht zu« wärest. Wer wärest du in derselben Situation, wenn du diesen Gedanken nicht glauben würdest? Schließe deine Augen und stell dir vor, dass Paul dir nicht zuhört. Stelle dir dich ohne diesen Gedanken, dass Paul dir nicht zuhört, vor (oder auch, dass er überhaupt zuhören sollte). Nimm dir Zeit. Achte darauf, was sich dir zeigt. Wie fühlt sich das an?

Für viele Menschen ist ein Leben ohne ihre Geschichte schlichtweg nicht vorstellbar. Daher ist »Ich weiß nicht« eine nicht unübliche Antwort auf diese Frage. Viele antworten auch: »Ich wäre frei«, »Ich wäre im Frieden«, »Ich wäre ein liebevollerer Mensch«. Die Antwort könnte genauso gut lauten: »Ich hätte ein vollkommen klares Verständnis für die Situation und würde angemessen und intelligent handeln.« Ohne unsere Geschichten sind wir nicht nur dazu in der Lage, klar und furchtlos zu handeln, wir sind außerdem Freunde und Zuhörer. Wir sind Menschen, die ein glückliches Leben führen. Wertschätzung und Dankbarkeit sind uns so selbstverständlich wie das Atmen. Glück ist der natürliche Zustand der Menschen, die wissen, dass es nichts zu wissen gibt und dass wir bereits alles haben, was wir brauchen – hier und jetzt.

Kehre es um.

Suche für die Umkehrungen entsprechende Gegensätze zu den ursprünglichen Aussagen auf deinem Arbeitsblatt. Eine Aussage kann meistens zu dir selbst, zum anderen und ins Gegenteil umgekehrt werden. Als Erstes kehrst du die Aussage zu dir selbst um. Formuliere sie so, als ginge es um dich. Setze deinen Namen an den Stellen ein, wo zuvor der Name der anderen Person stand. Ersetze »er« und »sie« durch »ich«. Beispiel: »Paul hört nicht auf mich« wird zu: »Ich höre nicht auf mich.« Finde anschließend mindestens drei konkrete, echte Beispiele, inwiefern diese Umkehrung genau so wahr oder wahrer als deine ursprüngliche Aussage sein könnte.

Als Nächstes folgt die Umkehrung zum anderen: »Paul hört mir nicht zu« wird dann zu »Ich höre Paul nicht zu«.

Eine dritte Möglichkeit der Umkehrung ist eine Umkehrung um 180 Grad, also ins absolute Gegenteil. »Paul hört mir nicht zu« wird somit zu »Paul hört mir zu.«

Vergiss nicht, für jede Umkehrung mindestens drei konkrete, echte Beispiele zu finden, inwiefern diese Umkehrung für dich in dieser Situation wahr sein könnte. Hier geht es weder um Schuldzuweisung noch um Schuldgefühle, sondern vielmehr darum, Alternativen zu entdecken, die dir Frieden bringen.

Es gibt nicht für jede Aussage drei Umkehrungen, manche können weniger, manche können auch öfter umgekehrt werden. Manche Umkehrungen ergeben eventuell keinen Sinn für dich. Dann musst du auch nichts erzwingen.

Beziehe dich bei jeder Umkehrung auf die ursprüngliche Aussage. Dabei kann dann beispielsweise »Er sollte seine Zeit nicht verschwenden« zu »Ich sollte meine Zeit nicht verschwenden«, zu »Ich sollte seine Zeit nicht verschwenden« und zu »Er sollte seine Zeit verschwenden« umgekehrt werden.

Mach dir klar, dass »Ich sollte meine Zeit verschwenden« und »Ich sollte seine Zeit verschwenden« keine gültigen Umkehrungen sind, da es Umkehrungen der Umkehrungen sind und nicht die Umkehrung der ursprünglichen Aussage darstellen.

Die Umkehrungen sind ein sehr wirkungsvoller Teil der Work. Solange du denkst, die Ursache deines Problems sei »da draußen« – solange du denkst, etwas oder ein anderer sei für dein Leiden verantwortlich –, ist deine Situation hoffnungslos. Das bedeutet, dass du ewig in der Opferrolle verharrst und im Paradies leidest. Bring daher die Wahrheit zu dir nach Hause und fang an, dich zu befreien. Die Untersuchung, in Verbindung mit den Umkehrungen, dient als Abkürzung auf dem Weg zur Selbsterkenntnis.

Die Umkehrung von Aussage 6

Die Umkehrung von Aussage 6 des »Urteile über deinen Nächsten«-Arbeitsblattes unterscheidet sich etwas von den übrigen Umkehrungen. »Ich möchte niemals mehr ...« wird zu »Ich bin bereit zu ...« und »Ich freue mich darauf ...« umgekehrt. So wird beispielsweise »Ich möchte, dass Paul mich nie wieder anlügt« zu »Ich bin bereit dazu zu erleben, dass Paul mich wieder anlügt« und »Ich freue mich darauf, dass Paul mich wieder anlügt«. Wie kann es sein, dass du dich darauf freust? Bei diesen Umkehrungen geht es darum, das ganze Leben anzunehmen und es zu umarmen – genauso, wie es ist. Wenn man »Ich bin bereit dazu …« sagt und es auch so meint, werden Aufgeschlossenheit, Kreativität und Flexibilität gefördert. Jeglicher Widerstand in dir wird eingedämmt, du kannst dich den Gegebenheiten deines Lebens öffnen und musst nicht mit deiner Willenskraft arbeiten, um sie auszumerzen oder sie beiseitezuschieben. Wenn du »Ich freue mich darauf …« sagst und es auch so meinst, öffnest du dich aktiv dem Leben gegenüber, und zwar genau so, wie es sich entwickelt. Manche Menschen haben gelernt zu akzeptieren, was *ist*. Ich lade dich dazu ein, einen Schritt weiter zu gehen und tatsächlich zu *lieben*, was ist. Das ist unser natürlicher Zustand. Freiheit ist unser Geburtsrecht.

Wenn du Widerstand gegenüber einem Gedanken verspürst, ist deine Work noch nicht erledigt. Wenn du dich aufrichtig auf bislang unangenehme Erfahrungen freust, gibt es keine Angst mehr in deinem Leben. Dann betrachtest du alles als ein Geschenk, das dich zur Selbsterkenntnis führen kann.

Es ist gut, wenn du dir klarmachst, dass dieselben Gefühle und Situationen wiederholt auftauchen können – wenn auch nur in deinen Gedanken. Wenn du erkennst, dass Leiden und Unwohlsein der Weckruf zur Untersuchung und zur darauffolgenden Freiheit sind, wirst du dich auch auf unangenehme Gefühle freuen. Es kann sogar sein, dass du sie wie Freunde betrachtest, die nur gekommen sind, um dir zu zeigen, was du noch nicht eingehend genug untersucht hast. Es ist nicht mehr notwendig, darauf zu warten, dass sich andere Leute oder Situationen ändern, damit du in Frieden und Harmonie lebst. Mit The Work bist du auf dem direkten Weg in dein Glück. Nach den Umkehrungen geht man üblicherweise zur nächsten Aussage des Arbeitsblattes über – in diesem Fall: »*Ich will, dass Paul sieht, dass er falschliegt*« – und das geht dann so mit allen anderen Aussagen auf dem Arbeitsblatt. Nähere Anleitungen hierzu findest du in *Lieben was ist* oder auf thework.com [in der deutschen Sprachauswahl].

Nun bist du dran: Das Arbeitsblatt

Nun weißt du genug, um The Work ausprobieren zu können. Entspanne dich zunächst, komme zur Ruhe, schließe deine Augen und warte, bis ein stressiger Gedanke auftaucht. Fülle das »Urteile über deinen Nächsten«-Arbeitsblatt aus, wenn du die Gedanken und Gefühle identifiziert hast, die du in der gewählten Situation erlebt hast. Drücke dich in kurzen, einfachen Sätzen aus. Denke daran, *mit dem Finger auf andere zu zeigen und sie zu verurteilen.* Du kannst aus der Sicht eines Fünfjährigen oder aus einem beliebigen Alter heraus schreiben. Bitte schreibe jedoch noch *nicht* über dich selbst.

Arbeitsblatt

1. WER ÄRGERT, VERWIRRT ODER ENTTÄUSCHT DICH IN DIESER SITUATION UND WARUM?

_____

_____

_____

2. WIE WILLST DU, DASS DIESE PERSON SICH IN DIESER SITUATION ÄNDERT? WAS WILLST DU, DASS ER/SIE TUT?

_____

_____

_____

3. WELCHEN RAT WÜRDEST DU DIESER PERSON IN DIESER SITUATION GEBEN?

_____

_____

_____

4. WAS BRAUCHST DU VON DER PERSON IN DIESER SITUATION, DAMIT DU GLÜCKLICH BIST? WAS SOLL SIE DENKEN, SAGEN, FÜHLEN ODER TUN?

_____

_____

_____

5. WAS DENKST DU VON DIESER PERSON IN DIESER SITUATION? ERSTELLE EINE LISTE. (DENK DARAN: SEI KLEINLICH UND WERTEND.)

6. Was willst du in einer solchen Situation nie wieder erleben?

_____

_____

_____

Nun bist du dran: Die Untersuchung

Arbeite deine Aussagen jetzt Schritt für Schritt mit den vier Fragen durch. Kehre dann jeweils die ursprüngliche Aussage um und finde drei konkrete, echte Beispiele, inwiefern jede Umkehrung genau so wahr oder wahrer als die ursprüngliche Aussage sein könnte. (Du kannst dir dafür die Beispiele im Abschnitt »Untersuchung: Die vier Fragen und die Umkehrungen« anschauen. Wenn du Hilfe brauchst, findest du außerdem mehr auf thework.com [in der deutschen Sprachauswahl] oder in der The Work App mit einer Anleitung von Byron Katie). Sei im gesamten Prozess offen für Möglichkeiten, die über das hinausgehen, was du zu wissen glaubst. Es gibt nichts Spannenderes, als den Ich-weiß-nicht-Verstand zu entdecken.

The Work ist Meditation. Es ist, als tauchtest du in dich selbst ein. Kontempliere über die Fragen, dringe in die tiefsten Tiefen deiner selbst vor, horche und warte. Die Antwort wird die Frage finden. Egal, für wie verschlossen oder hoffnungslos du dich selbst hältst, der sanftere Pol (der für mich das Herz ist) wird den verwirrten Pol treffen, der nur deshalb verwirrt ist, weil er sich selbst gegenüber noch nicht erleuchtet ist. Du wirst nach und nach zu Erkenntnissen über dich selbst und über die Welt kommen, die dein ganzes Leben ein für alle Mal verändern.

Fragen und Antworten

Es fällt mir schwer, über andere zu schreiben. Kann ich über mich selbst schreiben?

Wenn du dich selbst kennenlernen willst, empfehle ich dir, über eine andere Person zu schreiben. Zeige mit The Work am Anfang nach außen. Dann wirst du erkennen, dass alles außerhalb deiner selbst eine direkte Spiegelung deines eigenen Denkens ist. Es geht immer nur um dich. Die meisten Menschen kritisieren und verurteilen sich seit Jahren selbst, ohne dass es zu einer Lösung geführt hätte. Wenn man eine andere Person verurteilt, diese Urteile hinterfragt und sie umkehrt, gelangt man schnell zu Verständnis und Selbsterkenntnis.

Muss ich alles aufschreiben? Kann ich mir bei einem Problem nicht einfach nur gedanklich die Fragen stellen und sie dann umkehren?

Die Aufgabe unseres Verstandes ist es, recht zu haben, und er kann sich schneller als mit Lichtgeschwindigkeit rechtfertigen. Du kannst die Gedanken, die Ursache deiner Angst, Wut, Traurigkeit und Verbitterung sind, nur anhalten, wenn du sie zu Papier bringst. Sobald diese Gedanken auf Papier stehen, kannst du sie viel einfacher untersuchen. Irgendwann wird die

Work die Dinge automatisch in dir aufarbeiten, auch wenn du nichts aufschreibst.

Was ist, wenn ich mit den Menschen kein Problem habe? Kann ich auch über Gegenstände wie z. B. meinen Körper schreiben?

Ja. Ziehe jeden beliebigen stressauslösenden Gegenstand für The Work heran. Wenn du mit den vier Fragen und den Umkehrungen vertraut bist, kannst du auch Dinge wie den Körper, Krankheiten, Karriere oder sogar Gott bearbeiten. Anschließend kannst du in den Umkehrungen »meine Gedanken« für die Gegenstände einsetzen. Beispiel: »Mein Körper sollte stark, flexibel und gesund sein« wird zu »Meine Gedanken sollten stark, flexibel und gesund sein.« Ist das nicht das, was du eigentlich haben willst – ausgeglichene, gesunde Gedanken? Sind es die kranken Körper, die das Problem bereiten, oder verursachen unsere Gedanken über den Körper das Problem? Untersuche das mal. Überlasse deinen Körper deinem Arzt und kümmere du dich um deine Gedanken. Ich habe einen Freund, der seinen Körper nicht bewegen kann. Er liebt sein Leben, weil er liebt, was er denkt. Freiheit erfordert keinen gesunden Körper. Befreie deinen Verstand, dann wird der Körper ihm folgen.

Ich habe dich sagen hören, du würdest die Realität lieben. Was ist, wenn es um Krieg, Vergewaltigung, Armut, Gewalt und Kindesmisshandlung geht? Billigst du das?

Wie könnte ich das billigen? Ich bin doch nicht verrückt. Mir ist lediglich klar, dass ich leide, wenn ich glaube, das sollte es nicht geben, während es dies alles eben gibt. Kann ich den

Krieg in mir so einfach beenden? Kann ich aufhören, mich selbst und andere mit meinen schmähenden Gedanken zu vergewaltigen? Wenn nicht, setze ich in mir das fort, was ich draußen in der Welt beenden möchte. Vernunft leidet nicht – niemals. Kannst du den Krieg überall auf der Erde beseitigen? Durch die Untersuchung kannst du ihn nach und nach in einem Menschen auflösen: in dir. Das ist der Anfang vom Ende des Krieges auf der Welt. Wenn dich das Leben aufregt, gut! Verurteile diejenigen, die am Krieg beteiligt sind, auf dem Papier, hinterfrage die Urteile und kehre sie um. Möchtest du wirklich die Wahrheit wissen? Alles Leiden beginnt und endet mit dir.

Du sagst also, ich solle die Realität einfach so akzeptieren, wie sie ist, und mich ihr nicht widersetzen. Ist das richtig?

Es ist nicht meine Aufgabe zu sagen, was jemand tun oder nicht tun sollte. Ich frage einfach: »Welche Auswirkung hat der Widerstand gegen die Realität? Wie fühlt sich das an?« The Work erforscht, welche die Ursache und welche Auswirkungen unsere Bindung an schmerzauslösende Gedanken hat. In dieser Untersuchung finden wir unsere Freiheit. Einfach zu behaupten, wir sollten uns der Realität nicht widersetzen, bringt nur eine weitere Geschichte ins Spiel, ein weiteres spirituelles Konzept. Das hat noch nie funktioniert.

»Lieben, was ist« hört sich so an, als ob man niemals etwas wollen sollte. Ist es nicht interessanter, wenn man etwas will?

Meiner Erfahrung nach will ich immer etwas, und zwar das, was ist. Das ist nicht nur interessant, sondern Ekstase! Wenn ich will, was ich habe, sind Gedanken und Handlungen nicht voneinander getrennt. Sie gehen konfliktlos ineinander über. Wenn du jemals denkst, es fehle etwas, dann schreibe deine Gedanken dazu auf und hinterfrage sie. Ich finde, das Leben bietet nicht zu wenig und bedarf keiner Zukunft. Alles, was ich brauche, wird mir immer geboten, und ich muss nichts dafür tun. Es gibt nichts Spannenderes, als zu lieben, was ist.

Ist die Untersuchung ein Denkmechanismus? Wenn nicht, was ist sie dann?

Die Untersuchung scheint ein Denkmechanismus zu sein. In Wirklichkeit aber werden Denkmechanismen hierdurch *unterbrochen*. Die Gedanken verlieren ihre Kraft über uns, wenn wir erkennen, dass sie lediglich im Verstand zutage treten. Sie sind nicht auf Personen bezogen. Mit The Work lernen wir, unseren Gedanken mit bedingungsloser Liebe und mit Verständnis zu begegnen, statt vor ihnen zu flüchten oder sie zu unterdrücken.

Ich glaube nicht an Gott. Kann ich dennoch von The Work profitieren?

Ja. Atheisten, Agnostiker, Christen, Juden, Moslems, Buddhisten, Hindus, Heiden – uns allen ist eins gemeinsam: Wir möchten Glück und Frieden. Wenn du das Leiden leid bist, lade ich dich zur Work ein.

Ich verstehe zwar, wie die Untersuchung abläuft, habe aber nicht das Gefühl, dass sich irgendetwas bei mir ändert. Ist mir da etwas entgangen?

Wenn du die Fragen nur oberflächlich mit deinem denkenden Verstand beantwortest, fühlst du dich hinterher immer noch nicht verbunden. Versuche bei den Fragen tiefer zu gehen. Manchmal musst du dir die Fragen ein paar Mal stellen, damit du dich richtig konzentrieren kannst, und dann wird die Antwort langsam kommen. Wenn die Antwort aus deinem Inneren kommt, kommen die Erkenntnisse und Veränderungen ganz von selbst.

Ich wende die Umkehrungen immer dann an, wenn ich jemanden verurteile, aber irgendwie bin ich nur depressiv und verwirrt. Was geht da vor sich?

Wenn du die Gedanken einfach umkehrst, bewegst du dich auf der intellektuellen Ebene, und das bringt nicht viel. Die Einladung lautet: Geh über den Intellekt hinaus. Die Fragen sind wie Messsonden, die in den Verstand eintauchen und dabei tieferes Wissen an die Oberfläche bringen. Stelle zuerst die Fragen und warte dann. Wenn Antworten zum Vorschein kommen, begegnen sich der oberflächliche und der tiefere Verstand und dann kommen dir die Umkehrungen wie wahre Entdeckungen vor.

Danksagung

Wir möchten uns bei Martha Beck und Tania Fierro bedanken, deren Einsatzfreude in entscheidenden Momenten zentrale Impulse gegeben hat. Ebenfalls bedanken wir uns bei Josh Baran und John Tarrant, die einen frühen Entwurf gelesen und nützliche Vorschläge geliefert haben. Unser Dank geht auch an Michele Penner, deren verschiedentlich gesammelte Passagen an unterschiedlichen Stellen ihren Platz gefunden haben. Wir danken auch unserer Agentin Linda Loewenthal, die jederzeit genau wusste, was zu tun war, sowie Gideon Weil, unserem Lektor, durch dessen scharfsinnige Fragen dieses Buch zu seiner jetzigen Form gefunden hat.

ÜBER DIE AUTOREN

BYRON KATIE entdeckte die Untersuchung im Jahr 1986. Seit 1992 reist sie rund um die Welt, um Hunderttausenden von Menschen The Work bei kostenlosen Veranstaltungen in Gefängnissen, Krankenhäusern, Kirchen und Unternehmen nahezubringen. Sie ist die Autorin der drei Bestseller *Lieben was ist; Ich brauche deine Liebe – ist das wahr?* und *Eintausend Namen für Freude.*

Weitere Bücher von ihr sind: *Wer wäre ich ohne mein Drama?, Wer bin ich ohne diesen Gedanken?, Tiger-Tiger, ist es wahr? Vier Fragen, die dich wieder lächeln lassen* und *Die vier Fragen.*

Unter www.thework.com finden sich kostenlose Arbeitsmaterialien, Audio- und Videoclips, ein Veranstaltungskalender sowie die kostenlose Hilfshotline.

STEPHEN MITCHELL ist Autor zahlreicher Bücher, darunter Bestseller wie *Tao Te Ching, The Selected Poetry of Rainer Maria Rilke, Gilgamesh, The Gospel According to Jesus, The Book of Job, The Second Book of the Tao, The Iliad, The Odyssey,* und *Beowulf.* www.stephenmitchellbooks.com

KONTAKT

Mehr über The Work of Byron Katie findest du unter www.
thework.com

Byron Katie International, Inc.
P.O. Box 1206
Ojai, CA 93024
1–805-444-5799
Telefon: (001) 805-444-5799
E-Mail: info@thework.com

Auf der Website sind ausführliche Anleitungen für The Work
vorhanden. Man kann in vielen verschiedenen Themen-Vi-
deos mitverfolgen, wie Katie Menschen bei der Untersuchung
begleitet. Dort ist ebenfalls Katies Veranstaltungskalender
hinterlegt, und es stehen kostenlose Work-Materialien zum
Download bereit. Man kann sich dort auch zur nächsten
School für The Work, das No-Body-Intensiv-Seminar, ein
Wochenendseminar und das Turnaround House anmelden;
außerdem sind dort die Begleiter für The Work gelistet. Ferner steht eine Anleitung für die kostenfreie *The Work*-Hil-
fe-Hotline zur Verfügung. Auch findet man hier alles über
das Institut für The Work mit seinen zertifizierten Begleitern.
»Urteile über deinen Nächsten«-Arbeitsblätter für das iPhone
und iPad sowie Android Apps stehen ebenfalls zum Download bereit. Außerdem besteht die Möglichkeit, Interviews
mit Byron Katie anzuschauen. Und man kann den kostenlosen Newsletter abonnieren und im Online-Shop stöbern. Wir
laden dich herzlich ein, Katies Seiten bei Facebook, Twitter,
Google+ und Pinterest zu besuchen.

YouTube-Videos sind auf dem Kanal TheWorkofBK zu finden, und Live-Veranstaltungen finden auf *livewithbyronkatie.com* statt.

Du bist herzlich eingeladen, The Work der Welt nahezubringen, Stipendien für die School für The Work zu unterstützen oder andere Projekte der Wohltätigkeitsorganisation »The Work Foundation« zu fördern.

Wir bedanken uns herzlich für jede Spende, die über folgende Wege veranlasst werden kann:

www.theworkfoundationinc.org

Telefonisch: (001) 805.444.5799 (Byron Katie International)

Per Scheck per Post an The Work Foundation, P.O. Box 638, Ojai, CA 93024

Aus dem Leben
einer Erwachten

384 Seiten. ISBN 978-3-442-33650-0
Auch als Hörbuch und E-Book erhältlich

Jahrelang litt Byron Katie unter Depressionen,
hatte massive Essstörungen, Zornausbrüche
und war Alkoholikerin. Ein Erleuchtungserlebnis
änderte ihr Leben dramatisch. In der Folge entwickelte sie ein ebenso einfaches wie wirkungsvolles
Selbsterkenntnis-System. Mit seiner Hilfe gelingt
es dem Einzelnen, seinen Schatten zu integrieren,
bewusst Verantwortung für die eigenen Probleme
zu übernehmen und sie zu lösen.

arkana

Die verborgenen Schätze des Unbewussten heben

192 Seiten. ISBN 978-3-442-34227-3
Auch als E-Book erhältlich

Tauche nach den Perlen und hebe die Schätze, die in deinem Unbewussten schlummern! Denn ein riesiges Potenzial existiert in jedem von uns – wir müssen nur bereit sein es zu finden und ans Licht zu bringen. In ihrem zauberhaften Buch zeigt uns Ärztin und Coach Annette Sewing wie das geht. Mit profundem Wissen über die menschliche Psyche, anhand von eingängigen Geschichten und in leichtem Ton beschreibt sie, wie wir das Perlentauchen erlernen können.

arkana